PETITS CLASSIQUES

LAROUSSE

Collection fondée par Félix Guirand, Agrégé des Lettres

Perceval ou le Conte du Graal

CHRÉTIEN DE TROYES

D1340458

roman

Édition traduite, présentée,
annotée et commentée
par
Michèle GALLY
Maître de conférence
École Normale
Supérieure Lettres
et Sciences humaines

www.petitsclassiqueslarousse.com

SOMMAIRE

Avant d'aborder le texte

Perceval ou le Conte du Graal
CHRÉTIEN DE TROYES

Comment lire l'œuvre

Avant d'aborder le texte

Le Conte du Graal

Genre : « roman » écrit en vers octosyllabiques rimant deux à deux. Le terme de « roman » se trouve dans le prologue : il désigne à la fois un récit et la langue dans laquelle il est écrit (« roman », c'est-à-dire en « langue romane », non en latin).

Langue : cette langue que nous appelons « ancien français » et que les gens du XIIᵉ siècle appelaient langue « d'oïl » (= « oui » en parler du nord de la France) est un état ancien de notre langue actuelle. Le texte présenté ici est traduit en prose. Il donne donc le sens mais ni la forme ni le rythme du récit médiéval, qui était lu ou récité en public par des jongleurs, peut-être par l'auteur. Notre lecture diffère donc beaucoup de la réception qu'en eurent ses contemporains, qui étaient plutôt auditeurs que lecteurs.

Auteur : Chrétien de Troyes, poète et romancier du XIIᵉ siècle.

Structure : le roman est inachevé : il s'interrompt brusquement au vers 9066. On a supposé que l'auteur était mort et n'avait pu le terminer. C'est aussi deux romans en un : roman d'éducation, la première partie raconte les pérégrinations d'un jeune noble gallois, naïf et sauvage, élevé à l'écart de toute société par sa mère, qui décide, après en avoir rencontré, de devenir chevalier. Il se rend pour cela à la cour du roi Arthur, fait diverses rencontres – dont celle du roi Pêcheur au château du graal –, est maudit par une demoiselle monstrueuse et décide de retrouver le graal et son château ; roman chevaleresque courtois, la deuxième partie se consacre aux multiples aventures de Gauvain, neveu du roi Arthur, qui le mènent, après bien des détours, à un château étrange tenu par des femmes de haute naissance, dont sa mère et sa sœur. À ce récit s'entrelace un dernier épisode qui met en scène le premier protagoniste, Perceval : après cinq années d'errance, il parvient chez un ermite, son oncle, et décide de faire pénitence.

Roman double donc, voire quadruple, par l'enchevêtrement des épisodes qui, à travers deux héros opposés et complémentaires, souligne la bipolarité du chevalier courtois. De nombreux échos entre les scènes et les motifs tissent des liens subtils entre les parties et les personnages en un effet de symétrie inverse particulièrement complexe. C'est pourquoi le titre de *Conte du Graal*, choisi par Chrétien (fin du prologue), rend mieux compte du roman que celui de *Perceval,* qui laisse dans l'ombre la moitié du récit.

Lieux et époque de l'action : situé dans l'univers arthurien, le roman se déroule dans une Grande-Bretagne mythique entre Cornouailles, pays de Galles et Écosse (la « borne de Galvoie » que franchit Gauvain). Arthur se déplace de Tintagel en Cornouailles à Carlion (Monmouthshire) et Cardoel au pays de Galles. Orcanie, une autre de ses résidences, est plus difficile à situer. Quant aux « Isles de mer », lieu d'origine du lignage de Perceval, on les a identifiées parfois avec les Hébrides. Les références géographiques, vagues, ne servent pas à produire un quelconque effet de réel mais à tracer les frontières d'un espace de fiction. Si l'époque n'est pas précisée, elle reflète plus nettement le XIIe siècle de l'auteur et les croyances de la société féodale, ses conflits et ses questionnements.

Transmission du texte : le texte a été conservé dans quinze manuscrits des XIIIe et XIVe siècles, au minimum plus de vingt ans après la date supposée de sa composition. Le nombre de manuscrits atteste de la célébrité de l'œuvre mais les copistes qui les exécutèrent ont modifié plus ou moins largement une version originale inconnue. La langue même des manuscrits n'est pas exactement la même, tantôt marquée de traits de dialecte champenois, tantôt picard ou encore bourguignon. Les copistes ne se contentaient pas de reproduire un texte, mais le corrigeaient, le modifiant en fonction de leur propre compréhension. C'est pourquoi le roman présente des variantes, certains passages sont plus longs selon les versions choisies par les éditeurs modernes. Les notions de propriété littéraire et de plagiat n'existaient pas à une époque où il n'y avait pas de texte autographe. Les nombreux récits qui seront composés dès la fin du XIIe siècle et au XIIIe siècle à la suite du *Conte du Graal* témoignent à la fois de cette réception active des œuvres et de la fascination immédiate qu'a exercé le roman sur les contemporains.

CHRÉTIEN DE TROYES

Nous ne savons rien de la personne de Chrétien sauf ce qu'il nous dit dans ses prologues. Il y révèle qu'il eut pour mécènes Marie de Champagne, fille de Louis VII et d'Aliénor d'Aquitaine, et Philippe d'Alsace, comte de Flandre et du Hainaut, qui demanda en mariage Marie, devenue veuve, et joua un rôle important à la cour de France auprès du jeune roi Philippe Auguste. Chrétien était sans doute un clerc formé à la pratique des arts libéraux (« trivium », ou arts du langage, et « quadrivium », ou arts des choses, connaissance du monde dont la musique) et appartenant aux ordres mineurs de l'Église, au service des plus grands princes de son temps. On possède de lui cinq romans : *Érec et Énide* (vers 1170), *Cligès* (vers 1176), *Le Chevalier de la charrette* et *Le Chevalier au lion*, écrits en parallèle vers 1177, enfin le *Conte du Graal* vers 1181. Un autre roman *Guillaume d'Angleterre* lui est parfois attribué.

Il a composé au moins deux « chansons », poèmes lyriques d'amour, qui comptent parmi les premiers en langue d'oïl, imités des troubadours occitans. Dans le prologue de *Cligès*, il dresse une liste d'œuvres perdues pour nous : des traductions de l'*Art d'aimer* d'Ovide et de récits des *Métamorphoses* (il nous reste peut-être son *Conte de Philomena*, cité dans une œuvre du XIVe siècle), une version de Tristan et Iseut (*Le Roi Marc et Iseut la Blonde*). Son nom même a toutes les chances d'être un surnom, dont il nous dit dans le *Conte du Graal* toute l'importance. Le nom de « Chrétien de Troyes » n'apparaît en entier que dans le prologue d'*Érec et Énide*, où le rapprochement « chrétienté » / « Chrétien » lui permet de proclamer orgueilleusement que son histoire sera connue aussi longtemps que durera la chrétienté. C'est-à-dire éternellement dans son esprit ! Dans le *Conte du Graal*, ce nom de « Chrétien » résonne de deux manières : dans le prologue, l'éloge de Philippe de Flandre s'appuie sur les qualités chrétiennes du comte, que ne possédaient pas des figures antiques aussi prestigieuses que celle d'Alexandre ; le parcours de Perceval a été lu comme une spiritualisation et une christianisation progressive des valeurs guerrières.

On a pensé assimiler le romancier au chanoine Saint-Loup de Troyes, qui a signé « Christianus » sur un acte de 1173, voire à un juif converti : aucune archive ne confirme ces hypothèses. En conformité avec le goût des médiévaux pour les jeux étymologiques et en particulier les homophonies que permet l'absence d'orthographe des noms, on peut comprendre la mention de « Troies » à la fois comme la ville de Troyes et une référence biographique et comme une allusion à la ville antique de Troie : celle-ci, sujet d'un des premiers romans en langue d'oïl antérieurs à l'œuvre de Chrétien, est à l'origine d'une tradition littéraire et historiographique qui fait des Francs et des Bretons des descendants des Troyens. Chrétien serait celui qui effectuerait le transfert du savoir antique et païen dans l'Occident chrétien (il en parle dans le prologue de *Cligès*). La mort a peut-être interrompu un projet dont le *Conte du Graal* était le couronnement. C'est ce que déclare Gerbert de Montreuil, auteur au XIIIᵉ siècle, d'une *Continuation du Conte du Graal*. Quoi qu'il en soit, le destin de son dernier livre a bien été de susciter des réécritures presque univoquement chrétiennes.

Son succès et sa renommée sont durables et immédiats. En dehors même du *Conte du Graal* inachevé, il inaugure une tradition romanesque importante qui s'épanouit avec les grands cycles en prose du XIIIᵉ siècle, dont le *Lancelot* en prose, du nom du héros du *Chevalier de la charrette*, rattaché à l'histoire du Graal. Dès 1230, l'auteur d'un récit chevaleresque et allégorique n'ose écrire qu'après la mort de Chrétien : « Puisque Chrétien de Troyes est mort, lui le meilleur des poètes, j'ose maintenant raconter en détail le Tournoi de l'Antéchrist. »

Cadre historique et politique

Le XIᵉ et le XIIᵉ siècle sont les siècles de la féodalité, de ses contradictions et de ses conflits, latents ou ouverts, avec le pouvoir royal centralisé qui peine à triompher. La littérature, surtout la chanson de geste mais aussi les romans arthuriens, témoigne, de façon certes médiatisée, de ces difficultés, de ces luttes incessantes d'autorité. Dans le *Conte du Graal*, l'inquiétude d'Arthur, l'agression grossière et le défi du Chevalier Vermeil, l'allusion à la récente victoire sur le roi Rion des Îles, le rappel par la mère de Perceval de la période troublée qui suivit la mort d'Uterpendragon, le père d'Arthur, signalent l'instabilité du pouvoir royal et sa fragilité. Menacé par des forces hostiles, qui, dans les récits, peuvent prendre des formes fantastiques ou merveilleuses, le royaume court constamment le risque de sombrer dans l'anarchie.

Ce n'est qu'après la croisade albigeoise (1208-1244) menée par les seigneurs du Nord contre ceux du Midi que la partie méridionale est rattachée au royaume de France. Longtemps encore, les Méridionaux ne parleront pas, voire ne comprendront pas, la langue d'oïl et conserveront leur langue d'oc. La féodalité, par ailleurs, construit une pyramide où, de vavasseurs à vassaux et à seigneurs, on remonte jusqu'aux plus hauts dignitaires : comtes (« comites » : compagnons) et ducs (« duces » : chefs), ces barons forment l'entourage des empereurs – Charlemagne en particulier – et des rois – Arthur. Ce système, qui structure les rapports au sein de l'élite guerrière, se présente comme une relation d'homme à homme : le vassal jure fidélité à son seigneur lors de l'hommage et reçoit en échange un fief (don d'une terre le plus souvent, quelquefois mariage avec une héritière). L'autorité est morcelée non seulement entre les grands seigneurs, mais aussi entre les milliers de petits hobereaux, arrière-vassaux qui délèguent à leur tour leur pouvoir à d'autres qui leur rendent hommage. Le roi de Paris est donc moins puissant que certains de ses vassaux comme le comte de Champagne et le duc d'Aquitaine, mais ceux-ci ont aussi des difficultés à gouverner leurs terres réparties entre des petits seigneurs qui se livrent des guerres incessantes. La monarchie capétienne, devenue héréditaire, engage un long processus d'unification en sa faveur au cours du XIIe siècle : en cas d'hommages multiples, la fidélité au roi prime, quel que soit le rang du vassal. Engagée par Louis VI le Gros, cette lente et relative stabilisation du pouvoir royal – soutenue par l'Église (Suger, abbé de Saint-Denis par exemple), fédérée par l'appel aux croisades (la seconde, en 1146, est prêchée par Bernard de Clairvaux, issu de haute noblesse et l'un des penseurs chrétiens les plus importants du XIIe siècle) – pâtit un temps du divorce de Louis VII et d'Aliénor d'Aquitaine, et se confirme avec Philippe Auguste et Louis IX, dit Saint Louis. Cette monarchie féodale permet de pacifier davantage le territoire, même si les seigneurs résistent à la diminution de leur indépendance politique. Elle est grosse aussi de nouveaux conflits entre rois : ainsi Henri II Plantagenêt, roi d'Angleterre de 1154 à 1189, et second époux d'Aliénor d'Aquitaine, prête hommage au roi de France pour son comté d'Anjou, son duché de Normandie et celui de Guyenne, qui appartient à Aliénor. Or son domaine, qui s'étend de l'Angleterre aux Pyrénées, est plus vaste que celui du roi de France. Il entretient une cour fastueuse et brillante où sont produites les premières œuvres en langue romane.

Contexte social et idéologique : les trois ordres

À la fin du Xe siècle resurgit sous la plume des clercs la division tripartite idéale commune aux sociétés indo-européennes : la société se divise en trois groupes correspondant à trois fonctions complémentaires. Les gens d'Église prient, les guerriers se battent pour protéger les autres, le peuple travailleur produit de quoi nourrir les pré-

cédents. Les deux premières catégories se disputent la préro-
gative de multiples façons (querelle de la papauté et de
l'Empire ; d'Henri II et de Thomas Becket ; conflits de juri-
diction entre évêques et seigneurs...). Chrétien de Troyes
propose de concevoir une alliance harmonieuse entre clergie
– entendue davantage comme ordre des intellectuels – et chevalerie, la première magnifiant la seconde tout en l'instrui-
sant. Le troisième ordre recouvre des réalités très diverses,
de statuts, de fortunes et d'activités : bourgeois des villes,
commerçants, artisans, banquiers, parfois très riches, et la
grande masse des paysans (95 % de la population), certains
aisés, d'autres misérables. Mais, aux yeux des premiers
ordres, ceux-ci sont tous des « vilains » opposés aux « courtois ». C'est en ces termes que Chrétien décrit les bourgeois
d'Escavalon insurgés contre Gauvain. La force militaire des
« chevaliers » qui tendent à recouvrir aux XIIe et XIIIe siècles
la classe noble à travers la cérémonie de plus en plus religieuse de l'adoubement, leur permet, de fait, de ponctionner
lourdement les paysans pour se nourrir, entretenir leurs soldats, fortifier leurs châteaux. Au début du roman, la mère de
Perceval dresse un portrait très négatif de ces « anges dont
les gens se plaignent et qui tuent tout ce qu'ils atteignent ».
Les hommes d'Église sont issus de tous les milieux, nobles et
non nobles. Il y a de grandes différences de pouvoir, de
culture et de richesse entre les dignitaires (évêques qui
peuvent être conseillers des princes et des rois), les curés de
village, les prêtres des villes, les moines et leurs abbés. Tous
exercent cependant dans toutes les couches sociales une
grande influence, modérant les ardeurs et les violences et des
guerriers, s'efforçant de réguler les relations entre les sexes,
en appelant aux vertus chrétiennes de charité et d'obéissance
à Dieu, au mépris d'une vie qui n'est que passage vers un au-
delà. Le christianisme imprègne profondément toutes les
couches de la société, des élites cléricales intellectuelles qui se
consacrent à la théologie aux laïcs humbles ou ignorants dont
les croyances naïves restent marquées par des superstitions
« païennes ». Mais le temps pour tous est rythmé par la son-

nerie des cloches, les fêtes des saints et les grandes étapes de la liturgie : Noël, Pâques, Pentecôte, Ascension. Personne ne met en doute l'existence de Dieu ni de l'enfer. En cela la religion chrétienne est le principal facteur de cohésion entre les catégories, entre les peuples de l'Europe médiévale et leurs souverains. Il ne faut pas, enfin, se faire une représentation figée de la société médiévale : elle est au contraire une société « semi-nomade », au plan géographique (ainsi dans notre roman les déplacements constants des chevaliers et de la cour d'Arthur), comme au plan intellectuel et artistique. Les étudiants circulent entre les maîtres et entre les écoles, les jongleurs, les troubadours et les trouvères passent d'une cour à une autre, d'une région à une autre, les moines sont envoyés en mission dans des monastères étrangers de leur ordre. Les marchands bien sûr sillonnent les routes mais aussi bien les artisans, les architectes ou les peintres, selon les chantiers et les commandes. À tout ce mouvement correspond un échange fécond des idées, des récits, des techniques et des formes artistiques, sans considération des frontières nationales.

La « renaissance » du XIIe siècle

Relative stabilisation du pouvoir royal, croissance démographique et économique, réveil des villes favorisent le développement et le renouveau culturels. Les seigneurs entretiennent des écrivains et des poètes qui animent leurs cours et en accroissent le prestige ; ils achètent des livres et invitent des artistes à embellir leurs châteaux.

Les évêques et les abbés agrandissent églises et monastères, en bâtissent de nouveaux et dans un style nouveau. À l'architecture romane apparue au IXe siècle, qui s'étend dans toute l'Europe au XIe, se substitue peu à peu au tournant du XIIe siècle l'architecture gothique. La première, héritée de la basilique carolingienne, privilégie la voûte et le décor qui s'incorpore à la structure : les églises romanes étaient très colorées, enrichies d'autels et de chandeliers. La sculpture orne les corniches, les chapiteaux, les tympans des portails. Luxuriante, fantastique, grotesque, elle brise la rigueur mathématique des proportions de l'édifice. Les chapiteaux, qui retracent un épisode biblique ou de la vie d'un saint, les grands portails sculptés ont une fonction apologétique. Deux contemporains, Bernard de Clairvaux et Suger, expriment leur spiritualité différente à travers l'architecture. Le premier, critiquant le décor roman qui détourne de la méditation, crée l'abbaye cistercienne qui s'élève, pure de tout décor, dans l'harmonie des formes et des volumes, mais les baies largement ouvertes permettent le jeu de l'ombre et de la lumière (abbaye de Fontenay, 1130-1147). En 1145, plus de 350 monastères cisterciens sont dispersés dans toute l'Europe. Suger, ami d'enfance de Louis VI le Gros et régent du royaume sous Louis VII, décide d'agrandir Saint-Denis. Réunissant les meilleurs artistes, provoquant une synthèse de tous les styles régionaux, il ouvre la voie au gothique. Comme Bernard, Suger accorde une primauté à la lumière (cette luminosité si importante dans la scène du cortège du Graal et dans la séduction des chevaliers sur Perceval), mais, pour lui, la beauté des lieux, le luxe et la somptuosité sont une louange à Dieu. Le style gothique représente un changement spirituel et intellectuel. Il se dégage peu à peu du roman au cours du XIIe siècle et son apogée se situe au XIIIe siècle. Arcs brisés, croisées d'ogives, arcs-boutants latéraux permettent de lancer des voûtes à des hauteurs jamais atteintes. La multiplication des piliers et des vitraux multicolores ouvrent l'espace. Art d'Île de France et art royal, il influence bientôt l'art anglais et allemand. Art urbain, le portail, ouvert sur la cité, reproduit les corps de métier, le porche cherche à représenter le dogme catholique dans sa complexité, embrassant l'Ancien et le Nouveau Testament.

Le XIIe siècle voit le passage des écoles monastiques aux écoles urbaines, sous tutelle de l'évêque, puis, à la fin du siècle, l'émergence de ce qui sera l'université indépendante. La langue d'enseignement est le latin et, si sa finalité est la théologie, la formation passe par une lecture attentive des œuvres antiques païennes (Virgile, Lucain, Ovide). Dans la prestigieuse école de Chartres règnent un enthousiasme et une curiosité nouvelle, un sens du progrès dans le savoir qui concilie imitation des Anciens et modernité, passé et présent : « Nous sommes des nains sur des épaules de géants. Nous voyons ainsi davantage et plus loin qu'eux... » (Bernard de Chartres). Des traducteurs s'attachent à lire, en Espagne, les traités scientifiques grecs et arabes, préparant ainsi la redécouverte d'Aristote, qui éclatera au XIIIᵉ siècle, mais aussi la connaissance des mathématiques, de la médecine et de la pensée arabes. Paris, où triomphent la logique et la dialectique d'Abélard, le foyer plus littéraire de l'école d'Orléans, tous les centres qui les entourent (Laon, Reims...), entre Loire et Rhin, élaborent au cours du siècle une culture qui fait de la France l'héritière de la Grèce et de Rome, comme le dit Chrétien dans le prologue de *Cligès*.

Naissance d'une littérature profane

La littérature médiévale est marquée par un bilinguisme originel : latin de la tradition écrite religieuse et savante, source d'une production littéraire vivante jusqu'au XIVᵉ siècle (poèmes, chroniques, épopées...) ; langues vernaculaires, d'oïl et d'oc, dont on ignore la forme parlée exacte et dont les poèmes et les récits ont longtemps été transmis oralement. On possède peu de textes en ces langues avant le XIIᵉ siècle : quelques œuvres religieuses et hagiographiques. Les plus anciennes chansons de geste, comme la *Chanson de Roland*, sont sans doute antérieures à 1100, mais aucun témoignage écrit ne le confirme. En revanche, grâce à l'essor des cours princières, on commence à cette date à fixer par écrit des textes non latins. Au sud de la France s'épanouit une poésie lyrique raffinée, la « fin'amor », œuvre des troubadours, dont le premier connu est Guillaume IX, comte de Poitiers et duc d'Aquitaine, grand-père de la reine Aliénor. L'âge d'or de cette poésie amoureuse de langue d'oc se situe au XIIᵉ siècle, à la fin duquel elle est adaptée par les trouvères en langue d'oïl. Au nord, la littérature narrative se développe particulièrement et jette les bases d'un genre nouveau : le « roman ». Les romans dits « antiques » (*Thèbes, Énéas,*

Troie) au milieu du siècle l'inaugurent en adaptant des œuvres antiques classiques ou tardives (Stace, Virgile...). Les romanciers puisent à diverses sources leur inspiration : thèmes orientaux et byzantins *(Conte de Floire et Blancheflor ; Roman d'Alexandre)*, mêlés à des motifs celtes comme dans les récits de *Tristan et Iseut*. Le *Roman de Renart*, malgré différents ancêtres latins, façonne pour des siècles les figures de l'épopée animale.

Mais c'est au sein de la cour anglo-normande d'Henri Ier Beauclerc puis d'Henri II que s'est forgée la matière romanesque dite de Bretagne, à partir des récits légendaires des chroniqueurs latins : l'*Historia regum Britanniae* de Geoffroy de Monmouth inspire directement Wace pour son *Roman de Brut*, premier en date des romans arthuriens. Chrétien se range donc dans cette tradition narrative nouvelle et lui donne une forme originale qui fixe ses principaux traits. Différemment des chansons de geste dont il reprend les valeurs guerrières, le roman « courtois » réfléchit sur la conciliation des armes et de l'amour et accorde une place importante aux personnages féminins, il dessine plus volontiers le parcours individuel d'un héros que celui d'un destin collectif. Le maître mot en devient « l'aventure » à la rencontre de laquelle part le chevalier solitaire. À partir de ces données, le *Conte du Graal*, le plus ambitieux, réfléchit sur la condition chevaleresque tout entière et met en place un des schèmes fondamentaux de l'imaginaire médiéval, la « quête du graal ».

Le graal.

DATES	HISTOIRE
1095	Première croisade.
1099	Prise de Jérusalem par les croisés.
1100	Henri Ier Beauclerc, roi d'Angleterre.
1108-1137	Louis VI le Gros, roi de France.
1137	Louis VII, roi de France, épouse Aliénor d'Aquitaine.
1146	Saint Bernard prêche contre les cathares et pour la deuxième croisade.
1152	Aliénor d'Aquitaine, répudiée par Louis VII, épouse Henri Plantagenêt.
1154	Henri Plantagenêt, roi d'Angleterre.
1155-1160	Frédéric Barberousse, empereur.
1165	Prise de Rome par Frédéric Barberousse.
1170	Assassinat de Thomas Becket.
1174	
1176-1179	
1180	Philippe Auguste, roi de France.

LITTÉRATURE	ÉVÉNEMENTS CULTURELS ET ARTISTIQUES
	Début de la construction de Saint-Marc à Venise ; Vézelay : église de la Madeleine ; tapisserie de Bayeux.
Chanson de Roland. Guillaume IX, premier troubadour. Benedeit, *Voyage de saint Brendan.* *Roman d'Alexandre.* *Chanson de Guillaume.* Bernard de Ventadour, Jaufré Rudel, troubadours. Geoffroy de Monmouth, *Historia regum Britanniae.* *Cantar del mio Cid* (chanson de geste espagnole).	Pierre Abélard (1079-1142). Suger reconstruit Saint-Denis. Abbaye cistercienne de Fontenay.
Roman de Thèbes. *Charroi de Nîmes.* *Conte de Floire et Blancheflor.*	Cathédrales gothiques : Noyon, Senlis.
Wace, *Roman de Brut.* *Jeu d'Adam.* *Roman d'Éneas.* Benoît de Sainte-Maure, *Roman de Troie.*	Notre-Dame de Paris (1163-1260).
Chrétien de Troyes, *Érec et Énide.* Béroul, Thomas, roman de *Tristan et Iseut.* Chrétien de Troyes, *Cligès.* Chrétien de Troyes, *Le Chevalier de la charrette.* Premières branches du *Roman de Renart.* *Lais* de Marie de France. Gautier d'Arras, troubadour : *Éracle, Ille et Galeron.* Raimbaud d'Orange troubadour. Chrétien de Troyes, *Le Chevalier au lion.* Chrétien de Troyes, *Conte du graal.*	Saint-Trophime d'Arles. Cathédrale de Cantorbéry.

Dates	Histoire
1187	Prise de Jérusalem par Saladin.
1189	Richard Cœur de Lion, roi d'Angleterre.
1191	Troisième croisade : Frédéric Barberousse, Philippe Auguste, Richard Cœur de Lion.
1194	
1199	Jean sans Terre, roi d'Angleterre.
1200	Privilèges de Philippe Auguste à l'université de Paris.
1202	Quatrième croisade : pillage de Constantinople.
1203	Conquête de la Normandie par Philippe Auguste sur Jean sans Terre.
1209	Début de la croisade contre les albigeois.
1214	Bataille de Bouvines.
1215	
1218	Cinquième croisade.
1223	Mort de Philippe Auguste.
1226	Louis IX, roi de France.

LITTÉRATURE	ÉVÉNEMENTS CULTURELS ET ARTISTIQUES
André Le Chapelain, *Traité de l'amour*. trouvères : Conon de Béthune, Gace Brulé.	
Première continuation de Perceval.	Cathédrale de Bamberg.
Folie Tristan. Hélinand de Froidmont, *Les vers de la mort*. Renaut de Bâgé, *Le Bel Inconnu*. *Peredur le Gallois*. Trilogie de Robert de Boron. *Chanson des Nibelungen*. *Perlesvaus*.	Cathédrale de Chartres. Cathédrale de Rouen.
Wolfram von Eschenbach, *Parzival*. *Mabinogion*, conte gallois.	
Gottfried de Strasbourg, *Tristan und Isolde*. Wauchier de Denain, seconde *Continuation du Conte du graal*.	
	Statuts de Robert de Courson pour l'université de Paris.
Queste del Saint Graal. *Lancelot en prose*. *Tristan en prose*. Manessier, troisième *Continuation de Perceval*. Gerbert de Montreuil, quatrième *Continuation de Perceval*.	Cathédrale d'Amiens. François d'Assise.

GENÈSE
DE L'ŒUVRE

Le livre du graal

On ne saura jamais avec quels matériaux ou quelles sources exactes Chrétien a écrit son roman. Il dit à la fin du prologue que le comte lui a donné un livre qui contenait l'histoire – « le conte » – qu'il a dû mettre en rimes. Refusant de se donner comme l'origine de son œuvre, Chrétien ne revendique que la reconnaissance de son travail – « intelligence et peine » – et de sa réussite : « écoutez comment il s'acquitte de sa tâche ». On a pu douter de la réalité de ce livre, mais il paraît difficile, alors qu'il le mentionne au sein de l'éloge de Philippe d'Alsace, qu'il mente sur ce point. Rien ne nous indique cependant ce qu'il contenait : le thème du naïf et celui du graal ? L'histoire d'une relique ? Un récit celtique sur le motif de la corne d'abondance ? Quelle est la part d'invention de Chrétien : l'ajout de la partie Gauvain ou plus largement le rapprochement d'un conte merveilleux païen, ou chrétien, avec l'univers fictionnel d'Arthur ? Le chevalier Perceval le Gallois est, en effet, mentionné deux fois dans les romans précédents, *Érec et Énide* et *Cligès,* où il affronte le héros dans un tournoi. Chrétien aurait ainsi associé un chevalier arthurien à peu près inconnu au motif des questions à poser pour déjouer un sortilège. Le titre reste surprenant et inhabituel puisque au lieu de désigner un personnage ou un couple, il élève au rang de protagoniste un objet prosaïque – « écuelle », « plat » – à la faveur d'un terme rare à l'époque. Titre énigmatique dont joue Chrétien dès sa mention : « graal » rime avec « royal » dans le prologue. Clerc formé à la rhétorique latine mais restant à l'écoute des récits oraux issus du fonds celtique, Chrétien a sans doute puisé à toutes les sources, combinant, réorientant des motifs qu'il rend méconnaissables et que chacun croit reconnaître. Aussi le roman a-t-il donné lieu aux interprétations les plus opposées entre les partisans d'une lecture celtisante et folklorique et ceux d'une lecture chrétienne. La scène du cortège du graal représente parfaitement ce syncrétisme des traditions qui ouvre à l'équivocité du sens et devient un appât puissant pour l'imagination de chaque lecteur.

Mythe et roman

De la réception médiévale...

Chrétien a sans doute composé la première version littéraire du graal et, si son roman a donné lieu à de nombreux essais d'achèvement – les *Continuations* – et des réécritures qui l'orientent vers un sens chrétien, le roman gallois, *Peredur ab Evrawc*, fin XIIᵉ, est peut-être un récit indépendant, quoique proche, puisant à une source celtique commune. Ce récit appartient aux *Mabinogion*, textes gallois en prose, merveilleux ou romanesques, conservés dans des manuscrits des XIIIᵉ et XIVᵉ siècles, dont la rédaction primitive semble remonter au XIᵉ et être l'écho de légendes du VIᵉ ou VIIᵉ siècle. Dans *Peredur*, les sorcières sont responsables de la blessure du roi Pêcheur, le héros les vaincra. L'*Élucidation*, texte anonyme fin XIIᵉ, lie le motif du graal à un mythe de fertilité, perdue puis restaurée au temps d'Arthur. C'est cependant la rencontre entre la lecture chrétienne engagée par l'oncle ermite de Perceval et ces fragments mythiques païens, qui élabore le mythe littéraire du graal, un des principaux, avec celui de Tristan et Iseut, forgé par le Moyen Âge. Le graal et sa quête deviennent, en effet, un scénario fabuleux qui concentre les grandes interrogations de la société médiévale, morales, spirituelles et politiques.

Les quatre *Continuations* – plus de 60 000 vers, fin du XIIᵉ et XIIIᵉ siècle – s'efforcent de clôturer les aventures de Perceval et de Gauvain (*Première continuation* qui ne parle pas de Perceval). À la première, anonyme, succèdent celles de Wauchier de Denain, puis de Manessier et enfin de Gerbert de Montreuil. Seule la troisième conclut en renvoyant le graal et la lance au ciel. La christianisation s'accentue de l'une à l'autre : la lance du cortège devient celle qui a percé le flanc du Christ à la fin de la Passion et le graal (devenu « saint graal » déjà dans les propos de l'ermite), le vase qui a recueilli son sang. Mais d'autres éléments, comme l'épée destinée à se briser, et donc à se ressouder, les retrouvailles avec Blanchefleur, l'épisode du château des reines, reçoivent diverses conclusions. Si, dans la troisième *Continuation*, Perceval devient roi du graal, puis ermite, la *Première*, grâce à Gauvain, réintègre le château des reines et les ennemis redoutables que sont Guiromélant et Guinguambrésil, à l'ordre arthurien. Les deux missions civilisatrices, spirituelle et politique, des deux héros se complètent.

Cela étant, c'est le graal comme relique religieuse qui féconde les romans en prose du XIIIe siècle. À partir de la trilogie en prose attribuée à Robert de Boron qui retrace le parcours du graal – du pied de la croix où Joseph d'Arimathie recueille le sang et le corps du Christ, à la Bretagne d'Arthur, en passant par le personnage de Merlin, jusqu'à l'effondrement du royaume arthurien –, de nombreux textes reprennent la même histoire partiellement ou totalement : le *Perlesvaus*, entre prosélytisme chrétien et fantastique ; la *Queste del Saint Graal*, quatrième partie du *Lancelot en prose*, qui interprète chaque épisode dans un sens chrétien, rejette les héros trop mondains que sont Lancelot, amant de la reine Guenièvre, et Gauvain et substitue à Perceval lui-même Galaad, absolument pur et programmé pour la « quête », fils de Lancelot et de la fille du roi Pellès, la demoiselle du Graal. Se joue dans cette tradition, de diverses manières, l'imbrication de la chevalerie et du religieux, la volonté chez certains auteurs de faire de la chevalerie un ordre à la fois guerrier et spirituel, par qui le Salut des hommes, de la société tout entière, passerait. On peut lire dans cette tentative le conflit de pouvoir entre les clercs et les chevaliers, l'Église et les princes. Ce questionnement que permet le mythe est magistralement orchestré par l'Allemand Wolfram von Eschenbach dans son *Parzival* (début XIIIe siècle), où les chevaleries orientales et occidentales sont transcendées par un ordre militaire supérieur commis à la garde du graal, dont Parzival devient le roi. S'y dessine l'idéal d'une société aristocratique et chevaleresque universelle, directement au service de Dieu sans l'intermédiaire de l'Église.

... à la réception moderne

Wagner, au XIXe siècle (*Parsifal*, 1882), ou Julien Gracq, au XXe (*Le Roi pêcheur*, 1948), s'inspirent du texte allemand pour réécrire à leur tour la réussite ou l'échec de Perceval en fonction de leurs conceptions du monde. Le premier compose un opéra profondément chrétien, marqué par le culte de la Rédemption, sorte de testament mystico-métaphysique ; le second veut écarter la quête de toute transcendance et dissocier l'histoire du graal de celle du christianisme, des notions de faute et de culpabilité. L'un et l'autre se servent du graal pour exprimer le caractère tragique de la condition humaine : Amfortas, le roi du graal, à la blessure jamais refermée, qui n'en finit pas d'expier son péché de luxure avec la belle Kundry, retient l'attention plus que dans les versions médiévales françaises.

Ainsi, du Moyen Âge, où des récits du graal furent composés du nord au sud de l'Europe, à l'époque moderne et contemporaine, où continuent de fleurir toutes sortes d'adaptations (Rohmer, Roubaud...), le graal a pleinement joué sa fonction de mythe, à l'instar des grands mythes antiques, prêtant ses personnages, sa structure narrative, sa thématique à toutes les formes (théâtrales, poétiques, romanesques, cinématographiques) pour interroger le sens de l'existence humaine (désir de connaissance, poursuite d'un idéal, communication avec l'Autre...), bien après que les problématiques historiques de la chevalerie féodale eurent disparu.

Qui petit seme petit quialt
Et qui auques recoillir vialt
An tel leu sa semance espande
Que fruit a cent dobles li rande
Car an terre qui rien ne vaut
Bone semance seche et faut
Crestiens seme et fet semance
D'un romans que il ancomance
Et si le seme an si bon leu
Qu'il ne puet estre sanz grant preu
Qu'il le fet por le plus prodome
Qui soit an l'empire de Rome
C'est li cuens Phelipes de Flandres
Qui mialz valt ne fist Alixandres
Cil que l'an dit qui tant fu buens
Et je proverai que li cuens
Valt mialz que cist ne fist asez
Car il ot an lui amassez
Toz les vices et toz les max
Dont li cuens est mondes et sax
Li cuens est tex que il n'escote
Vilain gap ne parole estote
Et s'il ot mal dire d'autrui
Qui que il soit ce poise lui
Li cuens aime droite justise
Et leauté et sainte eglise
Et tote vilenie het
S'est plus larges que l'an ne set
Qu'il done selonc l'evangile
Sanz ypocrisie et sanz guile
Qui dit ne sache ta senestre
Le bien quant le fera ta destre
Cil le sache qui le reçoit
Et Dex qui toz les segroz voit
Et set totes les repostailles
Qui sont es cuers et es antrailles
L'evangile por coi dit ele
Tes biens a ta senestre cele
La senestre selonc l'estoire
Senefie la vainne gloire
Qui vient de fause ypocrisie
Et la destre que senefie
Charité qui de sa bone oevre
Ne se vante ençois se cuevre
Que nus ne le set se cil non
Qui Dex et charité a non
Dex est charitez et qui vit
An charité selonc l'escrit
Sainz Pos le dit et je le lui
Il maint an Deu et Dex an lui
Donc sachoiz bien de verité
Que li don sont de charité
Que li bons cuens Phelipes done
Onques nelui n'an aresone
Fors son franc cuer le deboneire
Qui li loe le bien a feire
Ne valt mialz cil que ne valut
Alixandres cui ne chalut
De charité ne de nul bien
Oil n'an dotez ja de rien
Donc avra bien sauve sa poine
Crestiens qui entant et poine
A rimoier le meillor conte
Par le comandement le conte
Qui soit contez an cort real
Ce est li contes del graal
Dont li cuens li baille le livre
Oez comant il s'an delivre

Ce fu au tans qu'arbre florissent
Fueilles boschaige pre verdissent
Et cil oisel an lor latin
Dolcemant chantent au matin
Et tote riens de joie aflame
Que li filz a la veve dame
De la gaste forest soutaine
Se leva et ne li fu paine
Que il sa sele ne meist
Sor son chaceor et preist
Trois javeloz et tot einsi
Fors del manoir sa mere issi
Et pansa que veoir iroit
Herceors que sa mere avoit
Qui ses avaines li herchoient
Bues .xii. et sis herches avoient
Einsi an la forest s'an antre
Et maintenant li cuers del vantre
Por le dolz tans li resjoi
Et por le chant que il oi
Des oisiax qui joie feisoient
Totes ces choses li pleisoient
Por la dolçor del tans serain
Osta au chaceor son frain
Si le leissa aler peissant
Par l'erbe fresche verdeant
Et cil qui bien lancier savoit
Des javeloz que il avoit
Aloit anviron lui lançant
Une ore arriere et altre avant
Une ore an bas et altre an haut
Tant qu'il oi parmi le gaut
Venir .v. chevaliers armez
De totes armes acesmez
Et mout grant noise demenoient
Les armes a ces qui venoient
Car sovant hurtoient as armes
Li rain des chasnes et des charmes
Tuit li hauberc fremissoient
Les lances as escuz hurtoient
Sonoit li fuz sonoit li fers
Des escuz et des haubers
Li vaslez ot et ne voit pas
Ces qui vienent plus que le pas
Si s'an mervoille et dit par m'ame
Voir me dist ma mere ma dame
Qui me dist que deable sont
Les plus esfree chose del mont
Et si dist por moi anseignier
Que por aus se doit an seignier
Mes cest anseing desdaignerai
Que ja voir ne m'an seignerai
Einz ferrai si tot le plus fort
D'un des javeloz que je port
Que ja n'aprocheront de moi
Nus des altres si com je croi
Einsi a lui meismes dist
Li vaslez einz qu'il les veist
Et quant il les vit en apert
Que del bois furent descovert

Perceval ou le Conte du Graal

CHRÉTIEN DE TROYES

roman

PROLOGUE

« Et ma dame Lore seoit / An une loges, si ooit / Le duel qu'an fist parmi la sale »...
À Laure, pour l'introduire au plaisir des histoires.

Qui sème peu récolte peu.

Celui qui veut obtenir quelque récolte doit répandre sa semence en une terre qui la fasse fructifier au centuple. Car dans une terre sans valeur, une bonne semence sèche
5 et disparaît[1].

Chrétien sème et fait semence d'un roman qu'il commence. Il le sème en si bonne terre qu'il ne peut être sans grand profit. Il le fait pour l'homme le plus valeureux qui soit dans l'empire de Rome. Il s'agit du comte Philippe
10 de Flandres[2] qui dépasse en valeur Alexandre[3] dont on dit qu'il fut si bon. Mais je prouverai que le comte vaut bien mieux que celui-ci, car il avait rassemblé en lui tous les vices et les travers dont le comte est pur et exempt. Le comte est homme à n'écouter ni plaisanterie de mauvais goût ni
15 propos stupide et s'il entend dire du mal d'autrui, quel qu'il soit, il s'en attriste. Le comte aime la vraie justice, la loyauté

---

1. **Qui sème [...] disparaît :** parabole évangélique du semeur : Matthieu XIII, 3-23 ; Marc IV, 3-20 ; Luc VIII, 5-12.
2. **Philippe de Flandres :** Philippe d'Alsace (1141-1191), comte de Flandre et de Hainaut. Il participa à la 3ᵉ croisade et y mourut au cours du siège de Saint-Jean-d'Acre le 1ᵉʳ juin 1191.
3. **Alexandre :** il s'agit d'Alexandre le Grand, (vers 356-323) fils de Philippe de Macédoine. Personnage historique de conquérant, les légendes qui naissent après sa mort, en grec et en latin entre le IIᵉ et le IXᵉ siècle, donnent successivement plusieurs récits au Moyen Âge : dès le début du XIIᵉ siècle, Albéric de Pisançon écrit une version en franco-provençal, dont il ne reste qu'un fragment, puis une version en décasyllabes est rédigée vers 1170, enfin un vaste roman est composé par Alexandre de Paris en vers de douze syllabes, qui prennent le nom d'« alexandrins ». Cette œuvre est contemporaine du *Conte du graal*.

et la sainte Église, il hait toute bassesse. Il est plus généreux qu'on ne croit car il donne, suivant l'Évangile, sans hypocrisie et sans arrière-pensée, selon le précepte qui dit : que ta main gauche ignore le bien que fera la droite. Que le 20 sache celui qui le reçoit et Dieu qui voit tous les secrets et connaît les intentions cachées au fond du cœur et des entrailles. La gauche, d'après la tradition, signifie la vanité qui vient d'une hypocrisie trompeuse. Et la droite, que signifie-t-elle ? La charité qui ne se vante pas de sa bonne 25 action mais s'en cache, si bien que tous l'ignorent sinon Celui qui se nomme Dieu et Charité. Dieu, en effet, est charité et qui vit en esprit de charité selon ce que j'ai vu et lu chez saint Paul[1], il demeure en Dieu et Dieu en lui.

Sachez donc en toute vérité que les dons distribués par le 30 bon comte Philippe sont donc de charité et que personne d'autre que son cœur ferme et généreux ne l'y engage et ne le pousse à faire le bien.

N'est-il donc pas meilleur qu'Alexandre qui ne se soucia ni de charité ni de bonne action ? Oui, absolument, sans 35 aucun doute. C'est pourquoi Chrétien ne perdra pas sa peine, lui qui met son intelligence et sa peine, sur l'ordre du comte, à mettre en rimes le meilleur conte qui soit raconté en cour royale.

C'est le Conte du graal, dont le comte lui donna le livre. 40 Maintenant écoutez comment il s'acquitte de sa tâche.

---

1. **Dieu [...] saint Paul :** Chrétien attribue ici faussement à saint Paul, l'ancien persécuteur romain des chrétiens converti à la nouvelle religion et l'un de ses premiers prédicateurs, une phrase de l'évangéliste saint Jean.

Prologue

Repères

1. Quelle est la métaphore choisie par Chrétien pour désigner son entreprise ?
2. Comment Chrétien opère-t-il la transition entre celle-ci et l'éloge de son mécène ?
3. Quelles sont les qualités du comte qui le rendent supérieur à Alexandre le Grand ?

Observations

4. Quel effet produit la formulation volontairement impersonnelle du début ? Par quoi est-elle relayée ?
5. Comment la voix de l'auteur domine-t-elle le prologue ? À qui celui-ci s'adresse-t-il ?
6. Même en traduction, essayez de repérer les jeux de mots – ou d'échos – dont se tisse le texte.
7. À travers Philippe et Alexandre, qu'est-ce qui est opposé ? Comment s'insère le nom de Chrétien en signature ?
8. Comment Chrétien définit-il son propre travail ? Que penser de cette posture par rapport à la *création* littéraire ?

Interprétations

9. Montrez que Philippe de Flandres est à la fois destinateur (celui qui provoque le projet/l'action) et destinataire (celui pour qui le roman est composé). Quelles relations s'instaurent entre le mécène et le romancier ?
10. Les références à l'Évangile et à saint Paul programment-elles certains éléments du roman, voire sa signification, ou le prologue vous semble-t-il relever d'une rhétorique obligée qui ne peut engager le sens de l'œuvre ?

11. Comment comprendre le sens des termes « roman » et « conte » qui encadrent le prologue ?

De la lecture à l'écriture

12. Les prologues, nombreux dans les œuvres médiévales, relèvent d'une part du genre épidictique (éloge ou blâme d'un personnage), d'autre part de la défense et de la légitimation a priori du récit à venir. Il n'est pas évident, en effet, dans une société où le latin domine comme langue de savoir et langue sacrée, d'écrire – et donc d'utiliser des manuscrits – en langue vernaculaire. En quelques lignes, montrez comment le prologue de Chrétien remplit ces deux buts, en précisant les arguments et leur enchaînement. Vous conclurez en disant si, d'après vous, on peut parler d'un prologue réussi.

C'était à la saison où les arbres fleurissent, où les bois se couvrent de feuilles et les prés verdissent, où les oiseaux dans leur langue chantent doucement le matin, où toute créature
45 s'enflamme de joie. Le fils de la Veuve de la profonde et sauvage forêt se leva et, sans peine, sella son cheval de chasse, prit trois javelots et ainsi équipé sortit du manoir de sa mère. Il pensa qu'il irait voir les herseurs de sa mère qui hersaient les avoines. Ils avaient dix bœufs et cinq herses[1].
50 Il pénètre ainsi dans la forêt. Aussitôt, son cœur, au fond de lui, se sent joyeux par la douceur du temps et le chant des oiseaux qui s'élève joyeusement. Tout cela lui plaisait. À cause de la douceur et de la sérénité du temps, il ôte son frein au cheval et le laissa paître où il voulait[2] dans l'herbe fraîche et
55 verdoyante. Habile à lancer ses javelots, il les lançait de tous côtés, derrière ou devant lui, vers le bas, vers le haut.

C'est alors qu'il entendit venir parmi le bois cinq chevaliers en armes, entièrement équipés. Les armes de ceux qui venaient faisaient beaucoup de bruit car souvent les branches des
60 chênes et des charmes les heurtaient. Le bois résonnait, ainsi que le fer des écus[3] et des hauberts[4].

Le jeune homme entend mais ne voit pas ceux qui arrivent à vive allure. Il est rempli d'étonnement et dit : « Par mon âme, ma mère m'a dit vrai, ma chère dame, qui m'a dit que les
65 diables sont les êtres les plus effrayants du monde, elle me l'a dit pour m'apprendre qu'on doit faire le signe de croix en leur présence. Mais, non certainement, je ne me signerai pas et je

---

1. Herses : instruments à dents fixés à un bâti qu'on traîne sur une terre labourée pour briser les mottes et enfouir les semences.
2. Il ôte [...] voulait : l'alternance des temps de la narration (passé simple-présent) n'est pas le même dans un récit médiéval et un récit moderne. Lorsqu'il était possible de conserver les changements de temps au sein d'une même séquence sans rendre obscure la traduction, je l'ai fait pour conserver quelque chose du rythme et du rapport particulier que le texte médiéval instaure entre le narrateur et le narrataire (*NDLT*).
3. Écus : boucliers.
4. Hauberts : tuniques de mailles d'acier tressées.

négligerai ce conseil. Au contraire, je frapperai si vite le plus fort avec un des javelots que je porte qu'aucun des autres n'approchera plus de moi, à mon avis ». 70

C'est ainsi que se parle le jeune homme à lui-même avant de les voir. Mais quand il les vit distinctement, quand ils ne furent plus à couvert du bois, qu'il vit les hauberts éclatants, les heaumes[1] brillants et étincelants, qu'il vit le vert et le rouge reluire au soleil, l'or, l'azur et l'argent, ce spectacle lui parut si 75 beau et si admirable qu'il dit : « Doux seigneur Dieu, pitié ! Ce sont des anges que je vois là. Et certainement ai-je commis à l'instant un grand péché et me suis bien mal conduit, quand j'ai dit que c'était des diables. Ma mère ne m'a pas raconté des histoires quand elle m'a dit que les anges sont les plus beaux 80 être qui soient, sauf Dieu le plus beau de tous. Mais je vois Dieu, je crois, car en voici un si beau que les autres, Dieu me garde, n'ont pas le dixième de sa beauté. Ma mère elle-même m'a dit qu'on doit croire en celui qui doit nous sauver et l'adorer. J'adorerai donc celui-ci et tous ses anges avec lui ». 85

Aussitôt il se jette à terre, fait acte de foi et dit les prières qu'il connaissait et que sa mère lui avait apprises. Le maître des chevaliers le voit et dit : « Restez en arrière, car ce jeune homme en nous voyant est tombé à terre de frayeur. Si nous nous avancions ensemble vers lui, il éprouverait, à mon avis, 90 une telle terreur qu'il mourrait et ne pourrait répondre à aucune de nos questions ».

Ils s'arrêtent et lui s'avance rapidement vers le jeune homme. Il le salue et le rassure en lui disant :

« Jeune homme, n'ayez pas peur ! 95

— Je n'ai pas peur, par le Sauveur, le dieu créateur en qui je crois. Êtes-vous Dieu ?

— Non, pas du tout.

— Qui êtes-vous ?

— Je suis un chevalier. 100

---

1. **Heaumes** : casques.

— Je n'ai jamais connu de chevalier, fait le jeune homme, ni n'en vis, ni n'en ai entendu parler, mais vous êtes plus beau que Dieu. Comme j'aimerais être ainsi brillant et ainsi fait ! »

En disant cela, il s'est approché, et le chevalier lui demande :
105 « As-tu vu aujourd'hui dans cette lande cinq chevaliers et trois jeunes filles ? ».

Le jeune homme a d'autres renseignements à savoir et à demander. Il tend sa main vers la lance, la prend et dit :

« Cher seigneur, vous qui vous appelez "chevalier", quel est
110 cet objet que vous tenez ?

— Me voici gagnant, il me semble ! fait le chevalier. Je croyais, mon doux ami, apprendre des nouvelles de toi, et tu veux en apprendre de moi. Je te répondrai : c'est ma lance.

115 — Dites-vous, fait-il, qu'on la lance comme je le fais avec mes javelots ?

— Mais non, jeune homme, tu es stupide. On en frappe au contraire de tout près.

— Mieux vaut donc un de ces trois javelots que vous
120 voyez ici, car quand je veux tuer oiseaux et bêtes selon mon besoin, je les tue d'aussi loin qu'on pourrait le faire d'une flèche.

— Jeune homme, je n'ai que faire de cela. Mais réponds-moi à propos des chevaliers, dis-moi si tu sais où ils sont.
125 Et les jeunes filles, les as-tu vues ? »

Le jeune homme le saisit par le bord de l'écu et lui dit sans détour : « Qu'est-ce que c'est et à quoi cela vous sert-il ?

— Jeune homme, fit-il, c'est me tromper que de m'orienter vers des renseignements autres que ceux que je
130 cherche à obtenir et que je te demande. Je croyais, Dieu me pardonne, apprendre des renseignements de toi et tu veux le faire de moi et veux que je t'en donne. Je te les donnerai, malgré tout, car tu m'es sympathique. Écu s'appelle ce que je porte.

135 — Écu est son nom ?

— Parfaitement, fit-il, je ne dois pas le mépriser car il est si fiable que si quelqu'un dirige sa lance ou sa flèche contre moi, il se met au-devant des coups, voilà le service qu'il me rend. »

À ce moment ceux qui étaient restés derrière arrivèrent 140 par la carrière, au pas, jusqu'à leur seigneur, et aussitôt lui dirent :

« Seigneur, que vous dit ce Gallois ?

— Il n'est pas très éduqué, fait le seigneur, que Dieu me pardonne, car il ne répond à aucune de mes questions, mais 145 demande pour tout ce qu'il voit comment cela s'appelle et ce que l'on en fait.

— Seigneur, sachez sans nul doute, que les Gallois sont tous naturellement plus fous que les bêtes qui paissent. Il est comme une bête. Celui qui s'attarde auprès de lui est fou, 150 s'il ne veut s'amuser à des bagatelles et perdre son temps en folie.

— Je ne sais pas, fait-il, que Dieu me voie, avant de reprendre la route, je lui dirai tout ce qu'il voudra, je ne m'en séparerai pas avant. » 155

Alors il lui demande derechef : « Jeune homme, fait-il, sans vouloir te fâcher, dis-moi à propos des cinq chevaliers et aussi des jeunes filles si tu les a rencontrés ou vus. »

Mais le jeune homme le tenait au pan de son haubert, il le tire : 160

« Dites-moi, fait-il, cher seigneur, qu'avez-vous revêtu ?

— Jeune homme, fait-il, ne le vois-tu donc pas ?

— Non.

— Jeune homme, c'est mon haubert, il est pesant comme fer car il est en fer, tu vois bien. 165

— Je n'en sais rien, fait-il, mais il est très beau, Dieu me sauve. Qu'en faites-vous et à quoi vous sert-il ?

— Jeune homme, c'est bien facile. Si tu voulais lancer sur moi un javelot ou tirer une flèche, tu ne pourrais me faire aucun mal. 170

— Seigneur chevalier, d'un tel haubert Dieu préserve les biches et les cerfs car je ne pourrais plus en tuer aucun et je ne courrais plus après eux. »

Le chevalier reprend : « Jeune homme, que le Seigneur
175 Dieu te vienne en aide, sais-tu quelque nouvelle des chevaliers et des jeunes filles ? »

Et lui qui avait peu de raison, lui dit :

« Êtes-vous né ainsi ?

— Non, jeune homme, il est impossible que quiconque
180 naisse ainsi.

— Qui donc vous équipa ainsi ?

— Jeune homme, je te dirai bien qui.

— Dites-le donc.

— Très volontiers. Il n'y a pas même cinq jours que le roi
185 Arthur qui m'adouba[1] me donna tout cet équipement.

— Mais dis-moi désormais ce que sont devenus les chevaliers qui sont passés par ici en conduisant trois jeunes filles. Vont-ils lentement ou s'enfuient-ils ? »

Et lui dit :
190 « Seigneur, regardez dans la direction de ce bois là-haut, qui entoure cette montagne. C'est le col de Valdone[2].

— Et alors, cher ami ?

— Là sont les herseurs de ma mère qui sèment et labourent sa terre. Si ces gens sont passés par ici, ils les ont
195 vus et vous le diront. »

Et eux disent qu'ils s'y rendront avec lui, s'il les emmène jusqu'aux herseurs d'avoine.

Le jeune homme prend son cheval et parvient là où les herseurs hersaient les terres labourées où les avoines
200 avaient été semées. Quant ils virent leur seigneur, ils

---

1. Adouba : du verbe « adouber », qui signifie « armer chevalier », « faire chevalier ». Cérémonie à laquelle l'Église conféra assez tôt un caractère sacré. C'est cependant un autre chevalier, aîné ou seigneur, qui adoube le nouveau guerrier.

2. Valdone : col de montagne sans référence externe au récit.

tremblèrent de peur. Savez-vous pourquoi ? À cause des chevaliers qu'ils virent avec leur seigneur. Il savaient bien que, si ceux-là lui avaient parlé de ce qu'ils faisaient et étaient, lui voudrait être chevalier et sa mère en perdrait la tête car l'on croyait empêcher qu'il ne vît jamais un 205 chevalier ni ne connût leur fonction.

Le jeune homme dit aux bouviers :

« Avez-vous vu passer ici cinq chevaliers et trois jeunes filles ?

— Toute la journée ils sont allés par le col, font les 210 bouviers. »

Le jeune homme dit au chevalier qui lui avait tant parlé :

— « Seigneur, c'est par ici que sont allés les chevaliers et les jeunes filles. Mais parlez-moi donc du roi qui fait les chevaliers et de l'endroit où il va le plus souvent.   215

— Jeune homme, fait-il, je veux bien te le dire : le roi séjourne à Carduel[1]. J'y étais et je l'ai vu. Si tu ne l'y trouves pas, il y aura bien quelqu'un qui te renseignera sur lui, il ne sera jamais bien loin. »

---

1. **Carduel** : ville du pays de Galles, résidence du roi Arthur.

La rencontre avec les chevaliers

Repères

1. À quelle époque de l'année se passe le début du roman ? Quel effet ce choix produit-il ?
2. Comment est désigné le jeune homme ? Cela est-il indifférent ?
3. Dans la description de l'arrivée des chevaliers et dans la conversation qui s'engage, quel est le point de vue dominant ?

Observations

4. Quel est le premier signe de l'arrivée des chevaliers : peut-on comprendre la frayeur du jeune homme ?
5. Qu'est-ce qui, au contraire, le rassure et l'enthousiasme ? Sur quels critères se fonde ce revirement ?
6. Comment apparaît le maître des chevaliers par rapport à ses compagnons ? Que prépare, pour la suite du récit, cette différence d'attitude ?
7. Le jeune homme finit par renseigner ses interlocuteurs, mais seulement après avoir satisfait sa curiosité : quel trait de son personnage est mis ici en place ?
8. Qu'apprend au lecteur l'inquiétude des herseurs ?

Interprétations

9. Le début du roman n'est pas exempt d'ironie : montrez-le et dites sur quoi elle porte.
10. À travers les yeux émerveillés du jeune chasseur, chaque pièce de l'armement du chevalier est détaillée. On peut supposer que les lecteurs/auditeurs du roman connaissaient tout cela. Que penser alors de cette description fragmentée pour définir le chevalier ? Est-elle suffisante ?

11. Nous ne savons rien des jeunes filles et des chevaliers que poursuivent ceux que rencontre Perceval. Quelle technique narrative apparaît ici dès l'amorce du roman ?

DE LA LECTURE À L'ÉCRITURE

12. L'art de Chrétien de Troyes : dans ce début, Chrétien privilégie le style direct sur la narration. Développez en quelques lignes les avantages de ce choix : focalisation ; rythme ; théâtralisation (...).

13. « Li filz a la veve dame / de la gaste forest soutaine » : à quelles images, à quelle rêverie ces mots ouvrent-ils ? Écrivez quelques lignes à partir d'eux pour essayer d'approcher la force poétique et fictionnelle du récit médiéval, en deçà de ses interprétations.

220   Aussitôt le chevalier part au galop, il lui tarde d'avoir rattrapé les autres.

Le jeune homme se dépêche de rentrer au manoir où sa mère avait le cœur triste et sombre à cause de son retard. Elle éprouva une grande joie de le voir et ne put pas cacher sa joie et, comme une femme remplie d'amour, elle court à sa rencontre et l'appelle : « Mon cher fils, mon cher fils » plus de cent fois.

— « Mon cher fils, mon cœur a été très angoissé par votre retard. J'ai failli devenir folle de chagrin, et à deux doigts de la mort. Où avez-vous tant été aujourd'hui ?

— Où, ma dame ? Je vais vous le dire, sans mentir d'un mot, car j'ai éprouvé une immense joie à cause d'une chose que j'ai vue.

— Dis-moi[1] laquelle.

— N'avez-vous pas l'habitude de me dire que les anges de notre seigneur Dieu sont si beaux que jamais Nature ne fit d'aussi belles créatures et qu'il n'existe rien de si beau au monde ?

— Mon cher fils, je le redis encore, en toute vérité, je le répète.

— Taisez-vous, ma mère. N'ai-je pas vu à l'instant les plus belles choses qui existent en train de traverser la forêt déserte ? Car elles sont plus belles, à mon avis, que Dieu et que tous ses anges.

— Mon fils, dit-elle, d'après moi, tu as vu[2] les anges dont les gens se plaignent, et qui tuent tout ce qu'ils atteignent.

— Pas du tout, ma mère, absolument pas. Ils disent qu'ils s'appellent des chevaliers. »

La mère s'évanouit à ce mot, quand elle l'entend prononcer le nom de chevalier.

---

1. **Dis-moi** : l'alternance entre le tutoiement et le vouvoiement existe dans le texte original.
2. **Tu as vu** : idem.

Quand elle se fut relevée, elle dit comme une femme désespérée :

« Hélas ! Quel triste sort que le mien ! Ah, mon doux enfant, je pensais bien vous protéger de la chevalerie de telle sorte que vous n'en auriez jamais entendu parler ni n'en auriez 255 vu aucun représentant. Vous auriez dû être chevalier, mon cher fils, s'il avait plu au seigneur Dieu de vous conserver votre père et vos autres alliés.

Il n'exista aucun chevalier aussi valeureux, aussi craint et vénéré que votre père dans toutes les îles de la mer. Je peux 260 bien me vanter que vous êtes de haute noblesse par son lignage[1] et par le mien car je suis issue, en vérité, des meilleurs chevaliers de ce pays. Mais les meilleurs sont déchus – en maints endroits, on sait que les malheurs fondent sur les hommes de valeur qui vivent dans l'honneur et la prouesse. 265 Méchanceté, honte ni paresse ne déchoient car elles ne le peuvent. Mais c'est aux bons qu'il convient de déchoir. Votre père, vous l'ignorez, fut blessé entre les hanches, si bien qu'il devint infirme. Ses grandes possessions, ses grands trésors, qu'il possédait en homme de valeur, tout fut ruiné. Il tomba 270 dans une grande pauvreté. Les nobles furent appauvris, déshérités et exilés à tort après la mort d'Uter Pendragon qui fut roi et père du bon roi Arthur[2]. Les terres furent ravagées et les pauvres gens méprisés. S'enfuit qui le put.

Votre père possédait ce manoir, ici dans cette forêt déserte. 275 Il ne pouvait fuir mais en grande hâte il s'y fit transporter en

---

1. **Lignage :** ensemble de ceux qui sont liés par le sang.
2. **Uter Pendragon [...] Arthur :** selon les premiers textes « arthuriens », Geoffroy de Monmouth, *Historia regum Britanniae* (« Histoire des rois de Bretagne »), et *Brut* de Wace (traduction amplifiée du précédent), Uter, dit Uterpendragon, après la mort de son frère, eut lui-même à reconquérir son royaume dont son frère et lui avaient été spoliés. Merlin, le prophète magicien, l'aida dans cette tâche puis, en modifiant son apparence, lui permit de posséder, en la trompant, Ygerne dont il était amoureux. De cette union naquit Arthur, qu'il fit élever en secret. Devenu vieux, il dut affronter des révoltes de barons et les Saxons, ses ennemis, le firent empoisonner.

litière car il ne savait où fuir ailleurs. Vous, qui étiez petit, aviez deux frères très beaux. Vous étiez petit, à la mamelle, vous aviez à peine plus de deux ans. Quand vos deux frères
280 furent grands, sur l'avis et le conseil de leur père, ils se rendirent dans deux cours royales pour obtenir armes et chevaux. L'aîné se rendit auprès du roi d'Escavalon et le servit si bien qu'il fut adoubé chevalier. L'autre, le cadet, alla chez le roi Ban de Gomorret. Le même jour les deux
285 jeunes gens furent adoubés chevaliers ; le même jour tous deux partirent pour revenir chez eux car ils voulaient faire cette joie à moi et à leur père qui ne les revit plus car ils furent défaits aux armes. Ce sont les armes qui causèrent leur mort à tous deux. Je suis restée depuis leur mort dans
290 le chagrin et la peine. Du deuil de ses fils leur père mourut et moi je mène une vie bien amère depuis sa mort. Vous étiez tout le réconfort et la richesse qui me restaient après la disparition des miens. »

Le jeune homme prête peu d'attention à ce que lui dit
295 sa mère.

« Donnez-moi à manger, fait-il ! Je ne sais de quoi vous m'entretenez, mais j'irai très volontiers auprès du roi qui fait les chevaliers et cela, n'en déplaise à quiconque. »

La mère, autant qu'elle le peut, le retient et le garde, elle
300 l'équipe et l'habille d'une grosse chemise de chanvre[1] et de culottes à la mode galloise, où l'on fait tenir ensemble braies et chausses[2], il me semble. Il y avait aussi une tunique et un capuchon retenu par du cuir en peau de cerf. C'est ainsi que sa mère l'équipe. Elle ne le retint pas plus de trois jours car
305 aucune cajolerie ne put davantage sur lui.

Alors sa mère tomba dans un chagrin extraordinaire. Elle l'embrasse et l'enlace en pleurant et dit :

---

1. **Chanvre** : toile d'un tissu assez grossier.
2. **Braies et chausses** : les braies sont des pantalons amples ; les chausses sont des vêtements masculins en étoffe ou en mailles de métal qui protègent les pieds et les jambes, parfois le corps de la taille aux pieds.

« J'ai un immense chagrin, mon cher fils, quand je vous vois partir. Vous irez à la cour du roi et lui demanderez de vous donner des armes. Il ne refusera pas et vous les donnera, je le 310 sais. Mais quand vous devrez faire l'expérience de les porter, que se passera-t-il ? De ce que vous n'avez jamais fait ni n'avez vu faire à personne, comment vous en sortirez-vous ? Très mal, bien sûr, je le crains. Vous serez mal préparé pour tout. Il n'y a rien d'extraordinaire, à mon avis, de ne pas savoir ce que 315 l'on n'a pas appris. Ce qui est étonnant c'est de ne pas apprendre ce que l'on entend et voit souvent.

Mon cher fils, je veux vous apprendre une règle, à laquelle il vous faut prêter beaucoup d'attention. Si vous voulez bien la retenir, elle pourrait vous procurer 320 beaucoup de bien. Vous serez chevalier dans peu de temps, s'il plaît à Dieu, et je vous approuve. Si vous trouvez de près ou de loin une dame qui ait besoin d'aide ou une jeune fille désemparée, que votre aide leur soit toute acquise si elles vous la demandent, car tout votre 325 honneur en dépend. Qui n'honore pas les dames a tué son propre honneur. Soyez au service des dames et des jeunes filles, vous serez partout tenu en honneur. Et si vous en aimez une malgré elle, ne faites rien qui lui déplaise. Celui qui embrasse une jeune fille obtient 330 beaucoup. Si elle vous accorde un baiser, je vous défends de prendre davantage si vous voulez bien pour moi y renoncer. Mais si elle a un anneau à son doigt ou une aumônière[1] à sa ceinture et que, par amour ou sur votre prière, elle vous les donne, il est bon que vous emportiez 335 son anneau. Personnellement je vous autorise à prendre l'aumônière comme l'anneau. Mon cher fils, j'ajouterai autre chose : n'ayez jamais longtemps un compagnon de route ou de repos sans lui demander son nom et son 340 surnom complet. Par son surnom on connaît l'homme.

---

1. Une **aumônière** : bourse portée autrefois à la ceinture.

Mon cher fils, parlez aux hommes honnêtes[1] et recherchez leur compagnie. Un homme honnête ne fourvoie pas ceux qui l'accompagnent. Par-dessus tout, je veux vous presser d'aller prier Notre Seigneur dans les églises et les
345 monastères qu'il vous accorde l'honneur en ce monde et vous accorde de vous conduire pour faire une bonne fin.

— Mère, fait-il, qu'est-ce qu'une église ?

— Un lieu où l'on fait le service de celui qui créa le ciel et la terre et y mit hommes et bêtes.

350 — Et un monastère, qu'est-ce que c'est ?

— Mon fils, cela même : une maison belle et très sainte où se trouvent des reliques et des trésors. On y fait le sacrifice de Jésus-Christ, le saint prophète, que les Juifs outragèrent. Il fut trahi et injustement condamné. Il souffrit les affres de la mort
355 pour les hommes et les femmes dont les âmes partaient en enfer quand elles quittaient leurs corps. Il les en fit sortir. Lui fut attaché à un poteau, puis crucifié, et il porta une couronne d'épines. Pour écouter messes et mâtines afin d'adorer ce Seigneur, je vous demande d'aller à l'église.

360 — J'irai donc bien volontiers dans les églises et les monastères, fait le jeune homme, désormais. Je vous en fais le serment. »

À ce moment-là, il n'y avait plus à s'attarder. Il prend congé de sa mère qui pleure, sa selle était déjà mise. Il était équipé à la mode et à la manière galloise : chaussé de
365 brodequins[2], il portait toujours avec lui trois javelots. Il

---

1. **Hommes honnêtes** : le terme « prodome » très fréquent dans le texte, pose de nombreux problèmes de traduction : c'est déjà un terme clé du prologue. Formé de l'adjectif « preu » et du substantif « homme », il est valorisant et renvoie à ce qu'un groupe reconnaît comme le meilleur. Son sens évolue donc de la valeur guerrière – « vaillant, valeureux » – à une qualité plus générale qui concerne des qualités morales – sagesse, honnêteté, bonté – et même de conformité à la loi religieuse (ainsi l'ermite) ou renvoyant à un chevalier qui met sa prouesse au service de Dieu. Notre traduction oscillera selon les cas entre « homme de bien », « chevalier valeureux » ou « gentilhomme » comme le fait J. Dufournet dans sa traduction (Garnier-Flammarion, 1997).
2. **Brodequins** : chaussures d'étoffe ou de peau couvrant le pied et le bas de la jambe.

voulut les emporter mais sa mère lui en fit laisser deux car il ressemblait trop à un Gallois. Elle lui aurait bien fait ôter les trois, très volontiers, si elle avait pu. Il porte à la main droite une baguette d'osier pour fouetter son cheval. Au moment de partir sa mère, qui l'aimait beaucoup, pleure en 370 l'embrassant et prie Dieu de le conduire.

« Mon fils, fait-elle, que Dieu reste auprès de vous ! Qu'il vous donne plus de joie qu'il ne m'en reste, où que vous alliez. »

Quand le jeune homme s'est éloigné du jet d'une petite 375 pierre, il se retourne et voit que sa mère est tombée au bout du pont-levis et qu'elle gît évanouie, comme si elle était tombée morte. Lui, d'un coup de baguette, cingle la croupe de son cheval qui s'élance d'un bond et l'emporte au galop à travers la grande forêt obscure. Il chevaucha du matin au 380 déclin du jour. Il coucha dans la forêt cette nuit-là jusqu'aux lueurs du jour.

L'adieu à la mère

Repères

1. À quoi voit-on que la mère ne vit que pour son fils ?
2. De quoi sont faites ses révélations ? Intéressent-elles son fils ? Et le lecteur ? Quel thème se met ici en place ?
3. L'éducation maternelle : comment l'essentiel est-il condensé en quelques lignes ?
4. L'évanouissement de la mère et le regard du fils : comment dans sa sobriété même cet instant dramatique engage-t-il la suite du roman ?

Observations

5. Comment le jugement de la mère sur la chevalerie, puis l'histoire de la famille complètent-ils la première définition du chevalier qu'a reçue le jeune homme ? Qu'ajoutent-ils, au-delà de la critique qu'ils portent, à la seule description et nomination des armes ?
6. Que suggère l'évocation des troubles qui précédèrent le règne d'Arthur sur la période où se passe le roman ?
7. En quoi l'équipement de Perceval détonne-t-il avec son projet de devenir chevalier ?
8. Le jeune homme est-il indifférent à tout ce que lui dit sa mère ?

Interprétations

9. Une séquence programmatique : 1) reprenez et classez tous les indices des principaux motifs et thèmes du récit. 2) Perceval ne passera-t-il pas par les trois étapes indiquées par sa mère ?

10. Comment Chrétien joue-t-il sur la double articulation du discours comme au théâtre ? Est-ce habile de sa part de ne pas avoir simplement donné ces renseignements à travers la voix narrative ?

DE LA LECTURE À L'ÉCRITURE

11. « Les figures maternelles dans le *Conte du Graal* ». Il est demandé de prendre en compte l'ensemble du roman et de travailler les correspondances éventuelles entre la partie « Perceval » et la partie « Gauvain ».

De bon matin, le jeune homme se leva au chant des oiseaux et monta à cheval. Il ne fit que chevaucher jusqu'à ce
385 qu'il aperçut une tente montée dans une belle prairie près d'une source. La tente était magnifique, d'un côté vermeille, de l'autre galonnée d'or. Au-dessus se trouvait un aigle doré. Le soleil frappait l'aigle qui projetait une clarté vermeille et tout le pré étincelait de la lumière issue de la tente. Tout
390 autour de la tente, qui était la plus belle du monde, des branchages, des feuillages et des loges galloises[1] avaient été dressées. Le jeune homme se dirigea vers la tente et dit avant d'y parvenir : « Mon Dieu, je vois là votre maison ! Je serais fou de ne pas aller vous adorer. Ma mère avait raison de me
395 dire qu'une église était la plus belle chose qui soit et que, si j'en trouvais une, je devais aller adorer le Créateur en qui je crois. J'irai le prier, certainement, qu'il me donne à manger aujourd'hui car j'en aurais bien besoin. »

Il s'approche alors de la tente, la trouve ouverte, il voit
400 au milieu de la tente un lit couvert d'une étoffe de soie. Dans le lit était couchée une dame qui s'y était endormie. Ses compagnes étaient loin car les jeunes filles étaient allées cueillir des fleurs fraîches dont elles voulaient joncher le sol de la tente. Elles avaient l'habitude d'en rapporter de
405 grandes brassées d'un verger qui était tout près.

Quand le jeune homme entra dans la tente, son cheval broncha si fort que la demoiselle l'entendit. Elle tressaillit et reprit ses esprits. Le jeune homme qui était simplet, dit : « Jeune fille, je vous salue, comme ma mère me l'a enseigné.
410 Ma mère m'apprit et me dit de saluer les jeunes filles où que je les rencontre. »

La jeune fille tremble de peur car le jeune homme lui semble fou. Elle se tient elle-même pour complètement folle de s'être laissée surprendre seule.

---

1. **Loges galloises** : cabanes faites de branches entrelacées.

« Jeune homme, dit-elle, poursuis ta route, fuis, que mon 415
ami ne te voie pas !

— D'abord, je vous embrasserai, sur ma tête, fait le jeune
homme, en dépit de quiconque, car ma mère me l'a appris.

— Pour moi, je ne vous embrasserai jamais, fait la jeune 420
fille, si je le peux. Fuis, que mon ami ne te trouve pas, car
s'il te trouve, tu es mort. »

Le jeune homme était robuste, il l'embrassa bien
maladroitement, car il ne savait faire autrement. Il l'a
étendue sous lui, elle s'est bien défendue et esquivée autant 425
qu'elle pouvait, mais en pure perte car le jeune homme
l'embrasse de force, qu'elle le veuille ou non, vingt fois,
d'après le conte, jusqu'à ce qu'il aperçut un anneau à son
doigt, serti d'une émeraude très lumineuse.

« Ma mère, fait-il, m'a dit aussi, que je prenne l'anneau 430
à votre doigt, mais que je ne vous fasse rien de plus. Allons,
l'anneau, je veux l'avoir !

— Tu n'auras jamais mon anneau, pour sûr. »

Le jeune homme la saisit par le poignet, lui étendit le
doigt de force, lui prit l'anneau du doigt, et le mit au sien. 435
Il lui dit : « Jeune fille, bonne chance ! Car je vais m'en aller
maintenant bien payé, il est bien plus agréable de vous
embrasser qu'aucune des chambrières[1] de la maison de ma
mère, vous n'avez pas la bouche amère. » Mais elle, elle
pleure et dit : « Jeune homme, n'emportez pas mon petit 440
anneau, car j'en aurais bien des ennuis et tu en perdrais la
vie, tôt ou tard, je te le jure. » Le jeune homme n'est touché
par rien de ce qu'il entend. Mais son long jeûne le faisait
presque mourir de faim. Il trouve un petit tonneau plein de
vin et une coupe d'argent à côté. Il voit sur une botte de 445
joncs une serviette blanche et neuve. Il la soulève et trouve
trois bons pâtés de chevreuil frais. Ce plat ne le chagrine
pas ! À cause de la faim qui l'étreint, il brise le premier pâté

---

1. **Chambrières** : servantes.

qui se présente, verse dans la coupe d'argent un vin plaisant
450 à voir et en boit à plusieurs reprises et à longs traits. Il dit :
« Jeune fille, je ne finirai pas ces pâtés aujourd'hui. Venez
manger, ils sont excellents. Chacun aura son content et il en
restera un entier. »

Mais elle, pendant ce temps, pleure, qu'il la prie ou
455 l'appelle, elle, la demoiselle, ne lui répond un mot, mais elle
sanglote et se tord violemment les mains. Lui, il mangea à
satiété et but tout son saoul. Puis il prit congé d'un coup,
recouvrit ce qui restait, et recommanda à Dieu celle qui
n'apprécia pas son salut. « Dieu vous garde, fait-il, ma belle
460 amie, mais, au nom de Dieu, ne vous affligez pas que
j'emporte votre anneau. Avant de mourir, je vous en
récompenserai bien. Je m'en vais, je n'emporte plus rien. »
Elle pleure toujours et dit que jamais elle ne le
recommandera à Dieu. Il lui faudra, en effet, à cause de lui,
465 subir plus de hontes et de malheurs qu'aucune autre
malheureuse, et jamais, dans toute sa vie, elle n'aura de lui ni
aide ni secours. Qu'il sache bien qu'il l'a trahie ! Elle reste
ainsi à pleurer. Peu de temps après son ami revint du bois. Du
jeune homme, qui poursuit sa route, il voit les traces du
470 cheval, cela le contrarie. Il trouve son amie en pleurs.

« Ma dame, fait-il, je crois, aux traces que je vois, qu'il y
a eu un chevalier ici.

— Non, seigneur, je vous assure, mais un jeune Gallois,
importun, grossier et stupide, qui a bu de votre vin à sa
475 convenance et à son plaisir, et a mangé de vos trois pâtés.

— Et c'est pour cela, ma belle, que vous pleurez ? Il
aurait pu tout boire et manger, avec mon accord.

— Il y a plus, seigneur, fait-elle. Mon anneau fait partie
de l'incident. Il me l'a arraché et il l'emporte. Je préférerais
480 être morte qu'il ne l'eût ainsi emporté. » Le voici bien
contrarié et le cœur plein d'appréhension.

« Par ma foi, fait-il, il a exagéré ! S'il y a eu davantage,
ne me le cachez pas.

— Par ma foi, seigneur, il m'a embrassée.

— Il vous a embrassée ! 485

— Oui, absolument, mais ce fut bien malgré moi.

— Bien au contraire avec votre accord et votre plaisir, et vous n'avez opposé aucun refus, fait-il, envahi de jalousie. Pensez-vous que je ne vous connais pas ? Bien au contraire, je vous connais bien et ne suis ni borgne ni si myope que je 490 ne voie votre hypocrisie. Vous voilà dans une mauvaise voie, vous voilà dans les malheurs, car votre cheval ne mangera plus d'avoine ni ne sera ferré tant que cet homme ne sera tué, et là où il perdra ses fers, il ne sera pas referré[1]. S'il meurt, vous me suivrez à pied et vous ne changerez plus 495 les vêtements que vous portez. Mais vous me suivrez à pied et nue tant que je ne lui aurai pas coupé la tête. Je n'en prendrai pas d'autre justice. »

Alors il s'assit et mangea.

---

1. **Referré** : du verbe « referrer », remettre un fer.

LA DEMOISELLE À LA TENTE

Repères

1. En quoi se reproduit au début le scénario de la rencontre avec les chevaliers ?
2. Comment le jeune homme applique-t-il les recommandations de sa mère ?
3. Cette scène n'est-elle pas la suite logique du début du roman ?

Observations

4. La description de la tente : notez-en les éléments.
5. La jeune femme est-elle décrite ? Sans visage et sans nom, est-elle à proprement parler un personnage ?
6. Violence : en quoi assiste-t-on à un simulacre de viol ?
7. Composition de la scène : montrez que le compte-rendu de la demoiselle à son ami est dans l'ordre inverse de celui dans lequel l'incident s'est déroulé.

Interprétations

8. Sexualité et nourriture : quel en est le facteur commun ?
9. Que penser de la punition à laquelle est condamnée injustement la demoiselle ?
10. « Alors il s'assit et mangea » : quel effet produit cette conclusion ? Perceval et celui qui sera appelé l'Orgueilleux de la Lande sont-ils si différents ?

De la lecture à l'écriture

11. Répondez en quelques lignes à la question suivante : « Quelle place tient cette scène dans la première partie du récit ? En quoi engage-t-elle, ou non, le parcours du héros ? »

Le jeune homme chevaucha jusqu'à ce qu'il rencontre un 500
charbonnier qui menait un âne devant lui.

« Paysan, dit-il, toi qui pousses l'âne devant toi, indique-
moi la route la plus directe pour Carduel. Le roi Arthur, que
je veux voir, y fait les chevaliers, m'a-t-on dit.

— Jeune homme, répond-il, c'est dans cette direction, 505
dans une place forte[1] bâtie près de la mer. Tu y trouveras le
roi Arthur, mon bel ami, joyeux et triste, dans ce château,
si tu y vas.

— Me diras-tu, comme je le veux, ce qui procure joie et
peine au roi ? 510

— Je vais te le dire, fait-il, à l'instant. Le roi Arthur et
toute son armée ont combattu le roi Rion. Le roi des Îles est
vaincu, c'est ce qui réjouit le roi Arthur, mais il est attristé
par ses barons[2] qui sont partis dans leurs châteaux, là où il
leur est le plus agréable de séjourner. Il ne sait comment ils 515
vont, c'est là le chagrin qui l'habite. »

Le jeune homme n'accorde aucune importance aux
nouvelles du charbonnier, sauf qu'il prend le chemin dans
la direction que celui-ci lui a indiquée. Enfin, il vit une place
forte près de la mer, bien construite, puissante et belle. Il vit 520
sortir par la porte un chevalier en armes portant une coupe
d'or à la main. Il tenait sa lance, ses rênes et son écu de la
main gauche, et la coupe d'or dans la main droite. Son
armure lui allait parfaitement et elle était entièrement
vermeille. Le jeune homme vit la beauté de l'équipement 525
qui était tout neuf. Il lui plut et il dit : « Par ma foi, c'est
celui que je demanderai au roi. S'il me le donne, je serai très
content, maudit soit qui en cherche un autre ! » Il se dirige
alors vers la place forte car il ne veut pas perdre de temps.

---

1. **Place forte** : château peut signifier simplement château fort ou, plus
souvent, une ville fortifiée comprenant, en plus du château proprement dit,
maisons, rues...
2. **Barons** : seigneurs proches du roi.

530 Il arrive près du chevalier. Le chevalier l'a un peu retenu en
lui demandant :

« Où vas-tu, jeune homme, dis-moi donc ?

— Je veux, fait-il, aller à la cour demander vos armes
535 au roi.

— Jeune homme, tu feras bien. Vas-y donc vite et reviens.
Tu diras à ce mauvais roi que s'il ne veut pas tenir sa terre
de moi, qu'il me la rende ou qu'il envoie quelqu'un qui la
défende contre moi qui la revendique. Qu'il te croie à ce
540 signe que j'ai pris à l'instant sous son nez avec tout le vin
qu'il buvait cette coupe que j'emporte. »

Qu'il cherche un autre allié, car lui n'a prêté attention à
aucune parole !

Il s'est précipité à la cour où le roi et ses chevaliers étaient
545 installés à table.

La grande salle était de plain-pied. Le jeune homme entre
à cheval dans la salle pavée et carrée. Le roi Arthur est assis
au bout d'une table, plongé dans ses pensées, tandis que
tous ses chevaliers parlaient et disaient entre eux : « Qu'a
550 donc le roi pour être songeur et muet ? »

Le jeune homme s'est avancé. Il ne sait qui saluer, car il
ne peut reconnaître le roi, lorsque Ivonet vint à sa rencontre
en tenant un couteau à la main. « Jeune homme, fait-il, toi
qui tiens un couteau à la main, dis-moi qui est le roi. »
555 Ivonet, qui était très poli, lui dit : « Mon ami, voyez-le, là-
bas. » Lui, aussitôt, se dirigea vers lui et le salua à sa
manière. Le roi était plongé dans ses pensées et ne dit mot.
L'autre s'adresse à nouveau à lui : « Par ma foi, fait alors le
jeune homme, ce roi ne fit jamais de chevalier. Puisqu'on ne
560 peut en tirer un mot, comment pourrait-il faire un
chevalier ? » Il s'apprête à repartir sur-le-champ et fait
tourner bride à son cheval. Mais il l'a tant approché du roi,
en homme mal éduqué qu'il est, que, devant lui – sans
mensonge –, il fit tomber sur la table de sa tête son chapeau
565 de feutre. Le roi tourne vers le jeune homme sa tête, qu'il
tenait baissée. Il sort de ses pensées et dit : « Cher frère,

bienvenue à vous. Je vous prie de ne pas vous offusquer que je ne vous ai pas rendu votre salut et ne vous ai rien répondu. Mon pire ennemi, celui qui me hait et m'inquiète le plus, est venu revendiquer ma terre. Il est si fou qu'il dit 570 qu'il l'aura entièrement, que je le veuille ou non. Il s'appelle le chevalier vermeil de la forêt de Guingeroi[1]. La reine, devant moi, était venue s'asseoir pour voir et réconforter ces chevaliers qui sont blessés. Je n'aurais pas été si contrarié par les propos du chevalier s'il n'avait pris ma 575 coupe devant moi et l'avait levée si furieusement qu'il avait versé sur la reine tout le vin qu'elle contenait. Ce geste est laid et grossier. La reine est rentrée dans sa chambre, enflammée de douleur et de colère. Elle se meurt[2] et je ne crois pas, par Dieu, qu'elle survive ». Le jeune homme se 580 moque bien de ce que le roi lui dit et raconte, qu'il s'agisse de sa douleur ou de sa honte, et il se fiche bien de la reine. « Faites-moi chevalier, fait-il, seigneur roi, car je veux partir. » Les yeux étaient clairs et rieurs sur le visage du jeune sauvage. Personne à l'entendre ne lui accordait de 585 raison, mais tous ceux qui le regardaient le trouvaient beau et noble.

« Mon ami, fait le roi, descendez de cheval et confiez-le à ce serviteur, il le gardera et fera ce que vous voudrez. Il sera fait, je le jure à Notre Seigneur Dieu, selon mon honneur et 590 votre intérêt. » Le jeune homme a répondu : « Ils n'avaient pas mis pied à terre ceux que j'ai vus tantôt dans la lande et vous voulez que je le fasse ? Par ma tête, je ne descendrai pas de cheval, mais faites vite, je vais partir.

— Ah ! fait le roi, mon cher ami, j'agirai bien volontiers 595 selon votre intérêt et mon honneur.

— Mais, par la foi que je dois au Créateur, fait le jeune homme, bien cher roi, je ne serai chevalier avant des mois,

---

1. **La forêt de Guingeroi** : référence interne au récit.
1. **Elle se meurt** : sous-entendre de honte, à cause de l'affront subi (le vin renversé).

si je ne suis pas chevalier vermeil. Donnez-moi les armes de
600 celui que j'ai rencontré à l'extérieur de la porte et qui
emporte votre coupe d'or. »

Le sénéchal[1] s'est irrité de ce qu'il a entendu et s'est mis
en colère. Il dit : « Mon ami, vous avez raison. Allez enlever
tout de suite ses armes, car elles vous appartiennent. Vous
605 n'avez pas agi en imbécile quand vous êtes venu ici pour
cela. »

— Keu, fait le roi, au nom de Dieu pitié, vous aimez trop
railler n'importe qui. Pour un honnête homme, c'est un
grave défaut. Si le jeune homme est simplet, il est peut-être
610 de haut rang et cela est dû sans doute à l'instruction qu'il a
reçue d'un maître vulgaire, il peut encore acquérir de la
valeur et de la sagesse. Il est bas de se moquer d'autrui et de
promettre sans donner. Un honnête homme ne doit pas se
mêler de promettre rien à autrui qu'il ne puisse ni ne veuille
615 lui donner, car l'autre l'accepte malgré lui. Et celui qui, sans
qu'il y ait promesse, est son ami, dès qu'il y en a une, espère
vivement l'avoir. C'est pourquoi sachez qu'il vaudrait
beaucoup mieux refuser une chose à un homme que la lui
faire espérer. Et pour parler vrai, c'est de soi-même que l'on
620 se moque et que l'on trompe. » Le roi parlait ainsi à Keu.

Le jeune homme, en partant, vit une jeune fille belle et
noble. Il la salua et elle lui. Elle lui sourit et en riant lui dit :
« Jeune homme, si tu vis ton temps, je pense et crois au
fond de mon cœur que dans le monde entier il n'y aura
625 aucun chevalier meilleur que toi, voilà ce que je pense, que
je crois, que je sais. » La jeune fille n'avait ri depuis plus de
dix ans et elle parla à voix haute, tous l'entendirent. Keu
bondit, ces propos le contrarièrent vivement. Il lui donna
un coup si violent sur son tendre visage avec la paume de la
630 main qu'il la fit tomber par terre. Quand il eut frappé la

---

1. **Sénéchal :** celui qui présente les plats, fonction très importante. Celui qui
l'exerce a les insignes du pouvoir, bâton et chapeau.

jeune fille, il trouva en revenant un fou[1] qui se tenait près
d'une cheminée, il le poussa avec le pied de colère et de rage
dans le feu embrasé, car le fou avait coutume de dire :
« Cette jeune fille ne rira pas avant de voir celui qui
dominera en maître la chevalerie. »   635

Ainsi celui-ci crie et celle-là pleure. Le jeune homme ne
reste pas davantage et s'en retourne sans rien demander,
après le chevalier vermeil. Ivonet, qui connaissait tous les
sentiers directs et aimait beaucoup rapporter des nouvelles
à la cour, accourut tout seul sans ses compagnons, traversa   640
un verger qui jouxtait la salle, descendit par une poterne et
arriva directement sur le chemin où le chevalier attendait
passes d'armes et aventure. Le jeune homme, à toute allure,
fondit sur lui pour s'emparer de ses armes. Le chevalier
avait, en attendant, mis la coupe d'or sur un bloc de pierre   645
grise. Quand le jeune homme eut suffisamment approché
pour qu'ils puissent s'entendre, il lui cria :

« Mettez bas vos armes, vous ne les porterez plus, sur
l'ordre du roi Arthur.

— Jeune homme, fait-il, je te demande si quelqu'un a osé   650
venir jusqu'ici pour défendre le droit du roi. Si quelqu'un
vient, ne me le cachez pas.

— Comment, diable, est-ce une plaisanterie, seigneur
chevalier, que vous me faites, car vous n'avez pas encore
retiré vos armes ? Enlevez-les donc, je vous l'ordonne !   655

— Jeune homme, fait-il, je te demande si quelqu'un arrive
au nom du roi dans l'intention de se battre contre moi.

— Seigneur chevalier, ôtez vite vos armes, avant que je ne
le fasse, car je ne vous accorderai pas davantage de temps.
Sachez bien que je vous frapperais si vous m'obligiez à vous   660
le dire encore. »

---

1. **Un fou** : il s'agit d'un « fou » de cour, un personnage proche du jongleur,
qui amuse le roi et ses barons par ses plaisanteries ou ses pirouettes.

Le chevalier se mit alors en colère, il brandit sa lance à deux mains et lui en donna un grand coup en travers des épaules avec la partie qui n'était pas métallique. Il le fit
665 tomber en avant sur l'encolure de son cheval. Le jeune homme fut furieux de sentir le coup qui l'avait blessé. Du mieux qu'il put, il le visa à l'œil et laissa filer son javelot. Avant que l'autre n'y prête attention ni ne le voie ou l'entende, le coup traversa son œil jusqu'au cerveau si bien
670 que le sang coula de sa tête et que sa cervelle se répandit. Sous la douleur, il s'évanouit, perdit l'équilibre et tombe tout à plat. Le jeune homme a mis pied à terre. Il met la lance d'un côté, lui ôte l'écu du cou, mais il ne peut venir à bout du heaume qu'il avait sur la tête, car il ne sait
675 comment le prendre, pas plus que l'épée qu'il lui détache aussitôt, mais dont il ne sait que faire. Il ne parvient pas à le désarmer. Il prend alors le fourreau, le secoue et le tire.

Ivonet se mit à rire quand il vit l'embarras du jeune homme. « Qu'est-ce, fait-il, ami ? Que faites-vous ?

680   — Je ne sais pas trop. Je croyais que votre roi m'avait donné ces armes mais j'aurai découpé ce mort en grillades avant d'emporter une seule de ses armes.

— Ne vous inquiétez pas, je les séparerai bien les unes des autres si vous le voulez, fait Ivonet.

685   — Faites donc cela rapidement, fait le jeune homme, et donnez-les moi sans délai. »

Aussitôt Ivonet déshabille le mort et le déchausse jusqu'aux orteils, il ne lui laisse ni haubert, ni chausses, ni heaume sur la tête, ni autre partie d'armure. Mais le jeune
690 homme ne voulut pas abandonner ses vêtements ni prendre, malgré les exhortations d'Ivonet, une tunique rembourrée en soie très agréable que de son vivant le chevalier portait sous son haubert. Ivonet ne put non plus lui ôter des pieds les brodequins qu'il avait chaussés.

695   « Ah, diables ! Vous plaisantez ! Je changerais les bons vêtements que ma mère m'a faits l'autre jour pour ceux de ce chevalier ! Ma grosse chemise de chanvre pour celle-ci

qui est molle et fine, vous voudriez que je la laisse ? Ma tunique parfaitement imperméable pour celle-ci qui ne retiendrait aucune goutte ? Que le diable étouffe celui qui 700 échangera peu ou prou ses bons habits pour les mauvais d'autrui ! »

Il est très difficile d'éduquer un fou. Il ne voulut prendre que les armes malgré toutes les prières. Ivonet lui lace les chausses et par-dessus lui fixe les éperons sur les 705 brodequins. Puis il l'a revêtu du haubert, le meilleur qui soit. Le heaume, qui lui va très bien, il le lui ajuste sur le capuchon de maille. Quant à l'épée, il lui apprend à la tenir flottante et il la lui ceint. Il lui met ensuite le pied à l'étrier : il est monté sur le destrier. Il n'avait auparavant jamais 710 eu d'étrier ni ne connaissait d'autre éperon que lanière ou badine.

Ivonet lui apporte l'écu et la lance, il les lui donne. Avant qu'il parte, le jeune homme lui dit : « Mon ami, prenez mon cheval de chasse, emmenez-le et rapportez sa coupe au roi. 715 Saluez-le de ma part et dites à la jeune fille que Keu a frappée sur la joue que, si je le peux, à moins de mourir, je préparerai à celui-ci un plat si cuisant qu'elle se tiendra pour vengée. »

L'autre dit qu'il rendra sa coupe au roi et s'acquittera du 720 message en homme qui sait le faire. Ils se séparent alors et s'en vont. Ivonet entre par la porte dans la salle où se tiennent les barons. Il rapporte sa coupe au roi et lui dit :

« Seigneur, soyez joyeux car votre chevalier, celui qui est venu ici, vous envoie votre coupe. 725

— De quel chevalier me parles-tu, fait le roi, qui était encore rempli de contrariété.

— Au nom de Dieu, Seigneur, fait Ivonet, je parle du jeune homme qui vient de partir d'ici.

— Parles-tu de ce jeune Gallois, fait le roi, qui me 730 demanda les armes rouges du chevalier qui m'a causé toute la honte qu'il a pu ?

— Seigneur, c'est de lui que je parle.

— Et comment a-t-il eu ma coupe ? L'autre a-t-il tant
735 d'affection et d'estime pour lui qu'il la lui a donnée de
plein gré ?

— Au contraire le jeune homme la lui a fait payer de sa
vie. – Comment cela s'est-il fait, mon doux ami ?

— Seigneur, je ne sais pas, j'ai vu seulement le chevalier
740 le frapper de sa lance et lui faire mal, puis le jeune homme
le frapper à son tour avec son javelot au travers de la visière
si bien que son sang et sa cervelle se répandirent en arrière
de la tête. Puis je l'ai vu étendu à terre. »

Alors le roi dit au sénéchal :

745 — « Ah ! Keu, quel tort vous m'avez fait aujourd'hui ! À
cause de votre langue hargneuse dont vous avez débité
maintes inanités, vous m'avez enlevé un chevalier qui en ce
jour m'a fait grand bien. – Seigneur, fait Ivonet au roi, par
ma tête, il fait savoir par moi à la suivante de la reine que
750 Keu a frappée par défi, par hostilité et dépit pour lui, qu'il
la vengera s'il vit assez pour en trouver l'occasion. »

Le fou, qui était assis près du feu, entendit ces mots, sauta
sur ses pieds et vint devant le roi tout joyeux. Il trépigne et
saute de joie et dit au roi : « Que Dieu me sauve, voici venir
755 nos aventures. Vous en verrez advenir à plusieurs reprises
de redoutables et de dures. Et je vous garantis que Keu peut
être absolument sûr que c'est pour son malheur qu'il se
servit de ses pieds et de ses mains, et de sa langue folle et
injurieuse, car, avant quarante jours, le chevalier aura
760 vengé le coup de pied qu'il m'a donné, et la gifle qu'il a
donnée à la jeune fille lui sera bien renvoyée et cher payée.
Il lui brisera le bras droit entre le coude et l'épaule : il le
portera en écharpe six mois, grand bien lui fasse ! Il n'y
peut échapper pas plus qu'à la mort. »

765 Ces mots déplurent tant à Keu qu'il faillit en crever de
colère et de rage quand il se retint de l'arranger aux yeux de
tous de manière à le laisser pour mort. Il renonça à lui
sauter dessus de crainte de déplaire au roi. Le roi dit :
« Ah ! Keu, vous m'avez bien irrité aujourd'hui ! Si

quelqu'un l'avait formé et éduqué au maniement des armes 770
pour qu'il sache au moins un peu se servir d'un écu et d'une
lance, le jeune homme serait sans aucun doute devenu un
bon chevalier. Mais il ignore tout des armes comme du reste
et ne saurait même pas tirer l'épée si nécessaire. Le voilà
maintenant armé sur son cheval, il va rencontrer un 775
chevalier quelconque qui pour avoir son cheval n'hésitera
pas à le blesser et le laissera mort ou infirme. Il ne saura pas
se défendre tant il est naïf et stupide, le coup sera vite
arrivé. » Ainsi le roi plaint et regrette le jeune homme et fait
une mine désolée. Mais il ne peut rien y gagner et il se tait. 780

Devenir chevalier vermeil

Repères

1. L'arrivée à la cour d'Arthur : quels en sont les deux guides ? Comment leurs propos sont-ils complémentaires ?
2. Perceval ne sait qui est le roi : quel sens cela a-t-il ?
3. Dans les paroles et les actes de Perceval, que retrouve-t-on du début du roman ? Comment cette scène s'articule-t-elle aux précédentes ? Répond-elle à l'attente du lecteur ?

Observations

4. Que nous apprend le discours du roi sur la situation, sur les personnages ? Quelle est la cause de sa mélancolie ?
5. L'intervention de Keu est-elle déterminante ? Comment répond-il, mieux qu'Arthur, à la demande du jeune homme ?
6. Psychodrame : que préparent les paroles de la jeune fille, du nain et du fou ? Quel rôle joue l'emportement de Keu ?
7. En quoi assiste-t-on à une parodie de combat puis d'armement du chevalier ?

Interprétations

8. Qu'est-ce qui attire Perceval dans les armes du chevalier vermeil ? Est-ce important qu'il devienne un/le chevalier vermeil ?
9. Comment s'organise le système des personnages de la cour d'Arthur ?
10. Le roi pensif : quelle représentation du pouvoir royal est ici donnée ? Le roi est-il indifférent au jeune homme ?
11. Détaillez le comique dans la séquence de l'armement de Perceval. Commentez les différents registres du passage.

De la lecture à l'écriture

12. Le personnage de Keu.

Le jeune homme chevaucha sans s'arrêter à travers la forêt. Il parvint à une plaine près d'une rivière d'une largeur supérieure à une portée d'arbalète. L'eau était toute rentrée et retirée dans son lit normal. Vers la grande rivière grondante, il se dirigea à travers une prairie mais il n'entra 785 pas dans l'eau car il la vit tumultueuse et noire, plus rapide que la Loire. Il suivit donc la rive le long d'une grande roche pelée qui était de l'autre côté de l'eau et que l'eau venait battre. Sur cette roche, d'un côté qui descendait vers la mer, il y avait un château beau et solide. Là où l'eau se jetait dans 790 un petit golfe, le jeune homme tourna à gauche et il vit naître les tours du château. Il eut l'impression qu'elles naissaient et sortaient du château. Au milieu du château se trouvait une tour solide et massive qui se dressait face à la mer qui venait battre son pied. Aux quatre coins du mur d'enceinte dont les 795 pierres étaient résistantes, il y avait quatre petites tours qui étaient très solides et belles. Le château était bien bâti et bien disposé à l'intérieur. Devant le châtelet rond, un pont de pierre, de sable et de chaux avait été construit au-dessus de l'eau. Le pont était solide et haut, entièrement crénelé. Au 800 milieu du pont se trouvait une tour et, au-devant, un pont-levis fait et construit pour remplir sa fonction : le jour, il sert de pont et la nuit, de porte.

Le jeune homme s'avance vers le pont. Vêtu d'une robe d'hermine[1], un homme noble flânait sur le pont et attendait 805 ainsi celui qui s'avançait vers le pont. Le noble personnage tenait par contenance un petit bâton dans sa main. Derrière lui étaient arrivés deux jeunes hommes sans manteau. Celui qui arrivait avait bien retenu les leçons de sa mère. Il le salua et dit : 810

« Seigneur, ma mère m'a enseigné d'agir ainsi.

---

1. **Une robe d'hermine :** une robe en fourrure d'hermine ; l'hermine est un petit mammifère carnivore dont le pelage est fauve l'été et devient blanc l'hiver.

— Dieu te bénisse, mon cher frère ! » fait le gentilhomme qui reconnut à son langage qu'il était stupide et ignorant. Il lui a dit :

815 « Mon frère, d'où viens-tu ?

— D'où ? De la cour du roi Arthur.

— Qu'y as-tu fait ?

— Le roi, à qui je souhaite une bonne fortune, m'a fait chevalier.

820 — Chevalier ? Que Dieu me protège ! Je ne pense pas qu'en ce moment il se rappelle de telles choses. Je croyais qu'il avait autre chose en tête que de faire des chevaliers. Mais dis-moi, mon doux frère, ces armes, qui te les a données ?

— C'est le roi Arthur qui me les a données.

825 — Dis-moi comment. »

Et lui le lui raconte. Pour vous qui avez déjà entendu l'histoire, si on vous la racontait encore une fois, on se montrerait ennuyeux et vain car aucune histoire ne s'améliore ainsi.

830 Le gentilhomme lui demande aussi ce qu'il sait faire de son cheval :

« Je le fais courir par monts et par vaux comme je faisais courir mon cheval de chasse que j'avais pris dans la maison de ma mère.

835 — Et de vos armes, mon bel ami, dites-moi à leur tour ce que vous savez en faire.

— Je sais bien les mettre et les enlever comme le jeune homme m'en équipa, lui qui, sous mes yeux, en désarma celui que j'avais tué. Et je les porte si facilement qu'elles ne

840 me gênent pas du tout.

— Par Dieu, j'en suis bien content, fait le gentilhomme et cela me plaît bien. Dites-moi, sans vous fâcher, quelle nécessité vous a conduit ici.

— Seigneur, le hasard m'a guidé et ma mère qui me dit de

845 me rendre auprès des hommes de bien, de leur demander conseil et de croire ce qu'ils me diraient, car ceux qui les croient en retirent du profit. »

Le gentilhomme répond :

« Mon cher frère, bénie soit votre mère car elle vous éduqua bien. Mais voulez-vous dire encore quelque chose ? 850

— Oui.

— Quoi donc ?

— Seulement que vous m'hébergiez aujourd'hui.

— Très volontiers, fait l'homme noble, mais accordez-moi un don dont vous tirerez un grand bien. 855

— Quoi donc ? fait-il.

— De vous fier aux avis de votre mère et aux miens.

— Par ma foi, fait-il, je vous l'accorde.

— Descendez donc de cheval. »

Il met pied à terre. Un jeune écuyer[1], l'un des deux qui 860 étaient venus là, prend son cheval, tandis que l'autre le désarme. Il resta dans ses vêtements stupides, ses brodequins et sa tunique de cerf mal faite et mal taillée que sa mère lui avait fait mettre. Le gentilhomme se fait chausser ses éperons d'acier tranchant que le jeune écuyer 865 avait apportés. Il est monté sur le cheval, l'écu pend par la courroie à son cou et il prend la lance en disant : « Mon ami, apprenez le maniement des armes et prêtez attention à la manière dont on doit tenir la lance, pousser et retenir son cheval. » Ayant déployé la bannière[2], il lui enseigne et lui 870 montre comment on doit prendre son écu. Il le laisse un peu pendre en avant jusqu'à toucher l'encolure du cheval, il met la lance en arrêt et éperonne le cheval, qui valait cent marcs d'argent[3] car aucun ne s'élançait plus volontiers ni plus

---

1. **Écuyer :** « Vallet » est un terme très fréquent dans le texte et difficile à traduire. C'est ainsi qu'est désigné Perceval avant de recevoir un nom propre. Le terme connote la jeunesse ; il s'applique plus précisément aux jeunes gens nobles qui servaient un seigneur pour apprendre le métier des armes avant de devenir chevaliers. « Écuyer » permet de distinguer les jeunes gens de la cour de Gornemant de Perceval dans cette séquence.
2. **La bannière :** étendard qui sert d'enseigne et de signe de reconnaissance.
3. **Cent marcs d'argent :** ancienne monnaie. Dans les combats, le cheval coûte très cher.

875 rapidement ou avec plus de fougue. Le gentilhomme savait bien manier écu, cheval et lance, car il avait appris à le faire dès l'enfance. Le jeune homme prit beaucoup de plaisir et d'intérêt à tout ce que fit le gentilhomme.

Quand il eut achevé sa joute à la perfection sous les yeux 880 du jeune homme qui a regardé avec attention, il revient, lance levée, auprès de lui et lui demande : « Mon ami, sauriez-vous manier ainsi la lance et l'écu, éperonner[1] et diriger le cheval ? » L'autre lui dit spontanément qu'il ne chercherait pas à vivre un jour de plus ni à acquérir terre et 885 biens plutôt que d'acquérir cette compétence. « On peut apprendre ce que l'on ignore si l'on veut s'y appliquer et se donner de la peine, fait le gentilhomme, mon cher et bel ami. Pour toute tâche, il faut du courage, de l'effort et de l'habitude. À ces trois conditions on peut tout savoir. Et 890 puisque vous n'avez jamais appris ces choses ni vu quiconque les faire, si vous les ignorez, vous n'en recevrez ni honte ni blâme, mais si vous ne les appreniez pas, vous en recevriez de la honte et du blâme. » Alors le gentilhomme le fit monter à cheval et lui commença à porter si adroitement 895 la lance et l'écu qu'il semblait avoir passé sa vie dans les tournois et les batailles, et erré sur la terre entière en quête de combats et d'aventures. Ce don lui venait de Nature et quand Nature l'enseigne et que le cœur y adhère pleinement, aucun effort ne pèse là où Nature et le cœur agissent. Sous 900 cette double influence, il se comportait si bien que le gentilhomme en éprouvait un grand plaisir. Il se disait en lui-même que s'il avait passé toute sa vie dans les travaux guerriers, il en saurait autant. Quand le jeune homme eut fait son tour, il retourna devant le gentilhomme, lance levée, il 905 s'en revint comme il l'avait vu faire, et dit :

« Seigneur, l'ai-je bien fait ? Pensez-vous que mes efforts seront utiles si je veux les poursuivre ? Je n'ai jamais rien

---

1. **Éperonner** : piquer le cheval avec les éperons.

vu dont j'ai si grande envie. Je voudrais en savoir autant que vous.

— Mon ami, dit le gentilhomme, si vous y mettez du 910 cœur, vous en saurez beaucoup. Ne vous inquiétez pas. »

Le gentilhomme se remit en selle trois fois, il lui fit trois fois une démonstration d'armes, il lui montra tout ce qu'il pouvait lui montrer. Trois fois il le fit monter à cheval. À la dernière, il lui dit : 915

« Mon ami, si vous rencontriez un chevalier, que feriez-vous s'il vous frappait ?

— Je le frapperais à mon tour.

— Et si votre lance rompait ?

— Je me jetterais sur lui avec mes poings, ni plus ni 920 moins.

— Mon ami, vous ne feriez pas cela.

— Que ferai-je donc ?

— Par l'escrime, vous iriez le requerre[1] à l'épée. »

Aussitôt le gentilhomme plante dans la terre du pré son 925 épée toute droite, car il est très désireux de lui enseigner les armes et de lui apprendre à bien se défendre à l'épée si on l'attaque et à attaquer au moment opportun. Il a mis la main à l'épée.

« Mon ami, fait-il, vous vous défendrez de cette manière 930 si on vous attaque.

— De cela, fait l'autre, que Dieu me sauve, personne ne s'y connaît mieux que moi, car je me suis exercé chez ma mère contre des bourrelets[2] et des boucliers de bois jusqu'à en être épuisé. 935

— Alors, allons maintenant chez moi, fait le gentilhomme, il n'y a rien d'autre à faire. Et vous aurez, n'en déplaise à personne, un gîte de prix cette nuit. »

---

1. **Requerre** : l'affronter à l'épée ; engager le combat à l'épée.
2. **Bourrelets** : « boriax et tavelaz » : ce sont des sortes de coussins rem-bourrés et de boucliers contre lesquels s'exerçait Perceval.

Il s'en vont alors tous deux côte à côte. Le jeune homme
940 dit à son hôte :

« Seigneur, ma mère m'a appris de ne jamais aller avec
quelqu'un ni de lui tenir compagnie longtemps sans savoir
son nom. Elle m'apprit cela, je vous assure, et je veux savoir
votre nom.

945 — Mon très cher ami, fait le gentilhomme, je m'appelle
Gornemant de Goort. »

Ainsi se rendent-ils au château en se tenant tous deux par
la main. Alors qu'ils montaient un escalier, un écuyer, de sa
propre initiative, arriva en apportant un manteau court. Il
950 court en vêtir le jeune homme afin qu'après le chaud le froid
ne le saisisse et lui fasse mal. Le gentilhomme avait une
riche demeure et de bons serviteurs. Le repas était apprêté,
bon et beau, bien préparé. Les chevaliers se lavèrent les
mains et s'assirent pour manger. Le gentilhomme fait
955 asseoir le jeune homme auprès de lui et le fit manger avec
lui dans la même écuelle. Je ne parle pas davantage des
mets, combien il y en avait et de quelle sorte, mais ils
mangèrent et burent largement. Je ne raconte pas plus
longuement le repas.

960 Quand ils se furent levés de table, le gentilhomme, qui
était très courtois, pria le jeune homme assis près de lui de
rester un mois ou toute une année s'il le voulait, il le
retiendrait volontiers. Ainsi lui apprendrait-il pendant ce
temps ce qui lui plairait et lui serait utile. Le jeune homme
965 lui répondit :

« Seigneur, je ne sais pas si je suis près du manoir où est
ma mère, mais je prie Dieu qu'il m'y mène si bien que je
puisse encore la voir, car je l'ai vu tomber évanouie au pied
du pont, devant la porte, et je ne sais pas si elle est vivante
970 ou si elle est morte. C'est du chagrin que je lui causais
quand je l'ai laissée, qu'elle s'est évanouie, je le sais bien, et
c'est pour cela qu'il m'est impossible, tant que je ne sais rien
d'elle, de séjourner longtemps. Mais je partirai demain au
point du jour. »

Le gentilhomme comprend que toute prière est inutile et 975
la conversation cesse. Ils partent alors se coucher sans plus
discuter dans les lits qui avaient été bien préparés.

Le gentilhomme se leva de grand matin, se rendit au lit
du jeune homme, qu'il trouva couché. Il lui fit porter, en
cadeaux, une chemise et un pantalon de toile fine, des 980
chausses teintes en rouge et une tunique de soie violette,
tissée et fabriquée en Inde. Il les lui envoyait pour les lui
faire mettre et il lui dit :

« Mon ami, vous mettrez ces vêtements que voici, si vous
m'en croyez. » Et le jeune homme répond : « Mon cher 985
seigneur, vous pourriez bien mieux me dire. Les vêtements
que ma mère me fit, ne valent-ils pas mieux que ceux-ci ? Et
vous voulez que je les mette !

— Jeune homme, sur ma tête, fait le gentilhomme, ils
sont plus mauvais. Vous m'avez dit, cher ami, quand je 990
vous amenais ici, que vous obéiriez à tous mes ordres.

— Je le ferai, fait le jeune homme, je ne m'opposerai à
vous en rien. »

Il ne tarde plus à mettre les vêtements et laisse ceux de sa
mère. Le gentilhomme se baisse et lui chausse l'éperon 995
droit. C'était la coutume que celui qui faisait un chevalier
lui chaussait l'éperon. Il y avait beaucoup d'écuyers qui,
chacun en s'approchant, participèrent à son armement. Le
gentilhomme a pris l'épée, l'a lui a ceinte et lui a donné le
baiser. Il lui dit qu'avec l'épée il lui a donné l'ordre le plus 1000
haut que Dieu a créé et commandé, à savoir l'ordre de
chevalerie qui doit être sans bassesse. Il lui dit : « Mon ami,
gardez cela à l'esprit s'il vous arrive de devoir combattre un
chevalier : je voudrais vous prier, si jamais vous avez le
dessus et qu'il ne puisse plus se défendre ni vous résister, 1005
mais soit à votre merci, de ne pas le tuer volontairement.
Faites attention aussi à ne pas être trop bavard ni trop
envieux. Aucun bavard ne peut s'empêcher de dire quelque
chose qui tourne à son déshonneur. Le sage dit et
proclame : "Celui qui parle trop pèche." C'est pourquoi, 1010

mon cher frère, je vous avertis de ne pas trop parler. Je vous
prie aussi, si vous trouvez un homme ou une femme –
demoiselle ou dame –, privés de tout appui, aidez-les, vous
agirez bien, si vous savez le faire et en avez la possibilité. Je
1015 veux vous apprendre autre chose, ne la négligez pas car elle
n'est pas à négliger : allez avec plaisir à l'église prier celui
qui a tout créé d'avoir pitié de votre âme et de vous garder,
en ce monde d'ici-bas, comme son chrétien. »

Le jeune homme dit au gentilhomme :

1020 « Soyez béni, beau seigneur, de tous les apôtres de Rome,
car j'ai entendu ma mère dire la même chose.

— Ne dites plus, cher frère, que votre mère vous a appris
ou enseigné ceci ou cela, je ne vous blâme pas de l'avoir dit
jusqu'ici, mais désormais, de grâce, je vous prie de vous en
1025 corriger car, si vous le disiez encore, on le prendrait pour de
la bêtise. C'est pourquoi je vous en prie, évitez de le faire.

— Et que dirai-je donc, beau seigneur ?

— Le vavasseur[1], voilà ce que vous pouvez dire, qui vous
chaussa l'éperon, vous l'a appris et enseigné. »

1030 Et lui, lui a promis en contrepartie que jamais il ne
prononcera un mot de son vivant qui ne vienne de lui, car
il lui semble que ce qu'il lui enseigne est bon. Le
gentilhomme alors fait sur lui le signe de croix, et en levant
haut sa main lui dit : « Beau seigneur, que Dieu vous
1035 protège ! Allez à Dieu qu'il vous guide puisque rester vous
ennuie. »

---

1. **Le vavasseur** : c'est le vassal d'un vassal, c'est-à-dire celui qui sert le
vassal d'un seigneur plus puissant. Voir, pour cette hiérarchie à l'infini du
système féodal, l'introduction générale.

Éducation I : l'adoubement

Repères

1. C'est la première fois qu'un château est décrit. Comment apparaît-il au jeune homme ? Quel motif est introduit ?
2. Qui pose les questions ? Cela vous rappelle-t-il une autre scène ?
3. Gornemant reformule les conseils de la mère. Repérez les passages concernés ; comment cette répétition est-elle exprimée ?

Observations

4. Quelles sont les qualités du château ? Quelle impression fait-il ?
5. Notez les phases de l'instruction guerrière du jeune homme.
6. Qu'apprend-on des règles d'hospitalité ?
7. Comment se déroule l'adoubement ?
8. Pourquoi le jeune homme ne veut-il pas s'attarder ? Sur quoi se clôt la séquence ?

Interprétations

9. Que signifie l'habileté « naturelle » de Perceval au maniement des armes ?
10. Le changement de vêtements n'est-il qu'un détail ?
11. Gornemant de Goort et la mère : accord ou conflit latent ? Précisez et justifiez votre réponse.
12. Quel conseil de Gornemant engage la suite du roman ?
13. Pour quel public cette scène est-elle écrite ?

De la lecture à l'écriture

14. Gornemant de Goort est le type même du « prodome » : à partir de ce passage, du prologue et des paroles de la mère, faites à votre tour le portrait du « prodome ».

Le nouveau chevalier quitte son hôte, il est pressé de pouvoir arriver auprès de sa mère et de la trouver vivante. Il pénètre au cœur de la forêt car il s'y reconnaît, plus qu'en 1040 rase campagne, comme dans son élément. Il chevauche jusqu'à ce qu'il voit une place forte, bien située, mais, à l'extérieur des murs, il n'y avait que mer, eau et terre déserte. Il se dépêche d'aller vers la place forte et parvient devant la porte. Mais il lui faut passer un pont, avant 1045 d'arriver à la porte, si fragile qu'il le supportera à peine, pense-t-il. Le chevalier monte sur le pont et le passe sans mal, ni honte, ni problème et il arrive à la porte. Il la trouva fermée à clé. Il ne frappa pas doucement ni appela à voix basse, mais il a tant cogné que, soudain, vint aux fenêtres 1050 de la grande salle, une jeune fille pâle et blafarde, qui dit : « Qui est-ce qui appelle là ? » Lui regarda en direction de la jeune fille. Il l'aperçoit et dit :

« Ma belle amie, je suis un chevalier qui vous prie de le laisser entrer à l'intérieur et de lui accorder l'hospitalité 1055 pour la nuit.

— Seigneur, fait-elle, vous l'aurez mais vous nous en saurez peu gré, cependant nous vous offrirons un aussi beau gîte que nous pourrons. »

Alors la jeune fille s'est retirée et lui qui la guette craint 1060 qu'elle ne le fasse trop attendre, il recommence à appeler. Survinrent aussitôt quatre hommes d'armes qui avaient de grandes haches à leurs cous et chacun une épée ceinte. Ils ont ouvert la porte et dit : « Seigneur, entrez. » Si ces hommes d'armes avaient été en bonne forme, ils auraient 1065 été très beaux, mais ils avaient eu le malheur de veiller et de jeûner tant qu'ils se trouvaient dans un état étonnant. Car s'il avait bien trouvé à l'extérieur la terre désolée et ravagée, à l'intérieur rien ne lui apparut dans un meilleur état. Partout où il alla, il trouva les rues désertes et les maisons 1070 en ruine où il n'y avait ni homme ni femme. Dans la ville, il y avait deux monastères, qui étaient deux abbayes, l'une de religieuses terrifiées, l'autre de moines égarés. Il ne trouva pas les monastères bien décorés et garnis de tentures, mais les murs étaient crevés et fendus, les tours décapitées, les portes ouvertes de nuit comme de jour. Aucun moulin ne moulait de blé ni de four ne cuisait de pain, en aucun endroit de la cité il n'y avait de pain ou de galette ni rien qui fût à vendre ne serait-ce qu'un denier[1].

Ainsi trouva-t-il la cité désolée sans pain, ni pâte, ni vin, ni cidre, ni bière. Les quatre hommes d'armes l'ont mené vers un palais couvert d'ardoise, ils l'ont fait descendre de cheval et l'ont désarmé. Aussitôt un jeune homme descend l'escalier de la grande salle portant un manteau gris qu'il a mis au cou du chevalier. On a mis son cheval à l'étable, une étable où il n'y avait ni blé, ni foin, ni paille, sinon à peine car il n'y en avait pas dans la maison. Les autres le font monter devant eux l'escalier de la grande salle, qui était très belle.

Deux gentilshommes et une jeune fille sont venus à sa rencontre. Les gentilshommes avaient les cheveux blancs, mais pas entièrement. Ils auraient été dans la force de l'âge avec un sang vif et de la vigueur s'ils n'avaient pas été plongés dans les soucis et les angoisses. La jeune fille s'avança plus élégante, plus parée et plus vive qu'un épervier ou un perroquet. Son manteau et sa tunique étaient de pourpre noire étoilée d'or et le drap d'hermine n'en était pas pelé ! Le manteau était ourlé au col d'une zibeline[2] noire et blanche qui n'était ni trop longue ni trop large. Et si j'ai jamais parlé un jour de la beauté que Dieu aurait mis dans un corps et un visage de femme, il me plaît à nouveau maintenant de faire une description où il n'y aura aucun mensonge. Ses cheveux étaient détachés et ils étaient tels, si possible, que l'on aurait cru, à les voir, qu'ils étaient d'or fin tant ils étaient éclatants et blonds. Elle avait un front blanc, haut et lisse, comme s'il avait été modelé à

---

1. **Un denier :** ancienne monnaie de faible valeur.
2. **Une zibeline :** mammifère ; par extension, la fourrure de cet animal, recherchée pour son aspect soyeux.

1105 la main, et qu'une main d'homme l'eût façonné avec de la pierre, de l'ivoire ou du bois. Les sourcils étaient bruns et largement séparés. Dans son visage rieur s'accordaient le vermeil sur le blanc comme le sinople[1] sur l'argent. Pour ravir l'esprit et le cœur des gens, Dieu avait surpassé en elle
1110 toute merveille et jamais plus il ne fit sa pareille ni ne l'avait faite auparavant. Quand le chevalier la voit, il la salue et elle lui, les deux chevaliers aussi. La demoiselle le prend par la main avec douceur et dit : « Beau seigneur, votre gîte ne sera pas celui qui convient à un homme de valeur. Si je vous
1115 disais maintenant notre situation et notre état, vous penseriez, peut-être, que je vous le dis dans une mauvaise intention pour vous faire partir. Mais, s'il vous plaît, venez donc et acceptez le gîte comme il est. Que Dieu vous en donne demain un meilleur. »

1120 Elle l'emmène ainsi main dans la main jusqu'à une chambre au plafond orné qui était très belle, grande et spacieuse. Sur une courtepointe[2] de soie qui avait été étendue sur un lit, ils se sont tous deux assis. Quatre, cinq, puis six chevaliers entrèrent et s'assirent en groupes, sans
1125 mot dire. Ils regardèrent celui qui se tenait à côté de leur dame et ne disait rien. Il se retenait de parler car il se souvenait de la recommandation que lui avait faite le gentilhomme. Tous les chevaliers, discrètement, en discutaient entre eux. « Mon Dieu, dit l'un, je me demande
1130 bien si ce chevalier est muet. Ce serait bien dommage car jamais un plus beau chevalier ne fut né de femme. Il s'accorde très bien à ma dame et ma dame à lui s'ils n'étaient pas muets tous deux. Lui est si beau et elle si belle que jamais chevalier et jeune fille ne s'accordèrent si bien et
1135 de l'un comme de l'autre il semble que Dieu les ait faits l'un et l'autre pour les mettre ensemble. » Ainsi des deux qui se

---

1. **Le sinople** : terme d'héraldique (blasons) ; aujourd'hui, peut désigner le vert, mais, au XIIᵉ siècle, indique aussi, comme ici, le rouge.
2. **Une courtepointe** : une couverture de lit.

taisaient, tous parlaient beaucoup. La demoiselle pensait qu'il l'entretiendrait de quelque chose jusqu'à ce qu'elle comprît parfaitement qu'il ne lui dirait pas un mot si elle ne commençait pas. Elle dit alors avec gentillesse : « Seigneur, 1140 d'où venez-vous aujourd'hui ? »

— Ma demoiselle, fait-il, je fus chez un gentilhomme dans un château où je reçus une très belle hospitalité. Il a cinq tours solides et puissantes, une grande et quatre petites. Je ne saurais décrire tout l'ouvrage ni ne connais le 1145 nom du château mais je sais bien que le gentilhomme s'appelle Gornemant de Goort.

— Ah ! cher ami, dit la jeune fille. Comme votre propos est agréable et vous avez parlé en homme courtois. Que Dieu notre Roi vous sache gré de l'avoir appelé gentilhomme. 1150 Vous ne pourriez dire chose plus vraie, c'est un gentilhomme, par saint Richier, j'ose bien l'affirmer. Et sachez que je suis sa nièce, mais il y a longtemps que je ne l'ai pas vu. Certainement, depuis que vous avez quitté votre demeure, vous n'avez pu connaître un homme de plus de valeur à mon 1155 avis. Il vous a réservé un accueil souriant et plaisant car il sait bien le faire comme un homme de bien et de grand cœur, puissant, aisé et riche.

Mais ici, il n'y a que six miches de pain qu'un de mes oncles, qui est prieur[1], un homme très saint et religieux, m'a 1160 envoyées pour souper ce soir avec un petit tonneau de vin cuit. Il n'y a plus de nourriture ici, sauf un chevreuil qu'un de mes hommes a tué d'une flèche ce matin. »

Elle commande alors de mettre les tables, elles sont mises et les gens se sont assis pour dîner. Ils sont restés peu de 1165 temps au repas mais l'ont pris de très grand appétit.

Après manger, ils se séparèrent. Ceux qui avaient veillé la nuit précédente restèrent dormir, les autres sortirent pour monter la garde dans le château pendant la nuit. Les

---

1. **Prieur :** supérieur de couvent.

1170 chevaliers et les hommes d'armes qui veillèrent la nuit
étaient cinquante. Les autres déployèrent tous leurs efforts
à installer confortablement leur hôte. Ils lui mettent de
bons draps, une riche couverture et un oreiller sous la tête,
ceux qui s'occupent de son coucher. Le chevalier eut cette
1175 nuit tout le confort et l'agrément qu'on puisse souhaiter
dans un lit, sauf le plaisir qu'il aurait eu avec une jeune fille
ou avec une dame s'il lui avait plu. Mais il ignorait tout de
l'amour et du reste et il s'endormit en un instant car il
n'avait pas de souci. Mais son hôtesse à l'intérieur de sa
1180 chambre ne trouve pas le repos. Lui dort tranquillement et
elle est plongée dans ses pensées, car elle ne peut se défendre
contre la bataille qui lui est livrée. Elle se tourne et s'agite
sans arrêt, rue et remue beaucoup. Elle a mis sur sa chemise
un court manteau de soie rouge, elle décide de courir le
1185 risque comme une femme hardie et courageuse, mais ce
n'est pas pour des futilités. Elle décide qu'elle ira auprès de
son hôte et lui dira une partie de son affaire. Elle a alors
quitté son lit et est sortie de sa chambre, elle a tellement
peur qu'elle tremble de tous ses membres et se couvre de
1190 sueur. C'est en pleurs qu'elle est sortie de sa chambre et
vient près du lit où lui dort. Elle pleure et soupire beaucoup,
elle se penche et s'agenouille, et pleure tant qu'elle lui
mouille de ses larmes tout le visage et n'a pas l'audace
d'aller plus loin. Elle a tant pleuré qu'il se réveille, il
1195 s'étonne et est tout surpris de sentir son visage mouillé. Il la
voit agenouillée devant son lit : elle le tenait étroitement
embrassé par le cou. Il se conduisit avec beaucoup de
délicatesse et la prit à son tour dans ses bras. Il l'attire sur-
le-champ vers lui et lui demande ce qu'elle veut. « Pourquoi
1200 êtes-vous venue ici ? »

    — Ah ! noble chevalier, pitié ! Au nom de Dieu et de son
fils, ne me méprisez pas d'être venue ici. Bien que je sois
presque nue, je n'ai songé à aucune folie ni à aucune action
répréhensible ou honteuse, car il n'y a aucun être au monde
1205 si désespéré ni si misérable que je ne surpasse. Rien de ce

que j'ai ne me plaît et il ne se passe pas un jour sans que je sois malheureuse. Ainsi je suis accablée et je ne verrai plus d'autre nuit que celle-ci ni de jour autre que demain, je vais me tuer de ma propre main. Des trois cent dix chevaliers dont était pourvu ce château, il n'en reste ici que cinquante. 1210 Un chevalier très cruel, Aguingueron, le sénéchal de Clamadeu des Îles, en a emmené, tué et emprisonné deux cent soixante, moins dix. De ceux qui sont en prison, il en va autant, pour moi, que des tués car je sais bien qu'ils y mourront et ne pourront jamais en sortir. Tant d'hommes 1215 valeureux sont morts pour moi qu'il est normal que j'en sois affolée. Aguingueron a mis le siège devant notre cité tout un hiver et un été, sans en bouger, et sa force croît pendant que la nôtre se réduit et que notre ravitaillement s'épuise, car il ne m'est pas resté ici de quoi nourrir une 1220 abeille. À présent, nous sommes dans une telle situation que, à moins d'une intervention de Dieu, notre cité lui sera livrée, car elle ne peut être défendue, et moi avec comme captive. Mais, pour sûr, avant qu'il me tienne vivante, je me tuerai et il m'aura morte, et peu m'importera qu'il 1225 m'emporte. Clamadeu, qui croit me posséder, ne m'aura pas, sinon, à la fin, sans vie et sans âme. Je garde dans un coffret un couteau à fine lame d'acier que je me planterai dans le cœur. C'est là ce que j'avais à vous dire, je vais maintenant repartir et vous laisser vous reposer. » 1230

Voilà l'occasion où pourra s'illustrer le chevalier s'il l'ose. Car ce n'est pas pour autre chose qu'elle est venue pleurer sur lui, quoi qu'elle lui laisse entendre, sinon pour lui mettre dans le cœur la volonté de se battre, s'il l'ose, pour les défendre, sa terre et elle. Et lui, lui dit : 1235

« Ma chère amie, faites donc désormais meilleur visage, réconfortez-vous, ne pleurez plus mais montez là auprès de moi et ôtez les larmes de vos yeux. Dieu, s'il lui plaît, vous accordera plus demain que vous ne m'avez dit. Couchez-vous à côté de moi dans ce lit, car il est assez large pour 1240 nous, vous ne me laisserez pas maintenant. »

Et elle dit : « Je ferai ce qui vous plaît. »

Il l'embrassait et la tenait dans ses bras, il l'a mise sous la couverture, tout doucement et confortablement, et elle
1245 accepte ses baisers, je ne crois pas qu'ils lui soient désagréables. Ainsi restèrent-ils toute la nuit, l'un près de l'autre, bouche à bouche jusqu'au matin à la pointe du jour. La nuit leur apporta tant de plaisir que bouche à bouche, dans les bras l'un de l'autre, ils dormirent jusqu'au
1250 lever du jour. La jeune fille, à l'aube, retourna dans sa chambre, se vêtit et se prépara sans servante ni chambrière, elle n'appela personne. Ceux qui avaient monté la garde de nuit, aussitôt qu'ils virent le jour se lever, firent prestement lever ceux qui dormaient. Ceux-ci se levèrent sans tarder.
1255 Et la jeune fille à ce moment revient auprès de son chevalier et lui dit avec gentillesse :

« Seigneur, que Dieu vous donne une bonne journée ! Je crois bien que vous ne ferez pas un long séjour ici. Il serait inutile de rester, vous partirez et je n'en serai pas contrariée
1260 car je ne me conduirais pas poliment si je m'en irritais. Nous ne vous avons pas traité ici avec tous les égards qui vous sont dus. Et je prie Dieu tout-puissant qu'il vous conduise à un meilleur gîte où il y ait plus qu'ici du pain, du vin et du sel et toutes les autres choses. »
1265 Il lui dit : « Ma belle amie, ce ne sera pas aujourd'hui que j'irai chercher un autre gîte, auparavant j'aurai pacifié toute votre terre, comme je le pense. Si je trouve votre ennemi là-dehors, je serai contrarié qu'il y reste davantage parce qu'il vous agresse sans raison. Mais si je le tue et le vaincs, je
1270 vous demande votre amour, qu'il me soit accordé en récompense, je ne chercherai pas d'autre solde. »

Et elle répond gracieusement : « Seigneur, vous venez de me demander une chose bien petite et modeste, et si elle vous était refusée, vous y verriez de l'orgueil, c'est pourquoi
1275 je ne veux pas vous la refuser. Cependant ne dites pas que je deviendrai votre amie qu'avec l'engagement absolu que vous allez mourir pour moi, car ce serait un trop grand

malheur. Vous n'avez ni la carrure ni l'âge, soyez-en sûr, à pouvoir résister à un chevalier aussi cruel, aussi robuste et aussi grand que celui qui attend là-dehors, ni à pouvoir lui livrer combat et bataille. » 1280

— Vous le verrez bien, dit-il, aujourd'hui, car j'irai le combattre, aucun avertissement ne m'en dissuadera. »

C'est elle qui a monté cette argumentation, car elle le blâme mais elle veut qu'il y aille. Il arrive souvent et communément 1285 de cacher ce que l'on veut quand on voit quelqu'un bien décidé à l'accomplir parce qu'on l'y stimule mieux. Ainsi se comporte-t-elle en femme intelligente car elle lui a mis dans le cœur ce qu'elle blâme bien haut. Et lui, commande qu'on lui apporte ses armes qu'il a demandées. On les lui apporte. On 1290 l'arme et on le met en selle sur un cheval qu'on lui a équipé au milieu de la place. Aucun ne cache son inquiétude et tous disent : « Seigneur, que Dieu vous soit en aide aujourd'hui en ce jour et accable de malheur Aguingueron le sénéchal, qui a détruit tout ce pays. » 1295

Tous et toutes pleurent, ils l'accompagnent jusqu'à la porte et quand ils le voient hors des remparts, ils s'écrient d'une seule voix : « Cher seigneur, que la vraie croix où Dieu permit qu'on fît souffrir son fils vous protège aujourd'hui de la mort, des malheurs et de la prison et vous 1300 ramène sain et sauf dans un lieu agréable pour vous et où vous goûtiez le plaisir qui vous convient. »

Éducation II : l'amour

Repères

1. En quoi la description du château et de la réception de Blanchefleur s'oppose-t-elle exactement à celle de l'épisode précédent ?

2. Blanchefleur est la maîtresse du château : est-ce la première femme que nous rencontrons dans ce rôle ? Notez la singularité de celle-ci.

3. Le mutisme du jeune homme : à quoi est-il lié ?

4. La relation érotique avec Blanchefleur : que rappelle-t-elle ? Qu'est-ce qui est nouveau ?

Observations

5. « Un chastel fort et bien seant » : est-ce seulement un « château » à proprement parler qui est décrit ? Quel autre terme le désigne ?

6. Le portrait de Blanchefleur : notez les éléments successifs qui le composent. Que dire de son nom ?

7. Quel lien Blanchefleur a-t-elle avec Gornemant ?

8. Blanchefleur élabore-t-elle seulement une stratégie pour amener Perceval à la défendre ? Notez comment le narrateur joue de l'ambivalence sans jamais tomber dans un registre bas.

Interprétations

9. Le mutisme de Perceval est-il seulement comique ? Qu'inaugure-t-il ?

10. Blanchefleur réitère l'éloge de Gornemant, mais que peut-on penser de ses relations avec lui surtout lorsqu'elle expose sa situation à Perceval ?

11. « Ensin jurent tote la nuit / Li uns lez l'autre, boche a boche » : on a beaucoup commenté la nature de la relation entre Perceval et Blanchefleur. Comment et pourquoi Chrétien a-t-il voulu cette ambiguïté ?

DE LA LECTURE À L'ÉCRITURE

12. À ce point de votre lecture du roman, présentez, sous la forme d'un tableau si vous le souhaitez, les principes de composition qu'utilise Chrétien de Troyes.

13. Le personnage de Blanchefleur.

Ainsi tous parlaient de lui en ces termes. Ceux de l'armée le voient venir, ils l'ont montré à Aguingueron qui se tenait
1305 devant sa tente, car il croyait bien qu'on lui livrerait la place forte avant la nuit ou que quelqu'un en sortirait pour l'affronter en combat singulier. Il avait lacé ses chausses et ses hommes étaient très joyeux car ils pensaient avoir conquis la place et tout le pays. Aguingueron arrive au
1310 galop vers le chevalier sur un cheval robuste et musclé et lui dit : « Jeune homme, qui t'envoie ici ? Dis-moi la raison de ta venue, viens-tu chercher la paix ou le combat ?

— Et toi, que fais-tu dans cette terre ? fait celui-ci, voilà ce que tu me diras d'abord. Pourquoi as-tu tué les
1315 chevaliers et dévasté tout le pays ? Et l'autre lui a répondu en homme plein de morgue : "Je veux qu'aujourd'hui cette place soit vidée et la tour, que l'on a tant défendue, livrée, et mon maître aura la jeune fille."

— Maudits soient ce discours et celui qui le tient, fait le
1320 jeune homme. Il te faudra auparavant renoncer à tout ce que tu revendiques.

— Vous me contez des fariboles[1], fait Aguingueron, par saint Pierre, il arrive souvent qu'on paye pour un forfait dont on n'est pas coupable. »
1325 Ces mots impatientèrent le jeune homme, il met sa lance en arrêt et ils se précipitent l'un vers l'autre de toute la vitesse de leurs chevaux. Avec la colère et la fureur qu'ils avaient et avec la force de leurs bras, ils font voler en morceaux et en éclats leurs lances respectives. Aguingueron
1330 tomba seul de cheval et il fut blessé à travers son écu au point de ressentir une douleur au bras et au côté.

Le jeune homme met pied à terre, car il ne sait pas attaquer à cheval. Descendu de cheval, il tire son épée et fait une passe[2]. Je ne sais pas vous dire davantage ce qu'il advint

---

1. **Des fariboles** : des balivernes, des propos vains, des bêtises.
2. **Fait une passe** : avance sur l'adversaire.

à chacun en vous détaillant tous les coups, sinon que le 1335
combat dura longtemps, que les coups furent très violents,
et qu'à la fin Aguingueron tomba. L'autre l'attaque aussitôt
jusqu'à ce qu'il lui crie grâce[1]. Le jeune homme lui dit qu'il
n'est pas question de grâce, mais il lui revient à l'esprit
les recommandations du gentilhomme de ne pas tuer 1340
volontairement un chevalier qu'il aurait vaincu et défait.
L'autre lui dit : « Mon cher ami, n'ayez pas la cruauté de
me refuser votre grâce, car je t'accorde et je t'affirme que
désormais l'avantage est à toi et que tu es un excellent
chevalier. Mais, cependant, sans l'avoir vu, personne ne 1345
croirait que vous m'avez tué dans un combat. Mais si je
témoigne que tu m'as vaincu aux armes devant mes
hommes, devant ma tente, ma parole sera crue et tu en
retireras un honneur plus grand que celui d'aucun
chevalier. Réfléchis si tu as un seigneur qui t'ait fait du bien 1350
ou rendu un service dont tu ne l'aurais pas encore payé de
retour, envoie-moi à lui, j'irai en ton nom et lui dirai
comment tu m'as battu aux armes, je me constituerai
prisonnier pour faire sa volonté.

— Maudit soit qui demande mieux ! Sais-tu donc où 1355
tu iras ?

— Dans cette place forte et tu diras à la belle qui est mon
amie que jamais dans toute ta vie tu ne lui nuiras plus et tu
te mettras entièrement et absolument à sa merci.

Et lui, répond : "Tue-moi donc, car aussi bien me ferait- 1360
elle tuer car son plus cher désir est mon malheur et ma
perte. J'ai participé en effet à la mort de son père et je lui ai
causé beaucoup de peine en tuant et prenant cette année ses
chevaliers. On me fournirait une terrible prison en
m'envoyant à elle, il ne pourrait m'arriver pire. Si tu as un 1365
autre ami ou une autre amie, envoie-moi à quelqu'un qui ne

1. **Il lui crie grâce** : il lui crie pitié ; il lui demande de l'épargner.

soit pas mal disposé envers moi, car elle, elle m'ôterait la vie, sans aucune hésitation, si elle me tenait. " »

Alors il lui dit d'aller à un château, chez un gentilhomme
1370 dont il lui donne le nom. Il n'y a maçon au monde qui aurait mieux décrit la tournure de château comme il le fit. Il lui vanta tant l'eau et le pont, les tourelles et la tour, les solides murs d'enceinte que l'autre comprit sans l'ombre d'un doute qu'il veut l'envoyer en prison dans l'endroit où
1375 il est le plus haï.

« Je ne vois pas mon salut, beau frère, là où tu m'envoies. Que Dieu m'aide, tu veux me mettre dans une mauvaise voie et de mauvaises mains, car j'ai tué l'un de ses frères au cours de cette guerre. Tue-moi plutôt, très doux ami, que de
1380 m'envoyer à lui : j'y trouverai la mort si tu m'y expédies. » Et lui, lui dit : « Tu iras donc dans la prison du roi Arthur, tu salueras le roi pour moi et tu lui demanderas de ma part de te montrer celle que Keu le sénéchal frappa parce qu'elle avait ri à mon adresse. C'est à elle que tu te constitueras
1385 prisonnier et tu lui diras, si cela te convient, que je demande à Dieu de ne pas mourir avant de l'avoir vengée. » Le chevalier répond qu'il remplira cet office parfaitement. Alors le chevalier vainqueur s'en retourne vers la place forte. Et lui s'en va vers sa prison, il fait emporter son étendard. L'armée
1390 lève le siège, il ne reste ni brun ni blond. Ceux de la place sortent à la rencontre de celui qui revient. Ils sont très mécontents qu'il n'ait pas pris la tête du chevalier qu'il a vaincu ou qu'il ne le leur ait pas livré. En grande liesse, ils l'ont fait descendre de cheval et l'ont désarmé à côté d'un
1395 bloc de pierre. Ils disent : « Seigneur, puisque vous ne l'avez pas emmené ici, pourquoi ne lui avez-vous pas pris la tête ? » Il leur répond : « Seigneur, par ma foi, je n'aurais pas bien agi, je crois ; s'il a tué vos parents, je n'aurais pas pu le protéger et vous l'auriez tué malgré moi. Et moi il y aurait
1400 peu de morale si, après l'avoir vaincu, je ne lui avais pas fait grâce. Savez-vous quelle fut la condition de sa grâce ? De se rendre dans la prison du roi Arthur, s'il me tient parole. »

La demoiselle vient à ce moment-là, elle lui manifeste une grande joie. Elle l'emmène jusqu'à la chambre pour se reposer et se réconforter. Elle ne lui refuse ni étreinte ni 1405 baiser. Au lieu de boire et de manger, ils jouent, s'embrassent, se prennent par le cou, parlent joyeusement.

Mais Clamadeu reste dans ses folles pensées. Il veut et croit posséder sur-le-champ le château sans défense, quand il rencontra un écuyer désespéré au milieu de sa route, qui 1410 lui donna des nouvelles du sénéchal Aguingueron.

« Au nom de Dieu, seigneur, ça va mal », dit le jeune homme qui, de désespoir, arrache ses cheveux à deux mains. Clamadeu répond : « Qu'y a-t-il ? »

— Seigneur, dit l'écuyer, par ma foi, votre sénéchal a été 1415 vaincu aux armes et se constituera prisonnier au roi Arthur chez qui il s'en va.

— Qui a fait cela, jeune homme, dis donc. Comment cela a-t-il pu arriver ? D'où peut venir le chevalier qui soumette aux armes un chevalier aussi valeureux et fort ? » Et lui de 1420 répondre : « Beau cher seigneur, ma foi, c'était un chevalier, je sais seulement que je le vis sortir de Beau Repaire équipé d'armes vermeilles. »

— Toi, jeune homme, que me conseilles-tu, fait celui-ci au bord de la crise de nerf. 1425

— Quoi, mon seigneur ? De retourner, car si vous avanciez encore, vous n'y gagneriez rien ».

Sur ces mots est arrivé un chevalier grisonnant qui était le maître de Clamadeu. « Jeune homme, fait-il, tu ne dis rien d'utile. Il convient de suivre un conseil plus sage et 1430 meilleur que le tien. S'il te croit, il se comportera en insensé, il ira au contraire de l'avant, s'il suit mon avis. » Puis il ajoute : « Seigneur, voulez-vous savoir comment vous pourriez avoir le chevalier et le château ? Je vais vous le dire bel et bien et ce sera très facile à faire. À l'intérieur des murs 1435 de Beau Repaire il n'y a rien à boire ni à manger, leurs chevaliers sont affaiblis alors que nous sommes forts et en bonne santé. Nous n'avons ni soif ni faim, nous pourrions

supporter une rude bataille si ceux de l'intérieur osent
1440 sortir pour vous attaquer ici à l'extérieur. Vous enverrez
devant leur porte vingt chevaliers pour jouter[1]. Le chevalier
qui s'amuse avec Blanchefleur, sa belle amie, voudra montrer
sa valeur chevaleresque plus qu'il ne pourra soutenir. Il sera
pris ou mourra, car les autres qui sont très faibles ne lui
1445 seront d'aucune aide. Les vingt ne feront rien d'autre que
de paraître engager trompeusement le combat, jusqu'à ce
que nous, en prenant secrètement cette vallée, nous
fondions sur eux et les encerclerons complètement.

— Ma foi, je m'accorde bien avec ce que vous me dites,
1450 fait Clamadeu. Nous avons ici des hommes d'élite, quatre
cents chevaliers armés et mille hommes d'armes tout équipés,
nous les prendrons tous comme des gens déjà morts. »

Clamadeu a envoyé devant la porte vingt chevaliers qui
déployèrent au vent étendards et bannières de toutes sortes.
1455 Quand ceux du château les virent, ils ouvrirent les portes
sans réserve car le jeune homme le voulut ainsi et il sortit à
leur tête pour engager le combat avec les chevaliers. Il les
affronte tous ensemble avec audace, vaillance et ardeur. Il
n'apparaît pas comme un débutant à celui qu'il atteint ! Il
1460 fit sentir sa lance, ce jour-là, à maintes entrailles. À l'un il
perce la poitrine, à l'autre le sein, à l'autre il brise un bras,
à un autre la clavicule, il tue celui-ci, il estropie celui-là, il
abat l'un, s'empare de l'autre, donne prisonniers et chevaux
à ceux qui en avaient besoin. Ils voient alors la grande
1465 troupe qui était montée par le vallon. On comptait quatre
cents chevaliers plus les mille hommes d'armes. Ceux du
château se tenaient tout près de la porte ouverte, les
assiégeants virent combien ils avaient perdu de leurs
hommes, morts ou blessés, ils se dirigent vers la porte, en
1470 plein désarroi et en désordre tandis que les autres
maintiennent leurs rangs serrés à la porte et les reçoivent

---

1. **Jouter** : combattre à la lance et à cheval.

hardiment, mais ils étaient peu nombreux et faibles, leurs assaillants avaient leurs forces accrues des hommes d'armes qui les avaient suivis, si bien que les premiers ne purent résister à l'assaut et firent retraite dans leur château. Au-dessus de la porte, des archers tiraient sur la foule et la masse, qui était si décidée et déterminée à entrer impétueusement dans le château, qu'un grand nombre d'un seul coup a pénétré de force à l'intérieur. Ceux de l'intérieur ont fait descendre une porte sur ceux qui étaient dessous, elle brise et écrase tous ceux qu'elle a atteints dans sa chute. Clamadeu n'avait jamais rien vu qui le désespère autant car la porte coulissante a tué beaucoup de ses gens et l'a rejeté à l'extérieur. Il lui faut se tenir tranquille car un assaut précipité ne serait que peine perdue. Son maître, qui le conseille, lui dit : « Seigneur, il n'y a rien d'extraordinaire à ce qu'un homme valeureux essuie un échec. Selon le bon vouloir et plaisir de Dieu, il arrive du bien ou du mal à chacun. Vous avez perdu, voilà la chose en deux mots, mais il n'est saint qui n'ait sa fête. La tempête est tombée sur nous, les nôtres ont subi des dommages, et ceux de dedans ont gagné, mais ils perdront à leur tour, sachez-le. Arrachez-moi les deux yeux s'ils restent à l'intérieur deux jours. La place forte et sa tour seront à vous et ils se mettront tous à votre merci. Si vous pouvez rester ici seulement aujourd'hui et demain, le château est en votre pouvoir et celle qui vous a si longtemps refusé, vous priera à son tour au nom de Dieu de daigner la prendre. »

Alors ceux qui les avaient apportés font dresser tentes et pavillons, les autres se logèrent et s'installèrent comme ils purent. Ceux du château désarmèrent les chevaliers qu'ils avaient pris, mais ne les mirent ni dans des tours ni aux fers pourvu qu'ils s'engagent seulement comme des chevaliers loyaux à rester loyalement prisonniers et à ne chercher à leur faire aucun mal. C'est ainsi qu'ils restèrent enfermés à l'intérieur.

Ce même jour, un grand vent avait chassé en mer une barge[1] chargée de froment et pleine d'autres vivres. Comme Dieu le voulut, elle est arrivée devant la place forte entière
1510 et indemne. Quand ceux du dedans l'ont vue, ils envoient savoir et demander qui sont ces gens et ce qu'ils viennent chercher. Du château des hommes descendent jusqu'à la barge pour leur demander qui ils sont, d'où ils viennent et où ils vont. Et eux disent : « Nous sommes des marchands
1515 qui transportons des vivres pour les vendre. Nous avons en quantité du pain, du vin, des jambons salés, des bœufs et des porcs à tuer s'il était besoin. » Et eux disent : « Béni soit Dieu qui donna au vent la force de vous amener ici à la dérive, et soyez tous les bienvenus ! Débarquez, tout sera
1520 vendu aussi cher que vous le voudrez et venez prendre votre argent car aujourd'hui vous ne pourrez éviter de recevoir et de compter les plats d'or et d'argent que nous vous donnerons pour le blé, le vin et la viande. Vous pourrez en charger un char et plus, si c'est nécessaire. »
1525 Voilà l'affaire bien conclue pour les acheteurs et les vendeurs. Ils s'occupent de décharger le bateau et font tout porter devant eux pour réconforter ceux du dedans. Quand ceux du château voient venir ceux qui apportaient les victuailles, vous pouvez imaginer la joie qu'ils eurent. Le plus
1530 vite qu'ils purent, ils firent préparer le repas. Il peut bien rester longtemps maintenant Clamadeu à perdre son temps dehors, car ceux du dedans ont bœufs, porcs et viande salée à foison, et du blé jusqu'à la prochaine saison. Les cuisiniers ne restèrent pas oisifs, les garçons allument les feux dans les
1535 cuisines pour cuire la nourriture. Maintenant, le jeune homme peut se divertir tout à son aise à côté de son amie. Elle le tient par le cou et il l'embrasse. Ils se procurent mutuellement de la joie. La salle ne reste pas silencieuse, elle est remplie de joie et de bruit. Tous sont joyeux de ce repas

---

1. **Une barge :** un bâteau à fond plat.

qu'ils avaient tellement désiré. Les cuisiniers ont si bien 1540
travaillé qu'ils font asseoir à table ceux qui en ont bien
besoin. Quand ils eurent mangé, ils se levèrent. Clamadeu et
ses hommes crèvent de dépit. Ils avaient déjà appris le
bonheur qu'avaient ceux de dedans. Ils disent qu'il leur faut
repartir car le château ne peut être affamé en aucune manière 1545
et qu'ils ont assiégé la ville pour rien. Clamadeu, qui enrage,
envoie au château un messager sans prendre avis ni conseil
de personne. Il fait savoir au Chevalier vermeil que jusqu'au
lendemain midi il pourra le trouver seul dans la plaine pour
l'affronter s'il en a l'audace. Quand la jeune fille entend le 1550
message qui est fait à son ami, elle est mécontente et inquiète,
mais le jeune homme répond en message de retour qu'il
accepte le combat, puisqu'il le lui demande, quelle qu'en soit
l'issue. Le chagrin de la jeune fille s'accroît et redouble, mais
quelle que soit sa peine, les choses n'en resteront pas là, je 1555
crois. Toutes et tous le prient de ne pas aller combattre un
homme que jamais aucun chevalier n'a encore défait.
« Seigneurs, n'en parlez plus, fait le jeune homme, vous ferez
bien, car je n'y renoncerai pas pour personne au monde. » Il
interrompt de cette manière leur propos car ils n'osent plus 1560
lui en parler. Ils se couchent et se reposent jusqu'au
lendemain au lever du soleil. Mais ils sont très angoissés de
n'avoir pas su ni pu par leurs prières le faire changer d'avis.

Pendant toute la nuit son amie l'avait vivement prié de ne
pas aller se battre et de rester tranquille car ils n'avaient 1565
plus à se préoccuper désormais de Clamadeu et de ses
hommes. Mais toutes ces paroles n'ont aucun effet, ce qui
est très extraordinaire car se mêlait à ses propos une très
grande douceur : à chaque mot elle l'embrassait si
doucement et si délicatement qu'elle lui mettait la clé 1570
d'amour dans la serrure du cœur. Jamais elle ne put à aucun
prix le dissuader d'aller à ce combat. Au contraire, il a
demandé ses armes et celui à qui il les avait demandées les
lui apporta le plus rapidement qu'il put. Pendant qu'il
s'armait régnait une grande tristesse car toutes et tous 1575

étaient plein d'angoisse, et lui les a toutes et tous recommandés au Roi des rois. Il monta ensuite sur un cheval norrois[1] qu'on lui avait amené. Il ne s'est pas davantage attardé mais il est parti aussitôt. Il les
1580 abandonne à leur chagrin.

Quand Clamadeu le voit venir pour combattre contre lui, il s'illusionna si follement qu'il crut lui faire vider en un instant les arçons[2] de la selle. La plaine était grande et belle et il n'y avait qu'eux deux, car Clamadeu avait fait renvoyer
1585 et retourner tous ses hommes. Chacun a mis sa lance en arrêt sur le devant de la selle, puis ils s'élancent l'un contre l'autre sans se défier ni s'interpeller. Ils avaient chacun une lance de frêne[3] au fer tranchant, solide et maniable. Ils lâchèrent la bride à leurs chevaux, les chevaliers étaient robustes et ils se
1590 haïssaient à mort. Ils se heurtent si fort que le bois des écus crisse et que leurs lances se brisent. Ils se sont mutuellement désarçonnés, mais ils sautent aussitôt sur leurs pieds et se jettent l'un sur l'autre. Ils se battent très longtemps à l'épée sans qu'aucun ne prenne le dessus. Je pourrais bien vous dire
1595 comment si je voulais m'y consacrer, mais je ne veux pas me fatiguer à le faire car un mot vaut comme vingt : à la fin, Clamadeu eut le dessous malgré lui et accorda à son adversaire ce qu'il voulait comme le sénéchal l'avait fait, sauf, à aucun prix, d'aller en prison à Beau Repaire – ce que
1600 le sénéchal avait refusé –, ni, pour tout l'empire de Rome, d'aller chez le gentilhomme qui possédait le château bien situé. Mais il accepta de se rendre dans la prison du roi Arthur et de dire à la jeune fille que Keu avait frappée violemment son message comme quoi il avait la volonté de
1605 la venger quel que soit celui qui s'en irrite ou chagrine si Dieu lui en accordait la force. Il lui a ensuite fait jurer que le

---

1. **Norrois** : originaire des pays du nord de l'Europe.
2. **Les arçons** : les pièces qui forment le corps de la selle ; vider les arçons signifie : tomber de cheval.
3. **Une lance de frêne** : une lance en bois de frêne.

lendemain, avant le lever du jour, tous ceux qui étaient enfermés dans ses tours reviendraient libres et saufs, que jamais de toute sa vie il n'y aurait devant cette place d'armée qu'il ne l'en chasse s'il le peut, qu'enfin la demoiselle ne 1610 subirait plus de dommage ni de ses hommes ni de lui. Clamadeu partit sur ces mots dans sa terre et quand il y fut, il ordonna que tous les prisonniers soient libérés et s'en aillent tout à fait quittes. Dès qu'il eut parlé, on obéit à ses ordres. Voici tous les prisonniers libérés, ils s'en allèrent sur-le-champ 1615 avec tout leur équipement, car rien n'en a été retenu. D'autre part, Clamadeu, tout seul, s'est mis en route. Il était de coutume, à cette époque – nous trouvons cela écrit dans le livre –, qu'un chevalier devait se rendre en prison dans l'équipement et l'état où il était après le combat où il avait été 1620 vaincu. Il ne devait rien enlever ni rien mettre. Clamadeu, de cette manière, prend la route après Aguingueron, qui s'en va vers Dinasdaron[1] où le roi devait tenir sa cour.

Par ailleurs, il régnait une grande joie dans la place forte où sont retournés ceux qui avaient longuement séjourné 1625 dans de terribles prisons. La salle du château bruit de joie ainsi que les maisons des chevaliers ; dans les chapelles et les monastères toutes les cloches sonnent de joie et il n'y a pas de moine ou de religieuse qui ne rende grâces à Dieu. Par les rues et par les places toutes et tous forment des 1630 rondes. Maintenant il y a dans la place forte une grande fête, car personne ne les attaque ni ne les combat plus.

Aguingueron, cependant, chemine, Clamadeu sur ses talons, qui dormit trois nuits coup sur coup dans les mêmes gîtes que lui. Il l'a suivi à la trace des sabots jusqu'à 1635 Dinasdaron, au pays de Galles, où le roi Arthur tenait dans ses salles une très grande cour. On voit arriver Clamadeu tout armé comme il se devait. Aguingueron le reconnut. Il avait déjà délivré son message devant la cour et l'avait

---

1. **Dinasdaron** : ville du pays de Galles, résidence du roi Arthur.

rapporté en détail lorsqu'il était arrivé la veille au soir. Il
1640 avait été retenu à la cour dans la maison du roi et au conseil.

Il vit son seigneur tout couvert de sang vermeil, il le
reconnut parfaitement et sautant aussitôt sur ses pieds, il dit :
« Seigneurs, voyez une chose étonnante ! Le jeune homme
aux armes vermeilles envoie ici, croyez-moi, ce chevalier que
1645 vous voyez. Il l'a conquis, j'en suis sûr, parce qu'il est couvert
de sang. Je reconnais bien ce sang et la personne tout entière,
c'est mon seigneur et je suis son homme, il s'appelle
Clamadeu des Îles. Je pensais qu'il n'y avait pas meilleur
chevalier dans l'empire de Rome, mais il arrive malheur
1650 même aux valeureux. » Aguingueron parla ainsi le temps
que mit Clamadeu à arriver, ils coururent à la rencontre l'un
de l'autre et ainsi se retrouvèrent-ils à la cour.

On était le jour de Pentecôte, la reine était assise près du
roi Arthur en haut bout de table. Il y avait des comtes, des
1655 ducs, des rois, de nombreuses reines et des comtesses.
C'était après la messe, hommes d'armes et chevaliers
étaient revenus de l'église. Keu arriva au milieu de la salle,
sans manteau. Il tenait un petit bâton dans sa main droite,
il avait un chapeau en drap sur sa tête aux blonds cheveux.
1660 Il n'y avait pas plus beau chevalier, les cheveux noués en
une tresse. Mais ses méchantes plaisanteries gâtaient sa
beauté et sa vaillance. Sa tunique était d'une riche étoffe de
soie toute colorée. Il portait une ceinture très bien ouvragée
avec de l'or qui jetait des éclats, car la boucle et tous les
1665 anneaux étaient en or, je m'en souviens bien ainsi qu'en
témoigne l'histoire. Chacun s'éloigne de son chemin quand
il traverse la salle, car ses méchantes plaisanteries, sa langue
perfide, tous les redoutaient. Chacun lui laisse le passage,
car il n'est sage qui ne redoute des perfidies trop explicites,
que ce soit par jeu ou sérieusement. Tous ceux qui étaient
là redoutaient beaucoup ses méchantes plaisanteries. Il
1670 passa ainsi devant eux sans que personne ne l'interpelle et
arriva là où se tenait le roi. Il dit :

« Seigneur, s'il vous plaisait, vous mangeriez désormais.

— Keu, fait le roi, laissez-moi tranquille, par les yeux de ma tête, je ne mangerai pas, en un jour de si grande fête où je tiens cour plénière, avant qu'il ne parvienne une nouvelle 1675 à ma cour. »

Tandis qu'ils parlaient ainsi, Clamadeu entre dans la cour, venant s'y constituer prisonnier, armé comme il devait l'être. Il dit : « Que dieu sauve et bénisse le meilleur roi qui vive, le plus sage et le plus noble, comme en témoignent 1680 tous ceux devant qui ont été racontées les belles actions qu'il a faites. Écoutez-moi donc, beau seigneur, car je veux dire mon message. Cela m'est difficile mais je reconnais que m'envoie ici un chevalier qui m'a vaincu. C'est lui qui exige que je me constitue votre prisonnier, sans discussion. Qui 1685 me demanderait si je sais son nom, je lui dirais que non, mais le renseignement que je vous donne, c'est qu'il porte des armes vermeilles, que vous lui avez, dit-il, données.

— Mon ami, que Dieu soit avec toi, dit le roi, dis-moi la vérité, s'il est son propre maître, libre et bien portant. 1690

— Oui, soyez-en sûr, fait Clamadeu, très cher seigneur, comme le plus vaillant chevalier auquel je me sois mesuré. Il m'a dit de m'adresser à la jeune fille qui rit en le voyant et à qui Keu fit l'affront de la gifler. Mais il dit qu'il la vengera si Dieu lui en donne le pouvoir. » 1695

Quand il entend ces mots, le fou saute en l'air et s'écrie : « Ah, roi, que dieu me bénisse, cette gifle sera bien vengée ! Et ne croyez pas qu'il s'agit d'une bourde : il aura le bras brisé et l'épaule démise, il ne pourra l'éviter. »

Keu considère le discours qu'il entend pour des sottises et 1700 sachez bien que ce n'est pas par lâcheté qu'il ne lui brise pas la tête, mais par respect pour le roi et pour ne pas se conduire de façon déshonorante. Le roi hoche la tête et dit : « Ah, Keu, je suis bien chagriné qu'il ne soit ici avec moi. C'est à cause de ta langue sans retenue et de toi qu'il est 1705 parti, j'en suis bien triste. »

À ces mots, Girflet se lève sur l'ordre du roi, avec monseigneur Yvain qui aide tous ceux qui vont avec lui. Le

roi leur dit de prendre le chevalier avec eux, de le conduire
1710 dans les chambres où se divertissent les suivantes de la
reine. Le chevalier s'incline devant lui. Ceux qui en ont reçu
l'ordre du roi le conduisent dans les chambres, ils lui
montrent la jeune fille. Et lui l'informe de ce qu'elle voulait
entendre, elle qui souffrait de la gifle qu'elle avait reçue sur
1715 le visage. De la gifle elle-même elle s'était guérie, mais elle
ne pouvait en oublier la honte. Il a peu de morale celui qui
oublie la honte ou l'injure subie. La douleur passe mais la
honte persiste.

Clamadeu a délivré son message, le roi le retint le reste de
1720 sa vie à la cour et dans sa maison.

Et celui qui lui avait disputé la terre et la jeune fille, la belle
Blanchefleur, son amie, mène une vie de bonheur et de plaisir
auprès d'elle. La terre lui aurait été acquise s'il lui avait plu de
ne porter ailleurs ses désirs. Mais une autre pensée le
1725 préoccupe. Il se souvient de sa mère qu'il a vu tomber
évanouie, il éprouve le désir plus grand que tout d'aller la voir.
Mais il n'ose prendre congé de son amie, qui le lui interdit et
le lui défend. Celle-ci demande à tous ses gens de le prier de
rester, mais il n'a cure de tout ce qu'ils lui disent. Il leur jure
1730 fermement que, s'il trouve sa mère vivante, il la ramènera avec
lui et à partir de ce moment il tiendra la terre, qu'ils en soient
assurés. Et si elle est morte, il fera de même.

ÉDUCATION III : PREMIÈRES VICTOIRES

Repères

1. Quels liens implicites sont-ils tissés avec le combat liminaire contre le Chevalier vermeil ?

2. Notez les éléments qui articulent la séquence à celles qui précèdent (Gornemant, cour d'Arthur). En quoi les combats pour Beau Repaire sont-ils la réalisation des potentialités héroïques du personnage ?

3. Perceval et Blanchefleur : comment se confirme l'image de leur couple en contrepoint des épisodes guerriers ?

Observations

4. Quels sont les traits de caractère dominants d'Aguingueron et de Clamadeu ? En quoi Perceval devient-il un chevalier différent ?

5. L'attaque puis le siège du « château » : repérez les éléments de leur description : mouvement, personnages, paroles (...).

6. Pourquoi, dans les deux cas, les chevaliers vaincus refusent-ils de se livrer à Blanchefleur ou à Gornemant ? Quels sont leurs arguments ?

7. À quoi sert le déplacement de la narration à la cour d'Arthur ? Qu'est-ce qui s'y confirme ?

Interprétations

8. Perceval fait grâce à ses adversaires : les pourparlers avec Aguingueron sont longuement développés. Qu'est-ce qui se joue là de la définition de la chevalerie que poursuit Chrétien de Troyes ?

9. L'amour et les armes : l'épisode Blanchefleur illustre un des thèmes essentiels du roman chevaleresque tel que l'a

voulu Chrétien de Troyes. Comment cependant est-il traité ici ?

10. Une fin possible : quels sont les éléments conclusifs ? Que pourrait devenir Perceval ? Qu'est-ce qui empêche ce happy end ? Comment interpréter, à travers ce choix, le projet de Chrétien de Troyes ?

De la lecture à l'écriture

11. Les scènes de combat dans le *Conte du Graal*.

Le jeune homme sauvage

L'originalité de Chrétien de Troyes a été doublement d'annoncer un titre qui demeure longtemps énigmatique et en attente, et de construire un personnage sans nom et sans passé que seule la relation à sa mère identifie. Aucune description physique ni morale ne vient lui donner une épaisseur et un ancrage. Personnage moderne en ce sens qu'il n'est pas épique car on ne peut le définir ni par une fonction ni par une mission claires. Son seul trait est un attachement privilégié à la forêt : « il pénètre au cœur de la forêt car il s'y reconnaît, plus qu'en rase campagne, comme dans son élément » (p. 70). Perceval n'appartient pas pleinement au monde humain qui lui reste opaque : non seulement il lui manque les mots pour le dire (il ne sait pas nommer les chevaliers ni leurs armes), mais il ne peut en lire les signes (une tente devient une église). Tout ce qui brille le fascine indistinctement : cristallisant son désir de ressembler aux êtres éblouissants qu'il a vus, il s'emparera, dans une pulsion sauvage, des armes d'un chevalier « vermeil » – or et sang.

La première cause de son inadéquation au monde serait la surprotection de sa mère : c'est elle qui l'a maintenu au fond des bois dans l'ignorance de tout, c'est-à-dire du métier des armes. Lorsque les chevaliers surgissent brusquement, brisant le cadre idyllique de la forêt sauvage, la mère, aussitôt vaincue, éduque son fils en quelques mots trop rapides pour être assimilés. La mort seule, apprend-on, est l'héritage du jeune homme. Or, les premières lignes du roman parlent de printemps et de joie de vivre ; devant Arthur chagrin, « les yeux étaient clairs et rieurs sur le visage du jeune sauvage » (p. 53). La vie, dès le début, se mêle à la mort : des forces de vie ou des forces de mort, lesquelles seront victorieuses ? Cette question irrigue toute la problématique de la chevalerie posée dès l'orée du roman en termes volontairement naïfs : les chevaliers sont-ils des anges ou des démons ?

Une réussite en pointillé

Perceval entend à peine les paroles de sa mère et celles d'Arthur, seul l'habite et le pousse son propre désir. Il consomme, et consume tout ce qu'il approche : femme, pâté, chevalier. La rencontre avec Gornemant constitue un pivot : il apprend qu'on ne se bat pas n'importe comment, il apprend surtout la retenue. Ses qualités innées lui permettent de progresser rapidement : la preuve en est sa victoire sur des chevaliers expérimentés. Mais il reste l'être du tout ou rien. Être moins bavard le fait tomber dans le mutisme et si, contrairement à la demoiselle à la tente, Blanchefleur s'offre à lui, on peut penser, suivant la logique mise en place, qu'il ne consomme pas son union avec elle. Ainsi en quelques épisodes et quelques jours, le jeune homme passe de l'isolement absolu à la reconnaissance de ses pairs. Il n'en est pas devenu pour autant plus lisible ou plus transparent à lui-même et au lecteur.

L'ombre de la mère et la relance du récit

Pour vivre sa vie, faut-il tuer sa mère ? C'est ce que semble dire le début du roman. La mère a peut-être, elle aussi, été coupable de ne pas parler, de couper son fils de son histoire ; elle le paye de son désespoir, voire de sa vie. Perceval cependant – et son nom dira cette sortie violente du val maternel – n'est pas libéré d'elle et s'il plonge dans l'univers masculin paternel inconnu de lui – dont Gornemant, après la défaillance d'Arthur, est le représentant – il n'oublie pas sa mère évanouie sur le pont-levis. À la trajectoire foudroyante qui le mène à ses premiers combats se mêle très vite un désir de retour. La mère, constamment présente dans ses paroles, l'empêche de continuer et de s'arrêter : auprès de Gornemant, auprès de Blanchefleur. L'errance de Perceval se donne pour but de revoir sa mère, de savoir la vérité sur sa vie ou sa mort. Ainsi le souci de la mère entre-t-il en concurrence avec la gloire chevaleresque ou le pouvoir (devenir le maître de Beau Repaire). Gornemant formule clairement cette rivalité en obligeant le jeune homme à abandonner les vêtements façonnés par la mère et à cesser de faire référence aux paroles de celle-ci, mais il ne parvient pas à le garder, c'est-à-dire à le rallier entièrement au monde masculin guerrier. La mère et avec elle la tragédie familiale qui l'a poussée à s'isoler avec son fils, font retour sans cesse. Mais au-delà d'une relation filiale qu'il ne faudrait pas traduire en termes trop psychologisants et modernes, on peut suggérer que le lignage de Perceval est, de fait, rival de celui d'Arthur et que le jeune homme n'a pas saisi le sens des révélations tardives et, en effet, partielles de sa mère. Il n'en reste pas moins que Perceval, comme le dit E. Baumgartner (*Le Conte du Graal*, PUF, 1999, p. 76), refuse de se charger des anciennes querelles de clans. Ce n'est certes pas chez lui un choix clair mais le mouvement que lui imprime précisément sa « niceté », sa « virginité ». Aussi la mère reste-t-elle, confusément, le point où s'originent les événements et leur sens : les révélations de l'ermite ne diront pas le contraire. C'est pourquoi, avant la quête du graal, la quête de la mère perdue fonde la dynamique du récit.

Ainsi se met-il en chemin en promettant de revenir. Il laisse son amie, la courtoise, pleine de chagrin et de
1735 douleur, et tous les autres aussi. Quand il sortit de la ville, il se forma une telle procession qu'on se serait cru à l'Ascension ou un dimanche, car tous les moines y sont allés couverts de chapes[1] de soie, et toutes les religieuses voilées, disant les uns et les autres : « Seigneur, toi qui as mis fin à
1740 notre exil et nous as ramenés dans nos maisons, il n'est pas étonnant que nous manifestions notre tristesse. Quand tu veux nous laisser si vite, notre douleur doit être très grande, et elle l'est, en vérité, plus qu'il n'est possible. » Et lui répond qu'il est inutile d'en faire davantage, que la douleur
1745 ne sert à rien. « Ne croyez-vous pas qu'il est bien d'aller revoir ma mère, qui demeure seule dans le bois appelé la Forêt Déserte ? Je reviendrai, qu'elle vive ou non, rien ne m'en empêchera, et, si elle est vivante, j'en ferai une religieuse dans votre église, si elle est morte, vous célébrerez
1750 chaque année un service pour son âme afin que Dieu la mette dans le sein d'Abraham[2] avec les âmes pures. Seigneur moines et vous, belles dames, rien de cela ne doit vous peiner car je vous procurerai de grands biens pour son âme, si Dieu me ramène. »
1755 Alors les moines, les religieuses et tous les autres s'en retournent et lui s'en va, la lance en arrêt, armé comme il est venu.

Il suivit tout le jour son chemin sans rencontrer créature humaine, chrétien ou chrétienne qui aurait pu lui indiquer sa
1760 voie. Il ne cesse de prier Dieu le père souverain qu'il lui accorde de trouver sa mère pleine de vie et de santé, si c'est sa volonté. Pendant qu'il faisait cette prière, il arriva à une rivière en descendant une colline. Il regarde l'eau rapide et

---

1. **Chapes de soie :** manteaux à capuche.
2. **Dans le sein d'Abraham :** représentation très fréquente, dans les miniatures et les peintures ou vitraux des églises, du patriarche biblique Abraham tenant les âmes dans un drap qu'il emporte avec lui sur son cœur.

profonde et n'ose pas y pénétrer. « Ah, seigneur roi, Dieu
tout puissant, si je pouvais passer cette eau, je trouverais ma   1765
mère, à mon avis, si elle était vivante. » Il s'efforce ainsi de
suivre la rive jusqu'à ce qu'il atteigne un rocher que l'eau
baignait de telle sorte qu'il ne put aller plus avant. Il vit alors
un bateau qui venait de l'amont descendre le courant. Il y
avait deux hommes dans le bateau. Il s'arrête, les attend,   1770
croyant qu'ils avanceraient assez pour arriver jusqu'à lui.
Mais ils s'arrêtent tous deux et se tiennent immobiles au
milieu de l'eau, après avoir jeté l'ancre. Celui qui était à
l'avant pêchait à la ligne et amorçait son hameçon avec un
petit poisson un peu plus grand qu'un vairon[1]. Lui qui ne sait   1775
que faire pour trouver un passage les salue et leur demande :
« Indiquez-moi, au nom de Dieu, mes seigneurs, s'il y a une
barque ou un pont sur cette rivière. »

Celui qui pêche lui répond : « Non, mon frère, sur ma
foi, il n'y a pas de barque, à mon avis, plus grande que celle   1780
où nous sommes, qui ne porterait pas cinq hommes à vingt
lieues en amont ou en aval. On ne peut pas passer à cheval,
car il n'y a ni bac, ni pont, ni gué. »

— Indiquez-moi donc, seigneurs, au nom de Dieu, où je
pourrais trouver à me loger.   1785

Et l'autre répond : « Vous auriez besoin de cela et d'autre
chose, je le crois : je vous hébergerai cette nuit. Montez par
cette faille que vous voyez dans le rocher qui est là, quand
vous serez en haut, vous verrez dans un vallon une demeure
où je réside, entre rivière et bois. »   1790

Aussitôt il grimpe et lorsqu'il arrive au sommet de la
hauteur et qu'il a gravi la colline, il regarde loin devant lui
et ne voit rien que le ciel et la terre. Il dit : « Je suis venu
chercher ici balivernes[2] et niaiseries ! Que Dieu accable de
honte celui qui m'a envoyé ici et qui m'a dit que je verrai   1795

---

1. **Un vairon :** un petit poisson.
2. **Balivernes :** plaisanteries, bêtises.

une maison lorsque je serai au sommet ! Pêcheur, toi qui m'as dit cela, tu as fait une action bien vile si tu m'as dit cela pour me nuire. »

1800 Il vit alors, devant lui, dans un vallon, apparaître le bout d'une tour, on n'en aurait pas trouvé, d'ici à Beyrouth, de si belle ni de si solide. Elle était carrée, faite de roches grises, entourée de deux tourelles. La salle se trouvait devant la tour ainsi que les galeries qui sont à l'avant[1]. Le jeune homme descend de ce côté et dit que celui qui l'avait envoyait là

1805 l'avait bien guidé. Il se félicite du pêcheur et ne le traite plus de trompeur, de perfide ou de menteur dès qu'il a trouvé où se loger. Il se dirigea vers la demeure et trouva devant la porte un pont-levis qui était baissé. Il a passé le pont, des écuyers viennent à sa rencontre, quatre, dont deux le désarment et le

1810 troisième emmène son cheval pour lui donner du foin et de l'avoine. Le quatrième le couvre d'un manteau d'écarlate[2], frais et neuf. Puis ils l'emmènent jusqu'aux galeries. Sachez qu'on n'en aurait pas trouvé de plus belles jusqu'à Limoges, même en cherchant. Le jeune homme s'est tenu dans les

1815 galeries jusqu'au moment où il convenait de se rendre auprès du seigneur qui lui envoya deux écuyers. Lui se rendit avec eux dans la salle qui était dallée et aussi longue que large. Au milieu de la salle se trouvait un lit où il vit un gentilhomme assis. Celui-ci avait des cheveux grisonnants et un petit

1820 chapeau de zibeline noire comme mûre garni sur le dessus d'un tissu de pourpre, sa robe était entièrement noire. Il était appuyé sur son coude et il y avait devant lui un très grand feu de bois sec qui brûlait en jetant des lueurs. Il se trouvait entre quatre colonnes. Quatre cents hommes auraient pu s'asseoir

1825 à côté du feu confortablement sans se gêner. Ces colonnes

---

1. **Galeries qui sont à l'avant** : galeries extérieures ouvertes à l'air et donnant accès à la grande salle.
2. **Écarlate** : étoffe fine dont la couleur était souvent rouge vermeil, mais qui pouvait être noire ou violette. On habille toujours l'arrivant en marque d'hospitalité. Dans ce type de roman, les vêtements sont luxueux.

étaient très puissantes car elles soutenaient une hotte d'airain[1] massif haute et large. Ceux qui amenaient son hôte sont allés jusqu'à leur seigneur et se sont placés chacun d'un côté. Quand le seigneur le vit arriver, il le salue aussitôt et dit : 1830

« Mon ami, ne vous offusquez pas si je ne me lève pas à votre rencontre, car je n'en ai pas la possibilité.

— Au nom de Dieu, Seigneur, n'en dites rien, fait celui-ci, car cela ne m'ennuie point, aussi vrai que je demande joie et santé à Dieu. » 1835

Le gentilhomme fait tous ses efforts en son honneur pour se soulever et dit : « Mon ami, approchez-vous ici, ne vous troublez pas pour moi. Mettez vous ici près de moi tranquillement, c'est là ce que je veux et désire. »

Le jeune homme s'est assis à côté de lui et le gentilhomme 1840 lui dit : « Mon ami, d'où êtes-vous venu aujourd'hui ?

— Seigneur, fait-il, je suis parti ce matin de Beau Repaire, comme on l'appelle.

— Que Dieu m'aide, fait le gentilhomme, vous avez fait une bien grande journée de route. Vous avez dû partir avant 1845 que le guetteur ne sonne le lever de l'aube.

— Au contraire il était prime sonnée[2], fait le jeune homme, je vous assure. »

Pendant qu'ils parlaient ainsi, un écuyer entre par la porte de la maison et apporte une épée pendue à son cou. Il l'a au 1850 riche homme donnée. Celui-ci l'a tirée à demi et a bien vu où elle avait été faite, car c'était écrit sur l'épée. Il vit aussi qu'elle était de si bon acier qu'elle ne pourrait jamais se briser, sauf en un unique péril que nul ne connaissait sauf celui qui l'avait forgée et trempée[3]. L'écuyer qui l'avait 1855

---

1. **Une hotte d'airain** : hotte de cheminée en bronze, pour l'aération et l'évacuation des fumées.
2. **Il était prime sonnée** : il était 6 heures du matin.
3. **Trempée** : immergée dans un bain froid ; pour être durci, le fer de l'épée est trempé dans de l'eau froide après avoir été chauffé à haute température.

apportée dit : « Seigneur, la blonde jeune fille, votre nièce, qui est très belle, vous a envoyé ce présent. Vous n'avez jamais pu en voir de plus légère pour la taille qu'elle a. Vous la donnerez à qui vous plaira, mais ma dame serait très
1860 heureuse si elle était bien employée par celui à qui elle sera donnée. Celui qui a forgé l'épée n'en fit jamais que trois et il mourra sans jamais forger d'épée après celle-ci. »

Aussitôt le seigneur a revêtu celui qui est là en étranger de cette épée à l'aide des attaches qui valaient un trésor. Le
1865 pommeau[1] de l'épée était en or, du meilleur d'Arabie et de Grèce, le fourreau était d'orfrois[2] de Venise. Aussi richement décorée qu'elle était, le seigneur l'a donnée au jeune homme et a dit : « Beau seigneur, cette épée vous a été adjugée et destinée, et je veux que vous l'ayez, ceignez-la et
1870 tirez-la. » Celui-ci le remercie, il l'a ceinte sans trop la serrer, puis il l'a tirée nue du fourreau. Quand il l'eut tenue au poing, il l'a remise à nouveau dans son fourreau. Sachez qu'elle avait grande allure à son côté et plus encore à son poing. Il semble bien qu'au besoin il saurait s'en servir en
1875 baron[3]. Derrière lui, il a vu des écuyers se tenir autour du feu qui brûlait clair. Il vit celui qui s'occupait de ses armes, il lui recommanda l'épée et l'autre la garda. Puis il se rassit auprès du seigneur qui lui témoignait tant d'honneur. Et à l'intérieur régnait une si grande lumière qu'on ne peut en
1880 produire de plus grande avec des chandelles dans une demeure.

Tandis qu'ils parlaient de choses et d'autres, un écuyer vint d'une chambre en tenant une lance blanche empoignée par le milieu. Il passa entre le feu et ceux qui se tenaient sur
1885 le lit. Tous ceux qui étaient là voyaient la lance blanche et le fer blanc, d'où une goutte de sang sortait de la pointe du fer de la lance et jusqu'à la main de l'écuyer cette goutte de

---

1. **Le pommeau :** la poignée de l'épée à bout arrondi.
2. **Orfrois :** passementeries entremêlées de fils d'or.
3. **Baron :** ici, équivalent de « excellent chevalier ».

sang vermeille courait. Le jeune homme qui était venu là ce soir-là voit ce spectacle extraordinaire, il s'est retenu de demander comment cela pouvait se produire, car il se 1890 souvenait de la recommandation de celui qui l'avait fait chevalier et qui lui avait ordonné et appris de se garder de trop parler. Il craint, s'il posait la question, d'être tenu pour un malotru. C'est pourquoi il ne demanda rien. Alors deux autres écuyers vinrent, qui tenaient dans leurs mains des 1895 chandeliers d'or fin incrustés d'émail. Les écuyers porteurs de chandeliers étaient très beaux. Sur chaque chandelier brûlaient au moins dix chandelles. Une demoiselle qui venait avec les écuyers tenait un plat[1] à deux mains. Elle était belle, noble, vêtue avec goût. Quand elle fut entrée 1900 dans la salle avec le graal qu'elle tenait, il se fit une si grande clarté que les chandelles perdirent leur éclat comme les étoiles quand le soleil ou la lune luisent. Après elle vint une autre qui tenait un tailloir[2] d'argent. Le graal qui allait devant était d'un or absolument pur, serti de maintes 1905 manières de pierres précieuses parmi les plus riches et les plus chères qui soient dans la mer ou sur terre. Les pierres du graal dépassaient sans aucun doute toutes les autres pierres. Comme était passée la lance, ils passèrent devant le lit et entrèrent dans une autre chambre. Le jeune homme les 1910 vit passer et n'osa pas demander qui l'on servait avec ce graal, car il gardait toujours à l'esprit les mots du sage gentilhomme. Je crains qu'il n'advienne du malheur car j'ai entendu dire qu'aussi bien on peut trop se taire comme trop parler à l'occasion. Qu'il en tire bien ou mal, il ne s'enquiert 1915 de rien ni ne pose de question. Le seigneur demande aux écuyers d'apporter de l'eau et de mettre les nappes. Et ceux-ci font ce qu'ils doivent faire et ce dont ils ont l'habitude.

---

1. **Un plat** : traduction de la première occurrence de « graal » pour rappeler le sens commun, quoiqu'il s'agisse d'un terme régional assez rare, du mot. Le mot ne sera plus traduit à proprement parler par la suite (NDLT).
2. **Tailloir** : plateau sur lequel on découpe la viande.

Le seigneur et le jeune homme se lavent les mains avec une
1920 eau bien tempérée. Deux valets ont apporté une large table
en ivoire, ainsi que le rapporte l'histoire, qui était d'une
seule pièce. Devant leur seigneur et devant le jeune homme,
ils la tinrent le temps que deux autres arrivent pour
apporter les tréteaux. Le bois dont les tréteaux avaient été
1925 faits possédait deux belles qualités qui rendaient leurs
pièces indestructibles. Elles étaient en ébène, d'un bois dont
personne ne s'attend ni qu'il pourrisse ni qu'il brûle. De ces
deux accidents il n'a garde. Sur les tréteaux fut installée la
table. Que dirai-je de la nappe ? Légat[1], cardinal ou pape ne
1930 mangea jamais sur plus blanche. Le premier plat fut une
hanche de cerf cuite dans sa graisse et au poivre chaud. Il
ne leur manque ni vin clair ni râpé[2] à boire dans des coupes
d'or. Devant eux un écuyer trancha des tranches de la
hanche de cerf qu'il avait approchée de lui sur le tailloir
1935 d'argent. Il dispose devant eux les morceaux placés sur une
galette entière. Pendant ce temps, le graal repassa devant
eux mais le jeune homme ne demanda pas qui l'on en
servait. Il se retenait à cause du gentilhomme qui, avec
douceur, lui avait recommandé de ne pas trop parler, il
1940 garde ce conseil toujours dans son cœur et dans sa
mémoire. Mais il se tait plus qu'il ne faut, car, à chaque plat
qu'on lui servait, il voit repasser le graal tout découvert
mais il ne sait pas qui l'on en sert. Pourtant, il brûle de le
savoir, mais il le demandera, c'est sûr, il se le dit et le pense,
1945 avant de partir, à un des écuyers de la cour. Il attendra
jusqu'au lendemain matin au moment de prendre congé du
seigneur et de toute sa maison. Ainsi la chose est-elle
différée, et il se consacre à la boisson et à la nourriture, car
on apporte sans réserve mets et vins à table, tous agréables
1950 et délicieux. Le repas fut beau et bon, le gentilhomme, et le

---

1. **Légat** : représentant et ambassadeur du pape ou d'un roi.
2. **Râpé** : vin obtenu par fermentation de l'eau dans laquelle on a fait ma-
cérer le marc de la vendange.

jeune homme avec lui, fut servi ce soir-là de tous les plats que rois, comtes ou empereurs doivent avoir.

Après le repas, ils discutèrent tous deux et veillèrent. Les serviteurs préparèrent les lits où ils devaient se coucher. Il y avait à manger en quantité : dattes, figues, noix muscades, giroffes et pommes grenades et des digestifs pour finir : gingembre d'Alexandrie, poudre de perles et archontique, résontif et stomachique[1]. Ensuite ils burent de multiples boissons : vin pimenté, sans miel ni poivre, vin vieux de mûre et clair sirop. Le jeune homme qui ignorait tout cela s'étonnait de tout. Le gentilhomme lui dit : « Mon ami, il est temps de se coucher pour ce soir. Je m'en irai, si cela ne vous ennuie pas, dormir dans ma chambre et quand vous le désirerez vous vous coucherez ici en dehors. Je n'ai aucun pouvoir sur mon corps, il faudra que l'on m'emporte. »

Quatre serviteurs vifs et robustes sortent à l'instant de la chambre, ils saisissent aux quatre coins la couverture qui avait été étendue sur le lit sur laquelle le gentilhomme était assis, ils l'emportent là où ils le devaient. Avec le jeune homme étaient restés d'autres écuyers, qui le servirent et firent tout ce qu'il voulut. Quand il lui plut, ils lui enlevèrent ses chausses, le déshabillèrent et le couchèrent dans des draps blancs de lin, très fins.

Il dormit jusqu'au matin, quand l'aube perçait et que les gens de la maison étaient levés. Mais il ne vit personne à l'intérieur en regardant autour de lui. Il dut se lever seul, quoiqu'il lui en coûtât. Quand il voit qu'il lui faut le faire, il se lève, et, puisqu'il ne peut mieux, met ses chausses sans attendre d'aide, et va prendre ses armes qu'il a trouvées au bout d'une table où on les lui avait apportées. Quand il eut revêtu toutes ses armes, il se dirigea vers les portes des chambres qu'il avait vues ouvertes la nuit d'avant, mais il

1955
1960
1965
1970
1975
1980

---

1. **Gingembre** [...] **stomachique** : digestifs combinés avec du miel ou un sirop pour former une pâte. Les termes exacts employés dans les manuscrits sont difficiles à préciser et présentent de nombreuses variantes.

s'est déplacé pour rien, car il les trouva absolument closes.
Il appelle, pousse, frappe à maintes reprises : personne
1985 n'ouvre ni ne prononce un mot. Quand il a bien appelé, il
va vers la porte de la salle qu'il trouve ouverte, il descend
l'escalier. Il trouve son cheval sellé, et voit sa lance et son
écu appuyés au mur. Alors il monte à cheval et parcourt
tout l'intérieur, mais il ne voit ni serviteur, ni écuyer, ni
1990 jeune noble. Il s'en va alors droit à la porte principale et
trouve le pont-levis abaissé qu'on lui avait sans aucun
doute laissé de manière à ce que rien ne fasse obstacle, à
n'importe quelle heure, à ce qu'il le franchisse d'un bond. Il
pensa que les jeunes gens étaient partis en forêt par le pont-
1995 levis qu'il voit baissé, pour relever les collets et les pièges. Il
ne veut plus rester davantage et se dit qu'il ira après eux
pour savoir si l'un d'eux lui dirait au sujet de la lance
pourquoi elle saigne, si cela est possible quelle que soit la
difficulté, et au sujet du graal où on le porte. Il sort alors
2000 par la porte, mais avant qu'il ait franchi le pont, il sentit
que les pieds de son cheval se soulevaient. Son cheval fit un
grand bond et s'il n'avait pas si bien sauté, ils seraient
tombés, le cheval et son cavalier, au milieu de l'eau. Le
jeune homme tourna la tête pour voir ce qui s'était passé et
2005 il voit que le pont avait été levé. Il appelle et personne ne
répond. « Holà, fait-il, toi qui as relevé le pont, parle-moi.
Où es-tu puisque je ne te vois pas ? Approche-toi que je te
voie et que je te demande une chose que je voudrais
apprendre. » Il s'égare à parler ainsi car personne ne veut
2010 lui répondre.

Le graal

Repères

1. Pourquoi Perceval s'approche-t-il de l'eau ? Est-ce cohérent avec ce qui précède ?

2. La manière dont apparaît le château du graal rappelle-t-elle un autre château ?

3. Le festin offert à Perceval est longuement décrit : la nourriture est-elle un motif nouveau dans le roman ?

4. Perceval n'osait pas parler à Blanchefleur. Notez les ressemblances et les différences entre les deux épisodes.

Observations

5. Notez précisément la succession et la nature des objets dans le cortège du graal. Qu'est-ce qui étonne le plus le jeune homme ?

6. Dans quelle atmosphère se déroule la scène ? Quelle en est la qualité dominante ?

7. Pourquoi le jeune homme ne parle-t-il pas ? Quelles questions voudrait-il poser ?

8. Le graal passe plusieurs fois devant lui : comment chaque passage est-il noté et commenté par la voix narrative ? Quel effet produit cette répétition ?

9. Quels rôles occupent les femmes dans l'ensemble de la séquence ? Sont-ils habituels ?

Interprétations

10. Comment comprendre le don de l'épée au début de la scène ?

11. L'épreuve à laquelle est confronté Perceval, sans qu'il le sache, est-elle une épreuve chevaleresque ? Justifiez votre réponse.

12. Quel lien implicite s'établit entre le graal et le festin ?

13. Les commentaires du narrateur portent-ils sur le sens du cortège ? Que penser d'une telle stratégie narrative ? À quoi ouvre-t-elle ?

De la lecture à l'écriture

14. On a parlé de « scénographie du graal » (F. Dubost). Pourriez-vous commenter, en argumentant, cette lecture de la scène ?

Il part alors vers la forêt, s'engage dans un chemin et trouve une trace fraîche d'un passage de chevaux. Il dit : « Je pense que c'est par ici que sont passés ceux que je cherche. »

Il part au galop en suivant toujours la trace jusqu'à ce qu'il voit par hasard une jeune fille sous un chêne qui crie, pleure 2015 et se lamente, comme une femme plongée dans le désespoir.

« Hélas, fait-elle, malheureuse, quelle sale heure que celle de ma naissance ! Que l'heure où je fus engendrée et où je naquis soit maudite, car je n'ai jamais été si profondément affligée par rien qui ait pu m'arriver. Je n'aurais pas dû tenir 2020 dans mes bras mon ami mort, s'il avait plu à Dieu, car la mort qui me désespère aurait mieux travaillé s'il était en vie et que je sois morte. Pourquoi as-tu pris son âme avant la mienne ? Quand je vois mort l'être que j'aime le plus, que m'importe la vie ? Après lui je me moque absolument de 2025 mon âme et de mon corps. Mort, ôte-moi l'âme, qu'elle soit la servante et la compagne de la sienne, si elle daigne l'accepter ! »

Elle manifestait ainsi son chagrin pour un chevalier qu'elle tenait et qui avait la tête tranchée. Le jeune homme, 2030 quand il l'a vue, s'avance jusqu'à elle. Une fois là, il la salue et elle lui, la tête baissée. Ce n'est pas pour cela qu'elle abandonne son chagrin. Le jeune homme lui a demandé :

« Demoiselle, qui a tué ce chevalier qui est allongé sur vous ? 2035

— Cher seigneur, c'est un chevalier qui l'a tué, ce matin, mais je m'étonne beaucoup de quelque chose que j'observe : on pourrait, que Dieu me garde, tous en témoignent, chevaucher cinquante lieues tout droit dans la direction d'où vous venez, sans trouver un gîte honnête, 2040 bon et confortable, et votre cheval a les flancs lisses et le poil lustré. On l'aurait lavé et baigné et on lui aurait préparé un lit d'avoine et de foin qu'il n'aurait pas le ventre plus plein ni le poil si bien peigné. Et vous-même m'avez l'air d'avoir passé une bonne nuit confortable et reposante. 2045

— Par ma foi, fait-il, ma belle, je connus le plus grand confort possible et c'est à bon droit[1] que cela se voit. Si l'on criait à haute voix de l'endroit exact où nous sommes, on nous entendrait très clairement de l'endroit où j'ai couché 2050 cette nuit. Vous n'avez pas bien vu cette région, ni ne l'avez entièrement parcourue, j'ai eu un gîte, sans aucun doute, le meilleur que j'ai jamais eu.

— Ah, seigneur, où avez-vous donc dormi ? Chez le riche roi pêcheur ?

2055 — Jeune fille, par le Sauveur, je ne sais pas s'il est pêcheur ou roi, mais il est très riche et courtois. Je ne peux rien vous en dire de plus, sauf que j'ai rencontré très tard hier au soir deux hommes sur un bateau qui naviguait doucement. L'un des deux hommes ramait, l'autre pêchait à l'hameçon, c'est 2060 lui qui m'indiqua sa demeure et m'hébergea avec beaucoup d'amabilité. »

La jeune fille dit : « Beau seigneur, il est roi, je peux vous l'affirmer, mais il fut dans une bataille blessé et mutilé de telle manière qu'il a perdu son autonomie. Il fut blessé par 2065 un javelot entre les deux hanches, il en est encore si meurtri qu'il ne peut monter à cheval. Quand il veut se distraire et se livrer à quelque amusement, il se fait mettre dans un bateau et se met à pêcher à l'hameçon. C'est pourquoi on l'appelle le Roi Pêcheur. Il s'amuse ainsi, car il ne pourrait 2070 se livrer à aucun autre loisir, ni en supporter ou accomplir d'autre, comme chasser en bois ou en rivière, mais il a de nombreux chasseurs en rivières, des archers et des veneurs qui tirent à l'arc dans ces forêts. Aussi il aime vivre dans cet endroit, qui convient bien à son usage, car il ne peut 2075 trouver meilleur endroit et il a fait bâtir une demeure digne d'un roi.

— Demoiselle, fait-il, par ma foi, ce que je vous entends dire est vrai, car hier au soir je m'en suis bien étonné dès

---

1. **À bon droit :** justement ; à juste titre.

que je vins devant lui. Je me tenais un peu à l'écart de lui et il m'a dit de venir m'asseoir à côté de lui et de ne pas voir 2080 un signe d'orgueil s'il ne se levait pas à ma rencontre, car il n'en avait ni la liberté ni le pouvoir. Et je suis allé m'asseoir à côté de lui.

— Pour sûr, il vous a fait un très grand honneur en vous faisant asseoir à ses côtés. Mais dites-moi si vous avez vu la 2085 lance dont la pointe saigne, bien qu'il n'y ait ni chair ni veine.

— Si je la vis ? oui, bien sûr !

— Avez-vous demandé pourquoi elle saignait ?

— Je n'en parlais pas. 2090

— Au nom de Dieu, vous vous êtes bien mal conduit. Et avez-vous vu le graal ?

— Oui, très bien.

— Et qui le tenait ?

— Une jeune fille qui venait d'une chambre. 2095

— Où alla-t-elle ?

— Elle entra dans une autre chambre.

— Quelqu'un allait-il devant le graal ?

— Oui.

— Qui ? 2100

— Deux écuyers seulement.

— Que tenaient-ils dans leurs mains ?

— Des chandeliers pleins de chandelles.

— Et après le graal, qui venait ?

— Une jeune fille. 2105

— Que tenait-elle ?

— Un petit tailloir d'argent.

— Avez-vous demandé à ces gens où ils allaient ainsi ?

— Rien ne sortit de ma bouche.

— Au nom de Dieu, c'est encore pire. Comment vous 2110 appelez-vous mon ami ? »

Et lui qui ne connaissait pas son nom le devine et dit qu'il avait pour nom Perceval le Gallois. Il ne sait pas s'il dit vrai ou non. Quand la demoiselle l'entend, elle s'est dressée face à lui et lui dit comme une femme en colère :

2115   « Ton nom est changé, bel ami.

— Comment ?

— Perceval l'Infortuné ! Ah ! malheureux Perceval, comme tu es infortuné de ne pas avoir demandé tout cela, car tu aurais si bien guéri le bon roi qui est infirme qu'il aurait récupéré toute la force de ses membres et tenu son royaume, et que bien des bonheurs seraient arrivés ! Mais sache que le malheur en découlera pour toi et autrui. Sache que c'est à cause du péché qui concerne ta mère que cela t'est arrivé, elle qui est morte de chagrin à cause de toi. Je te connais mieux que tu ne me connais, car tu ne sais pas qui je suis. Je fus élevée avec toi chez ta mère très longtemps. Je suis ta cousine germaine et tu es mon cousin germain. Je suis aussi affligée de ce que tu aies eu le malheur de ne pas savoir ce qu'on fait du graal et à qui on le porte, que de la mort de ta mère et de ce qui est arrivé à ce chevalier que j'aimais et chérissais parce qu'il m'appelait sa chère amie et m'aimait comme un chevalier sincère et loyal.

— Ah, cousine, fait Perceval, si ce que vous m'avez dit est vrai, dites-moi comment vous le savez !

2135   — Je le sais, fait la demoiselle, véritablement, comme celle qui l'a vu mettre en terre.

— Que Dieu ait pitié de son âme, fait Perceval, au nom de sa bonté ! Vous m'avez donné une cruelle nouvelle. Puisqu'elle est mise en terre, qu'irai-je chercher plus avant ? Car je n'avançais pour aucune autre qu'elle que je voulais revoir. Il me faut prendre un autre chemin. Si vous vouliez venir avec moi, je le voudrais bien, car il ne vous apportera plus rien celui-ci qui gît mort, je vous l'assure. Les morts avec les morts, les vivants avec les vivants ! Cheminons vous et moi ensemble, ce sera mieux pour vous, il me semble, que de rester seule ici à veiller un mort. Si nous suivons celui qui l'a tué, je vous assure et promets, que je le vaincrai, ou lui moi, si je peux l'atteindre. »

Elle qui ne peut réfréner le grand chagrin qu'elle a dans son cœur, lui dit : 2150

« Bel ami, à aucun prix, je n'irai avec vous ni ne me séparerai de lui avant de l'avoir enterré. Vous, vous prendrez ce chemin empierré, vous irez dans cette direction, car c'est par ce chemin que s'en alla le chevalier félon et orgueilleux qui m'a tué mon doux ami. Mais je n'ai pas dit 2155 cela parce que je voudrais, au nom de Dieu, que vous le poursuiviez. Et pourtant, je voudrais son malheur, autant que s'il m'avait tuée. Mais où fut prise cette épée qui pend à votre flanc gauche, qui n'a jamais versé le sang d'aucun homme ni n'a jamais été tirée par nécessité ? Je sais bien où 2160 elle a été faite et je sais bien qui l'a forgée. Attention de ne pas vous y fier, car elle vous trahirait sans aucun doute quand vous seriez dans la bataille : elle volerait en pièces.

— Belle cousine, c'est une des nièces de mon bon hôte qui me l'envoya hier au soir et il me la donna. Je m'en suis tenu 2165 pour bien payé. Mais vous m'avez bien troublé, si ce que vous m'avez dit est vrai. Dites-moi, au cas où vous le savez, s'il arrivait qu'elle soit brisée, si elle serait jamais réparée.

— Oui, mais ce serait une rude épreuve pour celui qui saurait parvenir jusqu'au lac au-dessus de Cotoatre[1]. Là il 2170 pourrait la faire reforger, retremper et réparer. Si l'aventure vous conduit là-bas, n'allez que chez Trébuchet, un forgeron qui s'appelle ainsi, c'est lui qui l'a faite et la refera, ou jamais elle ne sera faite par quiconque s'y appliquerait. Prenez garde qu'une autre main ne s'en 2175 occupe, car on ne saurait en venir à bout. Prenez garde, seigneur, qu'il ne vous arrive malheur si elle se brise ! », fait encore la dame.

---

1. **Cotoatre** : référence interne au récit.

Révélations

Repères

1. Demoiselle dans la forêt : n'est-elle pas la première d'une série ? Est-ce à proprement parler un personnage ?
2. Notez comment cette scène répète, en la décalant, la scène précédente. En quoi fait-elle progresser le récit ?

Observations

3. Quel rôle jouent les longues lamentations de la jeune fille ?
4. De quel savoir se révèle-t-elle investie ? Cette qualité est-elle motivée ?
5. Notez l'ordre dans lequel sont faites ses révélations.
6. À quel moment Perceval devine-t-il son nom ? Quel effet cela produit-il ?
7. Le jeune fille donne-t-elle la clé du cortège du graal ? De quoi parle-t-elle à la place ?
8. Qu'apporte sa parenté avec Perceval ?
9. Quelle est la réaction de celui-ci en apprenant la mort de sa mère ?

Interprétations

10. Comment cette scène clôture-t-elle une série d'énigmes ? Peut-elle pour cela conclure le roman ?
11. Dans la répartition des rôles entre hommes et femmes, que dessine le roman, est-ce important qu'une femme donne des informations capitales ? Qu'ajoute la situation pathétique dans laquelle elle se trouve ?
12. L'élu et le réprouvé : comment la culpabilité de Perceval vis-à-vis de sa mère est-elle réaffirmée ? Quels liens s'esquissent entre le privé et le collectif, le graal et la famille de Perceval ?

De la lecture à l'écriture

13. « Par le surnom connaît-on l'homme » : faites un relevé des noms dans le roman. Essayez de comprendre comment ils ont été forgés par le romancier. Quels effets différents produisent-ils ? (poétique, signifiant, comique...). Soyez aussi attentifs aux sonorités : les médiévaux *écoutaient* le récit.

Lui s'en va et elle reste, elle qui ne veut pas se séparer du
2180 mort pour lequel son cœur pleure. Celui-ci suit par le sentier
les traces de sabot jusqu'à ce qu'il rencontre un palefroi[1]
maigre et épuisé qui devant lui marchait au pas. Il semblait
que ce palefroi, tant il était maigre et chétif, était tombé dans
de mauvaises mains. Il semblait qu'on lui avait demandé
2185 beaucoup d'efforts sans le nourrir, comme on le fait d'un
cheval prêté, que l'on épuise toute la journée et que l'on
soigne mal la nuit. C'est ainsi que semblait le palefroi. Il était
si faible qu'il tremblait comme s'il était engourdi de froid.
Tout son ventre avait fondu et ses oreilles pendaient. Dogues
2190 et mâtins[2] n'attendaient plus de lui que curée et pâture, car il
n'avait que la peau sur les os. La selle de femme sur son dos
et le harnais sur sa tête correspondaient à une telle bête. Une
jeune fille était dessus, la plus chétive qui soit. Elle aurait
pourtant été belle et plaisante si elle avait été dans une bonne
2195 forme, mais elle était dans un état si misérable que la robe
qu'elle portait n'avait pas d'entier un morceau de la taille
d'une main, et par les déchirures les bouts de ses seins
ressortaient. On l'avait ravaudée[3] de place en place avec des
nœuds et des grosses coutures. Sa peau apparaissait
2200 déchiquetée comme si elle avait été incisée à coups de
lancettes[4], car elle était crevassée et brûlée par la chaleur, le
vent et la gelée. Ses cheveux étaient défaits et elle était sans
manteau ; sur son visage, il y avait maintes laides traces, car
ses larmes incessantes avaient dessiné un long sillon, elles
2205 descendaient jusqu'à sa poitrine sous sa robe, coulant sur ses
genoux. Elle pouvait avoir le cœur triste la créature qui vivait
dans une telle infortune ! Dès que Perceval l'aperçoit, il
s'approche au grand galop. Elle serre son vêtement autour

---

1. **Palefroi** : cheval de promenade ou de voyage.
2. **Dogues et mâtins** : gros chiens de garde.
3. **Ravaudée** : raccommodée.
4. **Lancettes** : instruments à lame plate et acérée utilisée par exemple pour pratiquer les saignées (voir note 2 page 119).

d'elle pour couvrir son corps. Mais il lui faut alors ouvrir un trou, car quand elle se couvre en un endroit, elle ferme un 2210 trou et en ouvre deux.

Ainsi Perceval a rejoint cette créature décolorée et pâle, si malheureuse, et lorsqu'il la rejoint il l'entend se plaindre douloureusement de sa peine et de sa misère :

« Dieu, fait-elle, ne me laisse pas, ne t'en déplaise, vivre 2215 longuement dans cet état ! J'ai été trop longtemps dans l'infortune, j'ai trop longtemps souffert du malheur, sans y être pour rien. Dieu, puisque tu sais bien que je n'ai fait aucune faute, envoie-moi s'il te plaît quelqu'un qui me sorte de ce tourment ou délivre-moi de celui qui me fait 2220 vivre dans une telle honte. En lui je ne trouve aucune pitié et je ne peux pas lui échapper et il ne veut pas me tuer. Je ne sais pas pourquoi il désire ma compagnie dans de telles conditions, sinon parce qu'il aime ma honte et mon malheur. Mais s'il avait su en toute certitude que je les avais 2225 mérités, il aurait dû avoir pitié à partir du moment où je l'avais si cher payé, si je lui avais plu en quoi que ce soit. Mais certes je ne lui plais pas, puisqu'il me fait traîner après lui une vie si dure, sans s'émouvoir. »

« Belle, Dieu vous sauve ! » lui dit alors Perceval qui 2230 l'avait rejointe.

Et quand la demoiselle l'entend, elle sursaute et répond à voix basse :

« Seigneur, toi qui m'as saluée, que ton cœur ait ce qu'il désire, bien qu'il ne soit pas juste que je te dise cela ! » 2235

Perceval, honteux, changea de couleur et a répondu : « Pour Dieu, belle amie, pourquoi ? Certes je ne pense pas ni ne crois que jamais auparavant je ne vous ai vue ni fait aucun tort.

— Si, dit-elle, car je suis si infortunée et dans un tel 2240 malheur que personne ne doit me saluer. Il me faut suer d'angoisse quand quelqu'un m'arrête et me regarde.

— Vraiment, c'est sans le vouloir, fait Perceval, que j'ai mal agi. Je ne vous fis jamais ni honte ni injure, et je ne suis

2245 pas venu pour cela, mais mon chemin m'a mené ici. Dès
lors que je vous ai vue si mal en point, si pauvre et si nue,
je n'aurais plus eu de joie dans mon cœur si je n'avais su la
vérité sur le sort qui vous a conduite à une telle douleur et
à un tel malheur.

2250 — Ah, seigneur, fait-elle, pitié ! Taisez-vous, fuyez d'ici,
laissez-moi en paix ! Le péché vous a fait vous arrêter ici.
Seigneur, fait-elle, sans qu'il vous déplaise, enfuyez-vous
tant qu'il est encore temps, de peur que l'Orgueilleux de la
Lande, qui ne demande rien d'autre que batailles et mêlées,

2255 ne survienne au milieu de cette rencontre. S'il vous trouve
ici même, sachez qu'il vous tuera sur-le-champ. Il supporte
si mal que quelqu'un m'arrête que quiconque m'a retenue
pour me parler ne peut garder sa tête sur ses épaules s'il
survient. Il y a peu de temps, il en a tué un. Mais il raconte

2260 auparavant à chacun pourquoi il m'a mise dans une
situation aussi infamante et misérable. »

Pendant qu'ils parlaient ainsi, l'Orgueilleux sortit du bois
et arriva comme la foudre au milieu du sable et de la
poussière, en criant : « Vraiment, tu t'es arrêté pour ton

2265 malheur, toi qui te tiens à côté de la jeune fille ! Sache que
ta fin est venue parce que tu l'as arrêtée et retenue ne serait-
ce qu'un seul pas. Mais je ne te tuerai pas avant de t'avoir
raconté pour quelle raison et quel crime je la fais vivre dans
une telle honte. Écoute-moi donc, tu vas entendre l'histoire.

2270 Il n'y a pas longtemps, j'étais allé dans un bois et j'avais
laissé cette demoiselle dans une tente. Je n'aimais rien plus
qu'elle. C'est alors que par hasard arriva un jeune Gallois.
Je ne sais pas quel chemin il suivit, mais il fit tant qu'il lui
prit un baiser de force, elle me l'a appris. Si elle m'a menti,

2275 qu'est-ce qui lui a nui ? Et s'il l'a embrassée malgré elle,
n'en fit-il pas après toute sa volonté ? Oui, personne ne peut
croire qu'il l'embrassa sans faire plus, car une chose appelle
l'autre. Qui embrasse une femme et ne fait plus alors qu'ils
sont seul à seul tous deux je crois qu'il ne suit pas son

2280 avantage. Une femme qui abandonne sa bouche donne

facilement le surplus[1] à celui qui le veut vraiment. Et même si elle se défend, on sait bien, sans aucun doute, qu'une femme veut vaincre partout sauf dans cette seule mêlée où elle tient l'homme à la gorge, l'égratigne, le mord, le tue et pourtant veut être vaincue, elle se défend mais il lui tarde. 2285 Elle est si craintive d'accorder, mais elle veut qu'on le lui fasse de force, ensuite elle n'en a ni gré ni remerciement. C'est pour cela que je crois qu'il a couché avec elle. Il lui a aussi enlevé un anneau qu'elle portait au doigt, il l'a emporté et cela me fâche. Mais, auparavant, il but et 2290 mangea à foison un vin fort et trois pâtés que je me faisais garder. Maintenant elle en a un beau salaire mon amie, comme il est visible ! Qui fait folie le paye de façon à ne pas rechuter. On peut bien voir quelle colère j'ai de cette affaire. Quand je revins et que j'appris cela, je jurai fermement et 2295 j'en avais le droit, que son palefroi ne mangerait pas d'avoine, ni ne serait saigné[2] ou ferré de nouveau et qu'elle n'aurait pas d'autre tunique ni de manteau que celui qu'elle portait jusqu'à ce que je sois victorieux de celui qui l'avait contrainte, que je le tue et lui tranche la tête. » 2300

Quand Perceval eut écouté ce discours, il répondit mot pour mot :

« Mon ami, sachez sans le moindre doute qu'elle a terminé sa pénitence et que je suis celui qui l'a embrassée, malgré elle, et malgré son déplaisir, et que je lui pris au 2305 doigt son anneau, et il ne se passa rien d'autre et je ne fis pas davantage. J'ai aussi mangé, je vous le confirme, un pâté et demi sur trois et je bus du vin à satiété. En cela je ne me conduisis pas en imbécile.

— Par ma tête, dit l'Orgueilleux, quelle témérité tu as là 2310 de confesser cette chose ! Tu as bien mérité la mort après une confession si franche.

---

1. **Le surplus** : le supplément ; il consiste ici dans l'union sexuelle.
2. **Saigné** : subirait une saignée, une sorte de prise de sang ; méthode thérapeutique très rarement utilisée aujourd'hui.

— La mort n'est pas encore aussi près que tu le penses »,
fait Perceval.

2315 Ils lâchent alors la bride à leurs chevaux et s'élancent l'un
vers l'autre sans plus parler. Ils se heurtent avec une telle
violence qu'ils font éclater leurs lances et vident tous deux
leurs selles. Ils se sont mutuellement fait tomber. Mais ils se
relèvent aussitôt et tirent leurs épées et se portent de grands
2320 coups. Le combat fut rude et féroce. Je n'ai pas envie d'en
raconter plus, car ce serait gâter ma peine, il me semble.
Mais ils combattent jusqu'à ce que l'Orgueilleux ait le
dessous et demande grâce. Et l'autre, qui n'oublia jamais la
prière du gentilhomme de ne pas tuer un chevalier qui
2325 aurait imploré sa grâce, lui dit : « Chevalier, par ma foi, je
ne te ferai jamais grâce avant que tu ne la fasses toi-même
à ton amie, car le mal que tu lui as fait endurer, elle ne
l'avait pas mérité, je peux te le jurer. »

Lui qui aimait la demoiselle plus que ses yeux lui a dit :
2330 « Seigneur, je veux à votre demande réparer ma faute
envers elle, vous ne saurez rien me commander que je ne
sois prêt à faire. Pour le mal que je lui ai fait subir, j'ai le
cœur triste et noir.

— Va donc au manoir le plus proche, fait celui-ci, que tu
2335 trouveras dans les alentours, fais-la baigner en paix,
jusqu'à ce qu'elle soit guérie et en bonne santé. Ensuite
prépare-toi et conduis-la bien et élégamment vêtue au roi
Arthur. Salue-le et mets-toi à sa merci dans l'état où tu
partiras d'ici. S'il demande de par qui tu viens, dis-lui que
2340 c'est de par celui qu'il fit Chevalier vermeil sur la
recommandation et le conseil de monseigneur Keu le
sénéchal. Il te faudra raconter à la cour la pénitence et le
mal que tu as fait subir à ta demoiselle, devant tous ceux
qui seront là et de manière à ce que tous et toutes
2345 l'entendent, la reine et ses suivantes, car avec elle il y en a
de très belles. Mais j'en estime une plus que les autres parce
que, pour la raison qu'elle avait ri à ma vue, Keu lui donna
une gifle qui l'étourdit. Tu la chercheras, je te le commande,

et tu lui diras que je lui fais savoir que je n'entrerai pour nulle raison dans une cour tenue par le roi Arthur avant de 2350 l'avoir si bien vengée qu'elle en sera joyeuse et contente. »

L'autre lui répond qu'il s'y rendra très volontiers et dira tout ce qu'il lui a enjoint de dire. Il ne tardera que le temps qu'il faudra à sa demoiselle pour se reposer et s'arranger. Il l'emmènerait lui-même bien volontiers pour se reposer, 2355 guérir et réparer ses blessures et ses plaies.

— Pars maintenant, je te souhaite bonne chance, pense à autre chose, je chercherai quant à moi un gîte ailleurs. »

Ils se taisent alors, ni l'un ni l'autre ne s'attardent mais ils se séparent sans plus de discours. Celui-ci, le soir même, fait 2360 baigner et vêtir richement son amie, et lui procure tant de confort qu'elle a retrouvé sa beauté. Puis tous deux filent vers Carlion[1] où le roi Arthur tenait sa cour, mais c'était une réunion privée, car il n'y avait que trois mille chevaliers de valeur ! À la vue de tous, celui qui arrivait en conduisant 2365 sa demoiselle alla se constituer prisonnier au roi Arthur et dit lorsqu'il fut devant lui :

« Seigneur, fait-il, je suis votre prisonnier pour faire votre volonté et cela est normal et juste, car je suis ainsi les ordres du jeune homme qui vous demanda des armes vermeilles et 2370 les obtint. »

Aussitôt que le roi l'entend, il comprend très bien ce qu'il veut dire.

« Désarmez-vous, fait-il, beau seigneur, et que celui qui me fait présent de vous ait joie et bonne chance et vous, 2375 soyez le bienvenu. Pour lui vous serez tenu en affection et honoré dans ma maison.

— Seigneur, je vous dirai encore autre chose, fait celui-ci, avant d'être désarmé. Mais je voudrais pour cela que la reine et ses suivantes viennent écouter les faits que je viens 2380 vous rapporter, car ils ne seront pas racontés tant que ne

---

1. **Carlion** : ville de Monmouthshire, résidence du roi Arthur.

sera pas là celle qui fut frappée au visage. Pour un seul rire qu'elle avait émis, Keu la frappa immédiatement. »

Il cesse de parler et le roi comprend qu'il lui faut mander
2385 la reine. Il le fait et elle vient avec toutes ses suivantes qui se tiennent par la main. Quand la reine se fut assise à côté de son seigneur le roi Arthur, l'Orgueilleux de la Lande lui dit :

« Ma dame, un chevalier que je prise[1] beaucoup vous envoie son salut, il m'a vaincu aux armes. Je ne peux vous
2390 en dire davantage, mais il vous envoie mon amie, cette jeune fille qui est ici.

— Mon ami, qu'il en soit bien remercié », fait la reine.

Alors il raconte toutes les hontes et les infamies qu'il lui avait longtemps fait endurer, les malheurs qu'elle avait vécus
2395 et la raison de cette situation. Il dit tout sans rien cacher. On lui a montré ensuite celle que Keu le sénéchal frappa, il lui dit : « Celui qui m'a envoyé ici, m'a prié, jeune fille, de vous saluer en son nom et de ne pas bouger d'un pas tant que je ne vous aurais pas dit la chose suivante : que Dieu ne lui
2400 vienne plus en aide, si, pour quelque raison, il entre dans une cour tenue par le roi Arthur avant de vous avoir vengée de la gifle et du coup que vous avez reçus à cause de lui. »

Quand le fou l'a entendu, il saute sur ses pieds et s'écrie : « Keu, Keu, que Dieu me bénisse, vous le payerez c'est sûr
2405 et ce sera bientôt. »

Après le fou, le roi dit : « Ah ! Keu, tu as bien agi courtoisement en te moquant de ce jeune homme ! À cause de ta moquerie, tu me l'as enlevé et je pense ne jamais le revoir. »

2410 Le roi fait alors asseoir devant lui son chevalier prisonnier, il lui fait grâce de sa prison et lui demande de se désarmer. Monseigneur Gauvain, qui était assis à la droite du roi, demande :

---

1. **Je prise** : j'estime.

« Pour Dieu, Seigneur, qui peut être celui qui a su vaincre
aux armes un aussi bon chevalier que celui-ci ? Dans toutes 2415
les îles de la mer, je n'ai entendu vanter un chevalier ni n'en
vis ni n'en connus qui pourrait l'équivaloir dans le domaine
des armes et de la chevalerie.

— Beau neveu, je ne le connais pas, fait le roi, pourtant
je l'ai vu, j'étais dans un état d'esprit à ne rien lui demander, 2420
et il me dit de le faire chevalier sur-le-champ. Je le vis beau
et aimable, je lui dis : "Frère, volontiers, mais attendez un
instant qu'on vous apporte des armes toutes dorées." Il dit
qu'il ne les prendrait jamais ni ne mettrait pied à terre tant
qu'il n'aurait pas des armes vermeilles. Il me dit encore 2425
d'autres choses étonnantes : qu'il ne voulait recevoir
d'autres armes que celles du chevalier qui emportait ma
coupe d'or. Keu, qui était acerbe, comme il l'est encore et le
sera toujours, et qui ne cherche jamais à dire quelque chose
d'agréable, lui dit : "Frère, le roi te donne ces armes et te les 2430
abandonne, va donc les prendre sur-le-champ." Lui qui ne
comprit pas la moquerie, crut qu'il avait dit vrai. Il partit
sur les pas du chevalier et le tua d'un coup de javelot. Je ne
sais pas comment se fit l'engagement, quels mots de colère
ou d'orgueil furent échangés, mais le Chevalier vermeil de 2435
la forêt de Guingueroi le frappa, je ne sais pourquoi, avec
sa lance, agissant avec orgueil, et le jeune homme le frappa
au travers de l'œil, le tua et eut ses armes. Ensuite il m'a si
bien servi que, par mon seigneur saint David que l'on
honore et prie au pays de Galles, jamais je ne coucherai 2440
dans une chambre ou une salle plus d'une nuit avant de
savoir s'il vit sur la mer ou sur la terre, et je me mettrai en
route pour aller le chercher. »

Dès que le roi eut fait ce serment, tous surent qu'il ne
restait plus qu'à se mettre en route. Vous auriez vu alors 2445
emballer draps, oreillers et couvertures, remplir les coffres,
bâter les chevaux de somme, et charger charrettes et
chariots, car on ne regarde pas au nombre de tentes, de
pavillons et de toiles ! Un clerc savant et cultivé ne pourrait

2450 pas décrire en un jour tout l'équipement et tout le bagage
qui fut aussitôt préparé. Comme pour aller en campagne
militaire, le roi quitte Carlion. Tous les barons le suivent, il
n'y a pas une seule suivante que la reine n'emmène pour
accroître le faste et l'éclat. Ils se sont installés pour la nuit
2455 dans une prairie en bordure d'une forêt.

L'Orgueilleux de la Lande :
RÉPARATION D'UNE INJUSTICE

Repères

1. En quoi cette séquence s'articule-t-elle précisément à la précédente ?

2. Montrez comment cette séquence est bâtie comme résolution des séquences du début.

3. Notez précisément les répétitions dont elle est faite.

4. En quoi cependant fait-elle avancer le récit ?

Observations

5. En quoi la description de la jeune fille et de son cheval sont-ils des antiportraits ?

6. Quelle règle de l'ordre chevaleresque Perceval suit-il en se portant à son secours ?

7. Que nous apprend le récit de l'Orgueilleux ? Quelle est sa fonction ?

8. L'arrivée de l'Orgueilleux à la cour d'Arthur : le scénario en est-il inédit ? Quels en sont les moments ? Qu'est-ce qui se confirme pour la cour ?

9. Quel personnage est introduit dans le roman ? Que provoque sa réaction ?

10. Comment est décrit le départ de la cour ?

Interprétations

11. Pourquoi ce retour sur le début du parcours de Perceval suit-il les révélations de la cousine ? Qu'indique-t-il sur la composition du roman ?

12. « Orgueilleux de la Lande » : est-ce véritablement un nom propre ? À quelle catégorie de chevaliers appartient-il, et à quel type de personnages ?

13. Passé son dialogue avec Perceval, la jeune fille n'intervient plus dans le récit. Comment qualifier la fonction de ce personnage ?

De la lecture à l'écriture

14. La cour d'Arthur : à partir de cet épisode et des précédents, dites quels sont ses principaux traits et, d'après vous, quelle représentation elle donne des rapports entre roi et chevaliers.

Au matin la neige était bien tombée car la région était très froide. Perceval s'était levé au petit jour selon son habitude, en quête de rencontres et de faits d'armes. Il se dirigea droit vers la prairie qui était gelée et enneigée, où l'armée du roi était installée. Il n'était pas arrivé aux tentes qu'une troupe d'oies sauvages, que la neige avait éblouies, prit son envol. Elles filaient à grand bruit car un faucon les poursuivait à toute vitesse. Il atteignit impétueusement l'une d'elles qui s'était séparée des autres. Il la frappa et heurta si fort qu'il l'abattit au sol. Mais il était trop tôt, il partit et ne voulut ni l'attraper ni la rejoindre. Perceval pique des deux là où il avait vu le vol. L'oie était blessée au cou, elle perdit trois gouttes de sang qui se répandirent sur le blanc en une couleur qui semblait naturelle. L'oie ne ressent pas assez de mal ou de douleur pour rester sur le sol. Avant que Perceval n'arrive, elle est déjà repartie. Quand il vit la neige foulée à l'endroit où l'oie s'était posée et le sang qui se voyait tout autour, il s'appuya sur sa lance pour regarder la figure qui apparaissait. L'alliance du sang et de la neige ressemble à ses yeux aux fraîches couleurs qui sont sur le visage de son amie. Il pense tant qu'il oublie tout. Semblable était sur son visage le vermeil posé sur le blanc, comme ces trois gouttes de sang apparues sur la neige blanche.

Dans cette contemplation, il lui semble, tant elle lui plaît, qu'il voit la fraîche couleur de son amie qui est si belle. Perceval s'attarde sur les gouttes pendant tout le lever du soleil. Alors sortent des tentes des écuyers qui le virent immobile. Ils crurent qu'il sommeillait. Avant que le roi ne s'éveille, qui dormait encore dans sa tente, les écuyers ont rencontré devant le pavillon royal Sagremor, qui, à cause de son emportement, était appelé Sagremor l'Emporté.

« Dites donc, fait-il, ne me cachez pas pourquoi vous venez ici si tôt !

— Seigneur, font-ils, nous avons vu à l'extérieur du camp un chevalier qui sommeille sur son destrier.

— Est-il armé ?

— Par ma foi, oui.

— J'irai lui parler, fait-il, et je l'amènerai à la cour. »

Aussitôt Sagremor court à la tente du roi et l'éveille.
2495 « Monseigneur, fait-il, là-dehors, dans la lande, sommeille un chevalier. »

Le roi lui commande d'y aller, et le prie de l'amener et de ne pas l'y laisser. Aussitôt Sagremor demande qu'on lui sorte son cheval, et il demande aussi ses armes. Ses ordres
2500 furent exécutés aussitôt et il est armé rapidement. En armes il quitte le campement et avance jusqu'au chevalier. « Seigneur, fait-il, il vous faut venir auprès du roi. » L'autre ne prononce pas un mot et semble ne pas l'entendre. Il répète sa demande, l'autre se tait, celui-là se fâche et dit :
2505 « Par saint Pierre l'Apôtre, vous viendrez même contraint. Je suis bien fâché de vous en avoir prié, j'ai bien perdu mon temps en paroles ! » Il déploie alors son enseigne[1] qui était enroulée autour de sa lance, et son cheval s'élance sous lui. Il prend du recul et crie à l'autre de se garder car il le
2510 frappera s'il ne prend pas garde. Perceval tourne son regard vers lui, il le voit arriver au galop, il quitte sa méditation, va à son tour à la rencontre de son assaillant. Au moment où ils se rejoignent, Sagremor brise sa lance, celle de Perceval ne plie ni ne casse, mais il heurte l'autre avec une
2515 telle force qu'il l'abat au milieu du champ. Le cheval, sans attendre, s'enfuit parmi les prés, ce qui contraria beaucoup certains. Keu qui ne peut se retenir de dire une méchanceté, se moque et dit au roi :

« Beau seigneur, voyez comment Sagremor revient, en
2520 tenant son cheval par la bride et en le ramenant malgré lui.

— Keu, fait le roi, est-ce bien de vous moquer de chevaliers de valeur ? Allez-y donc et nous verrons si vous ferez mieux que lui.

---

1. **Son enseigne** : son étendard ; bannière qui permet de le reconnaître.

— Seigneur, fait Keu, je suis très content que vous vouliez que j'y aille, et je vous l'amènerai sans aucun doute, de force, qu'il le veuille ou non, et je lui ferai dire son nom. » 2525

Keu se fait alors armer comme il le faut. En armes et à cheval, il s'en va vers celui qui était si captivé par les trois gouttes qu'il regardait qu'il ne s'intéressait à rien d'autre. Il lui cria de très loin : « Vassal, vassal, venez auprès du roi ! 2530 Vous viendrez, je vous le jure, ou vous le payerez très cher. »

Perceval en s'entendant menacer tourne la tête de son cheval et pique des éperons d'acier son cheval qui est très rapide. Chacun désire bien combattre et ils se heurtent vigoureusement. Keu frappe un tel coup qu'il brise sa lance 2535 et la rompt comme une écorce car il y met toute sa force. Perceval ne se retient pas et l'atteint au-dessus de la bosse de l'écu. Il le fait tomber sur un rocher si bien qu'il lui déboîte la clavicule et qu'il lui brise l'os du bras droit entre le coude et l'aisselle comme un morceau de bois sec, ainsi 2540 que le fou l'avait prédit bien des fois. La prédiction du fou était vraie. Keu s'évanouit de douleur et son cheval en fuite se dirige au grand trot vers les tentes. Les Bretons voient le cheval revenir sans le sénéchal, les écuyers viennent à cheval, les dames et les chevaliers arrivent et trouvent le 2545 sénéchal évanoui. Ils croient qu'il est mort. Alors commencent de grandes manifestations de deuil sur lui. Perceval devant les gouttes se rappuya sur sa lance. Le roi est très affligé de la blessure du sénéchal. Il en éprouve du chagrin et de la colère. Mais on lui dit de ne pas s'en 2550 désespérer, qu'il guérira pourvu qu'il ait un médecin qui soit capable de remettre la clavicule en place et de ressouder l'os brisé. Le roi qui avait beaucoup d'affection pour lui et l'aimait au fond de son cœur, lui envoya un médecin expert assisté de trois jeunes filles de son école. Ils lui remettent la 2555 clavicule, lui attachent le bras et ressoudent l'os brisé. Ils l'ont ensuite porté dans la tente du roi et l'ont bien réconforté en lui disant qu'il guérira parfaitement et qu'il ne doit pas s'inquiéter.

2560   Monseigneur Gauvain[1] dit au roi : « Seigneur, que Dieu m'aide, il n'est pas juste, vous le savez bien, comme vous-même l'avez toujours dit et jugé avec équité, qu'un chevalier arrache un autre à ses pensées, quelles qu'elles soient, comme ces deux l'ont fait. Qu'ils aient eu tort de le
2565 faire, je ne sais, mais il leur en est arrivé malheur, voilà qui est sûr. Le chevalier avait en pensée quelque perte qu'il a subie, ou son amie lui est enlevée, il en est chagriné et il y pense. Si cela vous agréait, j'irais voir sa contenance[2], et si je le trouvais dans un état où il serait sorti de ses pensées, je
2570 lui dirais et le prierais de venir à vous jusqu'ici. »

    Keu se mit en colère à ce discours et il dit à monseigneur Gauvain : « Vous l'emmènerez par la main, le chevalier, bien que cela l'ennuie ! C'est parfait s'il vous est permis de le faire et que la bataille en reste là pour vous ! Quand un
2575 chevalier est épuisé et qu'il a beaucoup combattu, alors un gentilhomme doit lui demander le don de lui permettre de le conquérir. Gauvain, que je sois cent fois maudit si vous n'êtes pas si fou qu'on ne puisse tirer bien des leçons de vous ! Vous savez bien vendre vos paroles qui sont très
2580 aimables et lisses. Lui tiendrez-vous des propos orgueilleux, perfides et méprisants ? Maudit soit celui qui l'a cru, ou qui le croit, moi compris. Certes vous pourriez faire cette besogne en une tunique de soie, jamais il ne vous faudra tirer une épée ni briser une lance. Vous pouvez bien vous
2585 glorifier de dire, à moins que la langue ne vous fasse défaut, "Seigneur, Dieu vous sauve et vous donne joie et santé" et il fera votre volonté ! Je ne parle pas pour vous apprendre quelque chose, car vous saurez bien le caresser comme l'on caresse un chat. Et l'on dira : « Monseigneur Gauvain
2590 combat farouchement ! »

---

1. Monseigneur Gauvain : Gauvain, un des personnages les plus importants du monde arthurien, est toujours appelé ainsi, sans doute en signe de noblesse supérieure à tous les autres chevaliers de la cour.
2. Sa contenance : sa manière de se tenir ; son allure, son attitude.

— Ah, seigneur Keu, fait-il, vous pourriez parler avec plus d'aménité[1]. Croyez-vous venger votre colère et votre mauvaise humeur sur moi ? Je l'amènerai, par ma foi, si je le puis, très doux ami, et je n'en aurai ni le bras blessé ni l'épaule démise, car je n'aime pas ce genre de salaire !   2595

— Allez-y donc, fait le roi, car vous avez parlé en homme courtois. Amenez-le si cela se peut. Mais prenez toutes vos armes car vous n'irez pas désarmé. »

Celui qui de toutes les qualités avait le prix, s'est fait armer à l'instant, et il est monté sur un cheval solide et 2600
alerte. Il se dirige droit sur le chevalier qui est appuyé sur sa lance. Il n'était pas encore las de ses pensées qui lui plaisaient beaucoup. Pourtant le soleil avait effacé deux des gouttes de sang qui étaient tombées sur la neige, et la troisième l'était bientôt. C'est pourquoi le chevalier n'était 2605
plus aussi absorbé qu'il l'avait été. Monseigneur Gauvain s'avance vers lui tout doucement à l'amble[2], sans faire de mine hostile, et il dit :

« Seigneur, je vous aurais salué si j'avais connu votre cœur comme je connais le mien, mais je peux cependant 2610
vous dire que je suis un messager du roi qui vous demande et vous prie par moi de venir lui parler.

— Il y en a déjà eu deux, fait Perceval, pour m'arracher à ce qui fait ma vie et pour vouloir m'emmener comme leur prisonnier. Mais j'étais plongé dans une pensée qui me 2615
comblait, et celui qui m'en séparait ne recherchait pas son profit ! Il y avait devant moi à cet endroit trois gouttes de sang qui illuminaient le blanc. En les regardant il me semblait que je voyais les fraîches couleurs du visage de mon amie la belle, et jamais je n'aurais voulu les quitter. 2620

— Certes, fait monseigneur Gauvain, une telle pensée n'a rien de vulgaire mais elle est très douce et courtoise. Et on

---

1. **Aménité** : amabilité, gentillesse.
2. **À l'amble** : désigne l'allure cadencée et réglée du cheval, qui lève en même temps les deux pattes du même côté.

était stupide et brutal d'en éloigner votre cœur. Mais maintenant je suis très désireux de savoir ce que vous
2625 voudriez faire car, si cela ne vous déplaît pas, je vous emmènerais volontiers auprès du roi.

— Dites-moi d'abord, mon très cher ami, fait Perceval, si Keu le sénéchal y est.

— Par ma foi, il y est tout à fait. Sachez que c'est lui qui
2630 tout à l'heure s'est mesuré à vous et que le combat lui a coûté cher, car vous lui avez transpercé le bras droit et, si vous ne le savez pas, démis la clavicule.

— J'ai donc bien dédommagé la jeune fille qu'il a frappée. »
À ces mots monseigneur Gauvain s'étonne et sursaute.
2635 Il dit :

« Seigneur, Dieu me sauve, le roi ne cherchait que vous. Pour Dieu, comment vous appelez-vous ?

— Perceval, seigneur. Et vous-même ?

— Seigneur, sachez en vérité que j'ai reçu comme nom de
2640 baptême Gauvain.

— Gauvain ?

— Tout juste, beau seigneur. »
Perceval en est très content et dit :

« Seigneur, j'ai bien entendu parler de vous en plusieurs
2645 endroits. Je désirais très vivement notre rencontre si elle devait vous plaire.

— Par ma foi, fait monseigneur Gauvain, elle ne me plaît pas moins qu'à vous mais davantage je crois. »
Perceval répond : « Par ma foi, j'irai volontiers où vous
2650 voudrez car cela est juste, et j'en serai bien plus heureux parce que je me suis lié avec vous. »

Ils s'embrassent alors mutuellement et se mettent à délacer heaumes, coiffes et ventailles[1] dont ils rabattent les mailles[2]. Puis ils partent tout joyeux. En les voyant se

---

1. **Ventailles** : pièces de mailles de forme carrée ou triangulaire qui relient la face extérieure de la coiffe au haubert et qui protègent le bas du visage.
2. **Les mailles** : anneaux de métal qui forment le tissu de l'armure.

réjouir ensemble du haut d'une éminence où ils se tenaient, 2655
les écuyers se précipitent et arrivent devant le roi :

« Seigneur, seigneur, font-ils, par ma foi, monseigneur
Gauvain amène le chevalier et ils manifestent beaucoup de
joie l'un pour l'autre. »

Il n'est personne qui en entendant la nouvelle ne bondisse 2660
hors de sa tente et ne parte à leur rencontre. Keu dit au roi
son seigneur : « Le prix et l'honneur en reviennent donc à
monseigneur Gauvain votre neveu. Le combat a été périlleux
et terrible, si je ne me trompe. Il revient comme il est parti,
car il n'a reçu aucun coup d'autrui ni autrui aucun de lui, et 2665
il n'a rien eu à démentir. Il est juste qu'il en ait le prix et la
gloire et qu'on dise qu'il a fait ce dont nous ne pûmes venir
à bout en y mettant toutes nos forces et nos efforts. »

Ainsi Keu dit ce qu'il veut, à juste titre ou à tort, selon
son habitude. Monseigneur Gauvain ne veut pas mener à la 2670
cour son compagnon en armes mais désarmé. Il le fait donc
désarmer dans sa tente, un de ses chambellans[1] tire une
robe de son coffre, qu'il lui présente et offre à revêtir.
Quand il s'est bien et élégamment habillé de la tunique et
du manteau, qui étaient très beaux et lui allaient très bien, 2675
ils viennent tous les deux en se tenant par la main jusqu'au
roi qui se trouvait devant sa tente.

« Seigneur, seigneur, fait monseigneur Gauvain au roi, je
vous amène celui que vous auriez voulu connaître, comme
je crois, il y a bien quinze jours. Voici celui dont vous me 2680
parliez tant, celui pour lequel vous cheminiez tant. Je vous
le donne, le voici.

— Beau neveu, grand merci, fait le roi, pour qui cela est
si important qu'il se lève d'un bond à sa rencontre et dit :
Beau seigneur, soyez le bienvenu ! Je vous prie de me dire 2685
comment je peux vous appeler.

---

1. **Chambellans** : écuyers chargés du service de la chambre.

— Par ma foi, je ne vous le cacherai pas, mon cher seigneur le roi. Je m'appelle Perceval le Gallois.

— Ah ! Perceval, cher doux ami, puisque vous voici à ma 2690 cour, vous n'en partirez plus jamais, s'il dépend de moi. J'ai éprouvé beaucoup de tristesse à votre sujet depuis que je vous ai vu pour la première fois, car je ne savais pas le sort que Dieu vous avait destiné. Tout avait été fort bien prédit, de manière à ce que toute ma cour l'entende, par la jeune fille 2695 que je vis le sénéchal Keu frapper. Et vous avez parfaitement réalisé la prédiction. Il n'y a aucun doute à cela car j'ai entendu de vrais témoignages de votre chevalerie. »

À ces mots vint la reine qui avait eu connaissance de son arrivée. Dès que Perceval la voit et qu'on lui dit que c'était 2700 elle, suivie par la demoiselle qui rit quand il la regarda, aussitôt il va à leur rencontre et dit : « Que Dieu donne joie et honneur à la plus belle et la meilleure dame du monde au témoignage de tous ceux qui la voient et qui l'ont vue. » La reine lui répond : « Soyez le bienvenu en chevalier qui a fait 2705 la preuve d'une haute et belle prouesse. »

Ensuite Perceval salua à son tour la jeune fille qui avait ri à son adresse, il l'embrassa et lui dit : « Belle, si vous en aviez besoin, je serais le chevalier qui jamais ne manquerait de vous aider. » La jeune fille l'en remercie.

Le sang sur la neige et la joie de la cour

Repères

1. Perceval plongé dans ses pensées : quelle autre scène celle-ci rappelle-t-elle ? Est-ce indifférent ? Quel lien entretiennent ces deux scènes ?
2. Gauvain fait son entrée dans le récit. Notez comment se met en place une relation privilégiée entre les deux héros.
3. En quoi est-ce à nouveau une séquence conclusive ?

Observations

4. Par quoi est suscitée la rêverie amoureuse ?
5. Dans quel ordre les chevaliers se succèdent-ils auprès de Perceval ? Notez les ressemblances et les différences entre chaque intervention.
6. Perceval ne connaît pas Keu : la blessure qu'il lui inflige en acquiert-elle plus ou moins de sens ?
7. En quoi Gauvain apparaît-il dès ses premiers mots différent des autres chevaliers ? Pourquoi s'attire-t-il les sarcasmes de Keu ?
8. Que suscite Gauvain chez Perceval ?
9. Montrez que Gauvain intronise véritablement Perceval à la cour.
10. Comment Arthur et Guenièvre accueillent-ils Perceval ?

Interprétations

11. Amour et « fantasme » : qu'ajoute à la rencontre avec Blanchefleur cette pensée amoureuse ? En quoi cette attitude est-elle nouvelle, voire exceptionnelle, chez ce personnage ?

12. Le blanc et le rouge : en quoi ces couleurs dominent-elles la partie « Perceval » ? Comment se nouent dans cette vision beauté et violence ?

13. Montrez comment Perceval a pleinement atteint son but : devenir un chevalier d'Arthur.

DE LA LECTURE À L'ÉCRITURE

14. Plusieurs écrivains contemporains ont repris le motif du « sang sur la neige » (Jean Giono, Christian Bobin...). Essayez en quelques lignes d'expliquer la force poétique et fantasmatique de ce motif tel qu'il a été fixé par Chrétien de Troyes.

La joie que le roi manifesta pour Perceval le Gallois fut 2710
grande, ainsi que celle de la reine et des barons qui
l'emmènent à Carlion où ils sont retournés dès le soir. La
nuit se passe en réjouissances, ainsi que le lendemain et le
surlendemain où ils virent arriver une demoiselle sur une
mule fauve qui tenait dans sa main droite un fouet. La 2715
demoiselle portait deux tresses tordues et noires, et si les
mots que rapporte le livre sont vrais, aucune créature si
parfaitement laide n'exista même en enfer. Jamais vous
n'avez pu voir un métal aussi noir que son corps et ses
mains. Mais encore était-ce là un moindre trait de laideur 2720
par rapport à ses yeux qui étaient deux creux, petits comme
des yeux de rat, et son nez comme celui d'un singe ou d'un
chat, et ses lèvres comme celles d'un âne ou d'un bœuf. Ses
dents ressemblaient à du jaune d'œuf pour la couleur tant
elles étaient roussâtres. Elle avait de la barbe comme un 2725
bouc, une bosse au milieu de la poitrine, et pour l'échine
elle semblait en forme de crosse[1]. Elle avait les reins et les
épaules bien faites pour mener le bal, sa bosse dans le dos
et ses jambes tordues qui avançaient comme des baguettes,
parfaites pour mener la danse. La demoiselle sur sa mule 2730
s'avance jusque devant le roi. Jamais une telle demoiselle
n'avait été vue à la cour du roi. Elle salue le roi et les barons
tous ensemble en bloc, à l'exception de Perceval. Et elle dit
du haut de sa mule fauve :

« Ah ! Perceval, Fortune est chauve par-derrière et 2735
chevelue par-devant[2]. Maudit soit qui te salue et qui te
souhaite ou demande du bien, car tu ne l'as pas mérité la
Fortune quand tu l'as trouvée ! Tu es entré chez le roi
Pêcheur, tu as vu la lance qui saigne. Était-ce en cet instant

---

1. **En forme de crosse** : dont le bout est recourbé.
2. **Fortune est chauve par-derrière et chevelue par-devant** : la fortune – hasard ou destin –, est considérée comme un personnage allégorique féminin, que l'on ne peut saisir (par les cheveux) qu'au vol ; une fois passée, c'est trop tard (d'où l'image de la calvitie).

2740 un si grand effort d'ouvrir la bouche et de parler que tu n'as pas pu demander pourquoi la goutte de sang sort par la pointe du fer blanc ? Le graal que tu as vu, tu n'as pas demandé ni cherché à savoir quel homme riche on en servait. Il est bien malheureux celui qui voit une occasion la plus

2745 belle possible et attend encore une meilleure. C'est toi ce malheureux, quand tu as vu le moment et l'endroit où parler et que tu t'es tu ! Tu as eu largement le temps de le faire. Le riche roi qui souffre beaucoup aurait été entièrement guéri de sa plaie et aurait tenu sa terre, dont il ne tiendra jamais rien,

2750 en paix. Et sais-tu ce qui découlera du roi qui ne tiendra pas de terre et ne sera pas guéri de sa plaie ? Les dames en perdront leurs maris, les terres seront ravagées, les jeunes filles sans aide resteront orphelines et maints chevaliers mourront. Tous ces malheurs arriveront par toi ! »

2755 La jeune fille dit au roi : « Roi, je m'en vais, si cela ne vous ennuie pas, car il me faut prendre un logement pour cette nuit loin d'ici. Je ne sais pas si vous avez entendu parler du Château Orgueilleux car il me faut y aller ce soir. Dans ce château il y a cinq cent soixante-dix chevaliers de

2760 valeur et sachez qu'aucun n'est sans son amie, des femmes de bonne naissance, courtoises et belles. Je vous le signale pour la raison que quiconque y va ne peut manquer de trouver l'occasion d'une joute ou d'un combat. Qui veut accomplir des faits d'armes ne peut manquer d'en avoir s'il

2765 les recherche là ! Mais qui voudrait remporter la palme sur le monde entier ! Je sais véritablement le lieu et le coin de terre où on pourrait le mieux y parvenir s'il se trouvait quelqu'un d'assez audacieux pour cela. Sur l'éminence[1] qui est sous le Mont Esclaire[2] il y a une demoiselle assiégée : il

2770 aurait conquis un très grand honneur celui qui pourrait faire lever le siège et délivrer la demoiselle. Il recevrait

---

1. L'éminence : la hauteur, la colline.
2. Le Mont Esclaire : référence interne au récit.

toutes les louanges et pourrait ceindre en toute sécurité l'Épée aux Étranges Attaches[1] celui à qui Dieu donnerait une telle chance. »

La demoiselle alors se tut et partit sans en dire plus. 2775 Monseigneur Gauvain se lève d'un bond et dit qu'il fera son possible pour la secourir et qu'il ira. Guiflet, le fils de Do, dit à son tour qu'il ira, si Dieu l'aide, devant le Château Orgueilleux. « Et moi j'irai monter sur le Mont Douloureux, fait Kahédin, et je ne m'arrêterai pas avant d'y parvenir. » 2780 Perceval dit tout autre chose, qu'il ne dormira pas dans une maison deux nuits de toute sa vie, ni qu'il n'entendra parler d'un passage étrange sans qu'il n'aille l'emprunter, ni de chevalier qui vaille mieux que les autres et même que deux autres sans qu'il n'aille le combattre, jusqu'à ce qu'il sache à 2785 propos du graal qui l'on en sert, et qu'il ait trouvé la lance qui saigne et que toute la vérité lui soit dite pourquoi elle saigne. Pour aucune peine il ne renoncera à cela. Ils sont bien cinquante à s'être levés et ils jurent, se disent et se promettent l'un à l'autre qu'ils n'apprendront rien d'extraordinaire ou 2790 de risqué qu'ils ne partent à sa recherche même si cela se trouve en terre hostile.

Pendant qu'ils se préparaient dans toute la salle et s'équipaient, Guingambresil entre par la porte de la salle. Il portait un écu en or et sur l'écu une bande qui était 2795 d'azur. La bande occupait le tiers de l'écu selon une mesure et une proportion exactes. Guingambresil reconnut le roi et le salua comme il le devait, mais il ne salue pas Gauvain et au contraire l'accuse de trahison et dit : « Gauvain, tu as tué mon seigneur, et tu l'as fait sans l'avoir défié. Tu y 2800 recueilles honte, reproche et blâme, et je t'accuse de trahison. Que tous les barons sachent bien que je n'ai pas menti d'un seul mot. »

---

1. L'Épée aux Étranges Attaches : on ne peut expliquer en quoi consiste l'étrangeté ou le caractère merveilleux des courroies de l'épée, car il s'agit d'un objet irreprésentable dont l'appellation ne peut être traduite.

À ces paroles, monseigneur Gauvain bondit tout
2805 honteux, Agravain l'Orgueilleux, son frère, se lève
brusquement, le tire par le bras et lui dit : « Pour Dieu, cher
seigneur, ne déshonorez pas votre lignage ! De ce blâme et
de cet outrage dont ce chevalier vous couvre, je vous
défendrai, je vous le promets. » Et Gauvain lui dit : « Mon
2810 frère, aucun homme ne prendra ma défense à ma place et je
dois m'en défendre parce qu'il n'accuse que moi. Mais si
j'avais accompli un acte coupable envers ce chevalier et que
je le sache, très volontiers j'aurais recherché la paix et lui en
aurais acquitté une amende qui paraisse convenable à ses
2815 amis et aux miens. Mais s'il m'a insulté, je m'en défends et
lui tends mon gage, ici ou là où il lui plaira. »

L'autre dit qu'il le convaincra de trahison laide et basse
d'ici quarante jours devant le roi d'Escavalon, qui est plus
beau qu'Absalon[1] selon mon jugement et mon avis.

2820 « Ainsi, fait Gauvain, je te promets de te suivre sur le
champ et nous verrons là-bas qui aura le droit pour lui. »

Guingambresil s'en retourne aussitôt et Gauvain se
prépare pour le suivre sans tarder. Chacun lui présenta qui
un bon cheval, qui une bonne lance, qui un bon heaume ou
2825 une bonne épée, mais il ne voulut rien emporter d'autrui. Il
emmène sept écuyers avec lui, sept destriers et deux écus.
Avant même qu'il eût quitté la cour, s'élevèrent de grandes
lamentations, il y eut bien des poitrines frappées, bien des
cheveux arrachés, bien des visages égratignés. Il n'y a pas
2830 de dame si réservée soit-elle qui pour lui ne laisse éclater sa
douleur. Maints et maintes manifestent leur désespoir.

Et monseigneur Gauvain s'en va.

Des aventures qu'il rencontra vous allez m'entendre
parler très longuement.

---

1. **Absalon** : personnage biblique ; fils de David.

La laide demoiselle ou la cour dispersée

Repères

1. Avec la laide demoiselle qu'est-ce qui resurgit pour Perceval ?
2. Qu'est-ce qui s'enclenche dans cette scène, relançant un récit que l'on croyait terminé ?
3. Comment se fait le relais d'un héros (Perceval) à l'autre (Gauvain) ?

Observations

4. La description de la laideur : notez-en les éléments ; n'est-elle qu'une inversion de la beauté ?
5. Quelle semble être la principale mission de la demoiselle ? De qui la tient-elle ?
6. Alors qu'elle s'adresse au roi, que provoquent ses paroles ?
7. Quel deuxième coup de théâtre change à nouveau les données ? Pour qui ?
8. De la joie à la douleur : qu'est-ce qui suscite l'abattement de la cour ?

Interprétations

9. Une messagère étrange : comme la cousine de Perceval, la demoiselle est détentrice d'un savoir dont on ne connaît pas l'origine. Que signifie de plus sa monstruosité ? Quelle est la fonction d'un tel personnage ? Est-ce exactement la même que celle de la cousine ?
10. Perceval n'assume-t-il pas pour la première fois la malédiction dont il est l'enjeu ? Quelle décision cela suscite-t-il en lui ? Montrez comment il se désolidarise des autres chevaliers dont il venait à peine de rejoindre le cercle. Quelle image de héros se dessine alors ? Est-elle tout à fait nouvelle ?

11. L'accusation portée sur Gauvain : quelle valeur chevaleresque met-elle en cause ? Le droit et le tort sont-ils clairement établis ? En quoi un combat judiciaire apportera-t-il une preuve décisive ? Montrez comment, en tombant sous le coup d'une telle accusation, Gauvain rejoint d'une certaine manière la situation de Perceval.

DE LA LECTURE À L'ÉCRITURE

12. Beauté et laideur : récapitulez les personnages, lieux, objets qui appartiennent à l'une ou l'autre catégorie. Y a-t-il simple opposition ou une possible contamination de l'une par l'autre ?

Lumière du graal

Sorti des bras de Blanchefleur et de la possibilité qui lui était offerte, en acquérant « la femme et la terre », de devenir un seigneur, Perceval reçoit une magnifique hospitalité au château d'un pêcheur. Le maître-mot de la scène est « se merveiller » – « s'étonner » et « admirer » – devant tant de faste et d'abondance. Mais le principal spectacle n'est pas dans les tentures et dans les mets rares ou les vins précieux, il est dans le service mystérieux qui se déroule à côté, dans ce cortège qui passe et repasse, auréolé d'une lumière éclatante. Se rejoue pour le jeune homme l'éblouissement des premiers temps lorsqu'il découvrait les armes rutilantes des chevaliers, quelque chose de plus puissant pour lui que la blancheur d'un corps de femme. Mais au désir de s'emparer de ce qui brille se substitue cette fois – par un effet pervers de l'éducation reçue ? – le refoulement de la curiosité et des questions qui brûlent les lèvres. Perceval est devenu un homme poli, il n'est plus le rustre de naguère. Il a appris à différer. La tension entre le désir de savoir et la retenue du savoir-vivre s'évacue dans la nourriture. Perceval redevient le mangeur goulu et gourmand qu'il était. Le lecteur en reste là malgré les avertissements du narrateur qui s'entrelacent à la description d'une scène qui demeure énigmatique.

Se réveiller coupable

Au réveil solitaire succèdent les révélations d'une « pucelle » surgie de nulle part mais dans une attitude de piéta, un chevalier décapité dans ses bras. Image d'horreur sur laquelle passe le récit sans s'arrêter, car l'intérêt se focalise ailleurs, dans des paroles qui dévoilent un sens inattendu : le cortège n'était pas simple spectacle proposé à l'admiration mais provocation au questionnement. C'est la curiosité qui est positive : Perceval n'a-t-il pas rompu avec la forêt de l'enfance parce qu'il a interrogé les chevaliers ? Refouler son désir de savoir est négatif, pire, il est facteur de mort. La leçon de la cousine inverse celle du « prodome » : il faut être « noveliers », curieux et bavard. L'erreur prend une dimension insoupçonnée. Le riche pêcheur est un roi frappé d'impuissance : mutilé (dans un combat ?) « parmi les hanches » (dans ses parties sexuelles ?), il entraîne dans la stérilité et la mort tout un monde. Le pouvoir du questionnement est donc immense, il est facteur de vie. À la trajectoire individuelle du héros se lie soudain un destin collectif. La catastrophe de la « terre gaste » – c'est-à-dire l'arrêt des cycles naturels qui assurent la fécondité des plantes, des animaux et des hommes – concerne-t-elle cependant le seul monde de ce roi mystérieux, ou la famille du héros ? Un écho naît avec les révélations du début sur un père infirme, frappé de la même blessure, mourant au fond de la « gaste forêt » de la perte de ses fils. À une famille décimée s'oppose le surgissement d'une parenté ignorée, celle de cette cousine omnisciente. Famille et catastrophe universelle se nouent plus étrangement encore que les objets du cortège. Le secret du graal prend peu à peu la dimension d'un secret de famille.

Un appât à l'interprétation

Perceval le Gallois devient Perceval le « chaitis », le malchanceux, le réprouvé, l'homme frappé par le destin, coupable du « péchié de sa mère », c'est-à-dire de sa mort. Le texte semble clair sur ce point (l'ermite dira la même chose) mais certains critiques ont supposé que l'expression cachait un péché accompli par la mère (inceste ?) et expié par le fils. Ainsi J. Roubaud dans « Généalogie morale des Rois-Pêcheurs » (*Change* n° 16, p. 233) met en relation, pour conclure à la dissimulation d'une relation incestueuse, le fait que Perceval appartient à la famille du graal, tantôt par son père, tantôt par sa mère ; l'identification implicite du Roi-Pêcheur et du père de Perceval ; le flottement sur les positions respectives des différentes générations. Car tout, dans ce dispositif narratif ingénieux, est énigmatique, ambigu, lacunaire. L'épée offerte à Perceval en prélude au cortège du graal par une nièce du roi Pêcheur doit se briser. Quoique magnifique et exceptionnelle (elle est la dernière d'une série de trois), elle est dangereuse et inutile. Doit-on y voir l'ambivalence de l'adoubement et de la chevalerie ? La lance qui pleure des larmes de sang – et dont Gauvain partira en quête si c'est bien la même – ne s'accorde pas symboliquement aux deux plats de service qui suivent : graal et tailloir. Cette lance retient davantage l'attention de Perceval mais c'est du graal que l'on parle de plus en plus. L'ermite ne dira pas un mot de la première et fera du second un calice, mais un calice porté par une femme (?). Souvenirs des rites de fécondité et des cornes d'abondance païennes, ces emblèmes de l'ordre guerrier, éléments de liturgie chrétienne (la pêche/le poisson ne rappelle-t-elle pas l'épisode évangélique de la multiplication des poissons et des pains devenus l'hostie-corps du Christ ?), tout se combine, se noue et se dénoue, laissant le lecteur perplexe et à son tour fasciné par un sens constamment suggéré et résolument dérobé, dont la cohérence et la totalité restent obstinément cachées.

2835 Il voit d'abord passer une troupe de chevaliers parmi la lande et il demande à un écuyer qui venait tout seul derrière et menait de la main droite un cheval espagnol, un écu pendu à son cou :

« Écuyer, dis-moi, qui sont ceux qui passent ? »

2840 Lui répond : « Seigneur, c'est Méliant de Lis, un chevalier vaillant et hardi.

— Lui appartiens-tu ?

— Seigneur, moi non. Mon seigneur s'appelle Traé d'Anet, qui a autant de valeur.

2845 — Par ma foi, fait monseigneur Gauvain, je connais bien Traé d'Anet. Où va-t-il ? Ne me cachez rien !

— Seigneur, à un tournoi que Méliant de Lis a organisé contre Thibaut de Tintagel[1]. Et vous, vous irez, c'est sûr, d'après moi, dans le camp du château contre ceux de dehors.

2850 — Dieu, fait alors monseigneur Gauvain, Méliant de Lis n'a-t-il pas été élevé dans la maison de Thibaut ?

— Oui, seigneur, Dieu me sauve. Son père aima beaucoup Thibaut comme son homme lige[2]. Il lui fit tellement confiance que sur son lit de mort où il gisait il lui

2855 confia son fils, qui était petit, et Thibaut l'éleva et le protégea le plus honorablement qu'il put jusqu'au jour où celui-ci se mit à prier et requérir d'amour une de ses filles. Celle-ci lui dit qu'elle ne lui accorderait pas son amour avant qu'il soit chevalier. Lui qui désirait parvenir à ses fins,

2860 se fit alors adouber, puis se remit à la prier.

— C'est absolument impossible, fait la jeune fille, par ma foi, tant que vous n'aurez pas devant moi accompli tant de faits d'armes et de joutes à la mesure du prix de mon amour, car les choses que l'on a gratuitement ne sont pas

2865 aussi douces et savoureuses que celles que l'on paye.

---

1. **Tintagel** : nom du personnage ; peut-être y-a-t-il une référence à Tintagel, en Cornouailles.
2. **Homme lige** : vassal lié à son suzerain par le serment féodal. Voir introduction générale.

Organisez un tournoi contre mon père si vous voulez avoir mon amour, car je veux être absolument sûre que mon amour sera bien placé si je le place en vous.

— Comme elle l'avait dit, il organisa le tournoi, car Amour a un si grand pouvoir sur ceux qu'il possède qu'ils 2870 n'oseraient rien refuser de ce qu'il daigne leur commander. Et vous, vous seriez plus que paresseux si vous ne ralliez pas ceux du dedans, car ils auraient grand besoin de votre aide si vous vouliez la leur accorder. »

Gauvain lui dit : « Mon frère, va-t'en ! Suis ton seigneur, 2875 tu seras raisonnable et laisse ces propos. »

Aussitôt celui-ci est parti et Gauvain poursuit sa route. Il continue vers Tintagel car il ne pouvait passer ailleurs. Thibaut avait fait rassembler tous ses parents et ses cousins, et avait convoqué tous ses voisins. Ils étaient tous venus, 2880 qu'ils soient de haute ou de médiocre condition, jeunes ou vieux. Mais Thibaut n'avait pas trouvé dans son conseil privé le conseil de tournoyer contre son seigneur car ils avaient très peur qu'il ne veuille tout détruire. Il avait donc bien fait murer et enduire toutes les entrées du château, les 2885 portes avaient été bien murées sauf une petite poterne dont la porte n'était pas d'aulne[1] qu'ils avaient négligé de murer. La porte était faite pour durer toujours, fermée par une barre de cuivre. Il y avait sur la porte l'équivalent d'une charretée[2] de fer. Monseigneur Gauvain venait vers la porte 2890 avec tout son équipage car il lui fallait passer par là ou faire demi-tour : il n'y avait pas d'autre chemin ou d'autre route à sept grandes lieues. Quand il voit la poterne[3] fermée, il entre dans un pré devant la tour clôturé par des pieux. Il est descendu sous un charme et y a pendu ses écus. Les gens du 2895 château le voient. Parmi eux plusieurs étaient désespérés

---

1. **N'était pas d'aulne** : n'était pas en bois d'aulne.
2. **Une charretée** : le contenu d'une charrette.
3. **Poterne** : porte de derrière ou porte dérobée dans la muraille d'enceinte d'un château.

que le tournoi soit remis. Il y avait dans le château un vieux
vavasseur, très redouté et très sage, puissant en terres et en
lignage, et rien de ce qu'il pouvait dire, quelle qu'en fût
2900 l'issue, ne pouvait être mis en doute dans le château. Il avait
vu ceux qui venaient car ils lui avaient été montrés de loin
avant qu'ils n'entrent dans le pré clôturé. Il alla en parler à
Thibaut et lui dit : « Seigneur, que Dieu me sauve, j'ai vu, à
mon avis, des compagnons du roi Arthur, deux chevaliers
2905 qui viennent ici. Deux hommes vaillants tiennent une
grande place, si bien que même un seul vainc dans un
tournoi. Je conseillerais pour ma part que vous alliez avec
assurance à la rencontre de ce tournoi car vous avez de
bons chevaliers, de bons soldats et de bons archers qui
2910 tueront leurs chevaux. Et je sais bien qu'ils viendront
tournoyer devant cette porte. Si leur orgueil les y amène,
nous en aurons le gain et eux la perte et les dégâts. »
   Sur le conseil que celui-ci lui donna, Thibaut laissa tous ceux
qui le voudraient s'armer et sortir tout armés. Les chevaliers
2915 sont à l'instant pleins de joie, les écuyers courent prendre les
armes et les chevaux, mettent les selles, les dames et les jeune
filles vont s'asseoir aux endroits les plus élevés pour voir le
tournoi. Elles virent au-dessous d'elles sur le pré l'équipage de
monseigneur Gauvain. Elles pensèrent d'abord qu'il y avait
2920 deux chevaliers parce qu'elles voyaient deux écus qui étaient
suspendus au chêne. Elles disent qu'elles sont montées au bon
endroit et ont la chance d'être bien placées pour voir car elles
verront ces deux chevaliers s'armer devant elles. Ainsi parlaient
certaines mais il y en avait qui disaient : « Dieu, beau seigneur !
2925 Ce chevalier a tant d'équipage et tant de destriers qu'il y en
aurait assez pour deux et pourtant il n'a pas de compagnon
avec lui. Que fera-t-il de deux écus ? On n'a jamais vu de
chevalier qui portât deux écus ensemble. Cela paraît
extraordinaire si ce chevalier qui est seul porte ces deux écus. »
2930 Pendant qu'elles parlaient ainsi, les chevaliers sortaient et
la fille aînée de Thibaut qui avait fait organiser le tournoi
était montée en haut de la tour. Avec l'aînée il y avait la

cadette qui avait des manches[1] si coquettes qu'on l'appelait la Jeune Fille aux Petites Manches parce qu'elle les avait comme inscrites sur les bras. Avec les deux filles de Thibaut les dames et les jeunes filles sont toutes montées ensemble. Le tournoi se regroupe à l'instant devant le château. Mais personne n'avait si belle allure que Méliant de Lis, en témoignait son amie qui disait aux dames qui l'entouraient : 2935

« Dames, je ne sais pourquoi je vous mentirais, jamais ne me plut autant aucun chevalier que j'ai pu voir comme Méliant de Lis. N'est-il pas plaisant et agréable de voir un si beau chevalier ? Il doit bien être ferme sur son cheval et porter l'écu avec honneur celui qui sait se tenir avec tant d'élégance. » 2940

Sa sœur qui était à côté d'elle lui dit qu'il y en avait un plus beau. L'autre s'est mise très en colère et s'est dressée pour la frapper mais les dames la tirent en arrière, l'arrêtent et la retiennent si bien qu'elle ne l'a pas touchée. Cela la contraria beaucoup. 2945

Le tournoi commence : bien des lances sont brisées, bien des coups d'épée échangés et bien des chevaliers abattus. Mais sachez qu'il coûte cher de se mesurer à Méliant de Lis car personne ne tient devant sa lance à qui il ne fait mordre la poussière. Et si sa lance se brise, il s'emploie à donner de grands coups d'épée. Il se bat mieux que tous ceux des deux camps. Son amie en éprouve une si grande joie qu'elle ne peut se retenir de dire : 2950

2955

« Dames, quel spectacle extraordinaire ! Jamais vous n'en avez vu de pareil ni entendu parler. Voyez le meilleur jeune chevalier que vous n'avez jamais vu, il est beau et le mieux fait de tous ceux qui sont au tournoi. » La petite dit : « Je crois que j'en vois un plus beau, peut-être. » 2960

L'autre aussitôt fonce sur elle et lui dit, enflammée et bouillante de colère : « Garce[2], avez-vous eu la hardiesse

---

1. **Manches** : manches dont la particularité était d'être amovibles ; les élégants les cousaient plus ou moins étroitement et au dernier moment. Voir note 1 page 156.
2. **Garce** : féminin de « gars, garçon » ; terme d'injure ou d'insulte.

2965 pour votre malheur de blâmer une créature que j'avais
louée ? Attrapez cette gifle et faites gaffe une autre fois. »
Elle la frappe alors si fort qu'elle lui a imprimé sur le visage
la marque des doigts. Les dames qui sont à côté la
réprimandent et la lui enlèvent.

2970 Ensuite elles se remettent à parler entre elles de
monseigneur Gauvain :

« Dieu, fait une demoiselle, ce chevalier dessous le
charme[1], qu'attend-il pour s'armer ? »

Une autre plus vive dit : « Il a juré la paix. »

2975 Une autre dit à sa suite :

« C'est un marchand, ne dites plus qu'il doit s'intéresser
au tournoi. Il mène tous ces chevaux pour les vendre.

— C'est un changeur[2], fait la quatrième, il n'a pas envie
de se séparer des armes qu'il a avec lui pour les donner
2980 aujourd'hui aux pauvres chevaliers. Ne croyez pas que je
vous mente, c'est de l'argent et de la vaisselle qu'il a dans
ces sacs et ces malles.

— Vous êtes des mauvaises langues, fait la petite, et vous
avez tort. Croyez-vous qu'un marchand porte des lances
2985 aussi grosses que lui ? Pour sûr, vous m'avez tuée de dire de
telles diableries. Foi que je dois au Saint-Esprit, il ressemble
plus à un jouteur qu'à un marchand ou un changeur. C'est
un chevalier, il me semble. »

Toutes les dames ensemble lui disent : « Belle amie, s'il y
2990 ressemble, il ne l'est pas. Mais il se fait passer pour tel parce
qu'il pense ainsi voler les impôts douaniers et les péages. Il
est fou même s'il croit être avisé car, à cause de cette
tactique, il sera pris comme un voleur dans une région
étrangère, convaincu de vol misérable et insensé, et il aura
2995 la corde au cou. »

---

1. **Le charme** : un arbre.
2. **Un changeur** : celui qui effectue des opérations de change entre des
monnaies ou des valeurs équivalentes. Voir page 164 lignes 3391 et 3392.

Monseigneur Gauvain entend clairement ces répliques et ce que les dames disent de lui. Il en éprouve de la honte et de la contrariété, mais il pense, avec raison, qu'étant accusé de trahison, il faut qu'il aille s'en défendre et que, s'il ne se présentait pas au combat comme il l'a juré, il serait lui 3000 d'abord couvert de honte et ensuite tout son lignage. Et comme il craint d'être blessé ou pris, il ne s'est pas mêlé du tournoi. Pourtant il en a grande envie car il voit le tournoi augmenter sans cesse en force et valeur. Méliant de Lis demande de grosses lances pour mieux frapper. Toute la 3005 journée jusqu'au crépuscule le tournoi se déroula devant la porte. Celui qui a emporté du gain l'emporte là où il le croit le plus en sécurité. Les dames voient un écuyer très grand et chauve qui tenait un tronçon[1] de lance et qui portait à son cou une têtière[2]. Une des dames le traite aussitôt de nigaud 3010 et de fou et lui dit :

« Maître écuyer, Dieu m'aide, vous êtes un fou complet de tirer au milieu de cette presse ces fers de lances et ces têtières, ces tronçons de lances et ces croupières[3], vous vous faites malmener. Celui qui se jette là-dedans, il ne s'aime pas ! Je 3015 vois ici tout près de vous dans ce pré en dessous de nous des biens sans garde et sans défense. Il est fou celui qui ne pense pas à son profit quand il le peut. Voyez donc le plus doux chevalier jamais né ! Même si on lui plumait la moustache il ne bougerait pas. Ne méprisez donc pas le profit ! Prenez au 3020 contraire tout l'équipement et tout le bien, vous agirez sagement, car personne ne vous le disputera. »

Aussitôt celui-ci entre dans le pré, frappe un cheval de son tronçon et dit : « Vassal[4], n'êtes-vous ni en bonne forme ni en bonne santé que vous avez fait le guet toute la 3025

---

1. **Un tronçon** : un morceau.
2. **Une têtière** : une pièce d'armure couvrant la tête du cheval.
3. **Croupières** : longes de cuir que l'on passe sous la queue du cheval.
4. **Vassal** : en termes d'adresse, le mot comporte une nuance d'insolence ou de mépris. On en a plusieurs exemples dans la suite du texte.

journée sans rien faire d'autre, ni trouer un écu, ni briser une lance ?

— Dis donc, fait-il, de quoi tu te mêles ? La raison pour laquelle c'est ainsi, peut-être l'apprendras-tu un jour, mais
3030 par ma tête ce n'est pas le moment, je n'ai pas envie de te le dire. File d'ici, suis ton chemin et occupe-toi de tes affaires ! »

Celui-ci s'éloigne aussitôt de lui car il n'était pas homme à faire quelque chose qui contrariât le chevalier. Le tournoi
3035 s'arrête. Il y eut bien des chevaliers faits prisonniers et des chevaux tués. Ceux du dehors en ont eu le prix mais ceux du dedans y gagnèrent aussi, et au moment de se séparer ils convinrent de se retrouver le lendemain dans le champ et de reprendre le tournoi. Ils se séparent ainsi pour la nuit et
3040 tous ceux qui en sont issus rentrent au château.

Monseigneur Gauvain y fut aussi, il y entra après la troupe. Il trouva devant la porte le gentilhomme, le vavasseur, qui avait conseillé à son seigneur de commencer le tournoi. Celui-ci le pria de loger chez lui très aimablement et
3045 poliment et dit :

« Cher seigneur, dans cette cité votre gîte est tout prêt. S'il vous plaît, arrêtez-vous ici dès maintenant, car si vous alliez plus avant vous n'auriez pas d'aujourd'hui un aussi bon hôtel. C'est pourquoi je vous prie de rester.

3050 — Je resterai et vous en remercie, cher seigneur, fait monseigneur Gauvain, car j'ai entendu bien pire ! »

Le vavasseur l'emmène dans sa demeure, en parlant de choses et d'autres. Il lui demande à quoi était dû le fait qu'il
3055 n'avait pas ce jour porté d'armes au tournoi avec eux. Celui-ci lui dit toute la raison : qu'on l'accuse de trahison et qu'il doit se garder d'être fait prisonnier et d'être blessé jusqu'à ce qu'il puisse se défaire du blâme dont on l'accable. Lui et ses amis, en effet, pourraient être
3060 déshonorés s'il tardait et ne pouvait venir à l'heure au combat pour lequel il s'est engagé. Le vavasseur le prit en grande estime et lui dit qu'il s'accordait à lui : s'il avait

renoncé au tournoi pour cela, il avait eu bien raison. Le vavasseur l'emmène ainsi dans sa maison et ils mettent pied à terre. 3065

Les gens de la cour, de leur côté, s'occupent à accuser durement Gauvain et discutent beaucoup sur la manière dont le seigneur ira le prendre. La fille aînée déploie tous les efforts qu'elle peut et trouve à cause de sa sœur qu'elle déteste :

« Seigneur, fait-elle, je sais bien que vous n'avez rien 3070 perdu aujourd'hui mais je crois que vous avez gagné beaucoup plus que vous ne savez, je vais vous dire comment. Vous agiriez dans votre intérêt en donnant seulement l'ordre d'aller le prendre. Celui qui l'a amené dans cette ville n'osera pas le défendre. Il se comporte en 3075 perfide trompeur, il fait porter des écus et des lances, mener des destriers et il vole ainsi les impôts douaniers parce qu'il ressemble à un chevalier. De cette manière il en est exempt alors qu'il voyage pour sa marchandise. Maintenant, rendez-lui-en le salaire. Il est chez Garin, le fils de Berthe, 3080 dans sa maison où il l'a hébergé. Il est passé par ici tout à l'heure et j'ai vu qu'il l'emmenait. »

Ainsi celle-ci déployait tous ses efforts pour le déshonorer. Le seigneur monte à cheval aussitôt car il veut y aller lui-même. Il se dirige tout droit vers la maison où 3085 était monseigneur Gauvain. Quand sa cadette voit qu'il part ainsi, elle sort par la porte de derrière, car elle fait attention à ne pas être vue, et elle se dirige tout droit vers la maison de monseigneur Gauvain, chez maître Garin, le fils de Berthe qui avait deux filles très belles. Quand les jeunes 3090 filles virent venir leur petite maîtresse elles l'accueillirent avec joie comme il convient et sans hypocrisie. Chacune la prend par la main et l'emmène en lui embrassant les yeux et la bouche. Mais maître Garin, qui n'était ni pauvre ni lâche, était remonté à cheval, en compagnie de son fils, et 3095 tous deux s'en allaient à la cour comme ils en avaient l'habitude car ils voulaient parler à leur seigneur. Ils rencontrent au milieu de la rue, le vavasseur le salue et lui

demande où il allait. Celui-ci lui dit qu'il voulait aller se
3100 détendre dans sa maison.

« Par ma foi, cela ne doit pas me faire tort, fait Garin, ni
me déplaire, et vous pourrez y voir le plus beau chevalier de
la terre.

— Par ma foi, ce n'est pas cela que je vais rechercher, fait
3105 le seigneur, mais au contraire je vais le faire prisonnier.
C'est un marchand, il emmène des chevaux à vendre et se
fait passer pour chevalier.

— Oh, voilà un vilain propos que je vous entends tenir, fait
Garin. Je suis votre homme et vous êtes mon seigneur, mais
3110 je vous rends ici mon hommage. Je vous défie en mon nom
et celui de tout mon lignage ici et à l'instant plutôt que de
supporter une conduite si contraire aux règles de votre part.

— Mais là n'est pas mon intention, Dieu m'aide, fait le
seigneur, et votre maison sera toujours honorée par moi,
3115 non pas que, je vous le jure, on ne m'ait bien conseillé et
pressé de faire cela.

— Grand merci, fait le vavasseur, je suis très honoré que
vous veniez voir mon hôte. »

Ils cheminent côte à côte aussitôt et s'en vont jusqu'à la
3120 maison où était monseigneur Gauvain. Quand monseigneur
Gauvain les voit, lui qui était très bien éduqué, il se lève et dit :
« Soyez les bienvenus ! » Ils le saluent tous deux et s'assoient
à côté de lui. Alors le gentilhomme qui était le seigneur du
pays lui a demandé pourquoi il était resté tout le jour, puisqu'il
3125 était venu au tournoi, sans tournoyer. Et lui n'a pas nié qu'il
n'y eût là quelque chose de méprisable et de honteux mais
toutefois il lui raconte ensuite qu'un chevalier l'accusait de
trahison et qu'il partait se défendre devant une cour royale.

« Vous aviez une raison loyale, fait le seigneur, sans
3130 aucun doute. Mais où se tiendra ce combat ?

— Seigneur, fait-il, je dois aller devant le roi d'Escavalon
et j'y vais tout droit, je crois.

— Je vous donnerai une escorte, fait le seigneur, qui vous
guidera. Et comme il vous faudra traverser bien des terres

pauvres, je vous donnerai des provisions à emporter et des 3135
chevaux qui les porteront. »

Monseigneur Gauvain répond qu'il n'a nul besoin d'en
prendre et que si l'on peut en trouver à vendre, il en aura en
quantité, ainsi que de bons gîtes où qu'il aille, et tout ce
dont il aura besoin. C'est pourquoi il ne lui demande rien 3140
de ses biens. Sur ces mots le seigneur le quitte, mais en
partant il vit de l'autre côté venir sa cadette qui aussitôt
enlaça monseigneur Gauvain par la jambe et dit : « Beau
seigneur, écoutez ma demande. Je suis venue me plaindre
auprès de vous de ma sœur qui m'a battue. Rendez m'en 3145
justice, s'il vous plaît. » Monseigneur Gauvain se tait, car il
ne comprenait pas ce qu'elle disait, mais il lui a mis la main
sur sa tête. La demoiselle le tire et lui dit :

« C'est à vous que je parle, cher seigneur, c'est à vous que
je me plains de ma sœur que je n'aime pas du tout et qui, à 3150
cause de vous, m'a procuré aujourd'hui une grande honte.

— En quoi cela me concerne-t-il, belle ? fait-il. Quel droit
puis-je vous en rendre ? »

Le gentilhomme qui avait pris congé entendit ce que sa
fille demandait, il dit : 3155

« Ma fille, qui vous demande de venir vous plaindre aux
chevaliers ? »

Gauvain dit : « Beau cher seigneur, c'est donc votre fille ?

— Oui, mais ne vous souciez pas de ce qu'elle dit. C'est
une enfant, une créature naïve et sans raison. 3160

— Certes, fait monseigneur Gauvain, je serais bien
grossier si je ne faisais pas ce qu'elle voulait. Dites-moi,
toutefois, ma douce et aimable enfant, quelle justice
pourrais-je vous rendre contre votre sœur et comment ?

— Seigneur, demain seulement, s'il vous plaît, pour 3165
l'amour de moi, vous porterez les armes au tournoi.

— Dites-moi donc, ma chère amie, si vous avez déjà prié
un chevalier de vous aider.

— Non, mon seigneur.

3170   — Ne vous occupez pas, dit le père, de ce qu'elle dit, ne prêtez pas attention à ses balivernes. »

Monseigneur Gauvain lui dit :

« Seigneur, que Dieu m'aide, quelle jolie expression enfantine pour une fillette si jeune ! Je ne lui refuserai pas 3175 sa demande et puisque cela lui plaît, je serai demain pour un moment son chevalier.

— Merci à vous, très cher seigneur ! » fait celle-ci qui en ressent une telle joie qu'elle s'est inclinée à ses pieds.

Ils partent alors sans parler davantage. Le seigneur 3180 emporte sa fille sur le col de son palefroi. Il lui demande pour quelle raison cette dispute s'est élevée. Elle lui a bien raconté la vérité en détail. Elle dit :

« Seigneur, j'en avais assez de ma sœur qui affirmait que Méliant de Lis était le meilleur et le plus beau de tous. J'avais 3185 vu là en dessous dans le pré ce chevalier et je ne pus m'empêcher de rétorquer contre elle que j'avais vu un plus beau chevalier que lui. Pour cela ma sœur m'a traitée de folle garce et m'a tiré les cheveux. Maudit soit à qui ça plaît ! Je me laisserais couper les deux tresses jusqu'à la nuque et ainsi 3190 m'enlaidir à condition que demain en plein jour ce chevalier au milieu de la bataille abatte Méliant de Lis. Alors seraient terminées les exclamations que ma dame ma sœur en fait. Elle en a tenu aujourd'hui de grands discours qui ont ennuyé toutes les dames. Mais petite pluie abat grand vent.

3195   — Ma chère fille, fait le gentilhomme, je vous demande et vous accorde, parce que ce sera une conduite courtoise, que vous lui envoyiez un gage d'amour, une manche ou une guimpe[1]. »

---

1. **Guimpe :** la guimpe est une pièce de tissu – voile ou foulard de soie ou de toile blanche – dont les femmes couvraient leurs cheveux et une partie du visage. Elle pouvait, du moins dans les romans, être portée par le chevalier en signe de reconnaissance et d'amour pour une dame. Les manches pouvaient aussi constituer des pièces de tissu qui devenaient des gages amoureux.

Et elle dit, elle qui était sans calcul :

« Très volontiers, puisque vous le dites, mais mes 3200
manches sont si petites que je n'oserais pas les lui envoyer.
Peut-être que si je le faisais, il ne leur accorderait aucune
valeur.

— Ma fille, j'y réfléchirai, dit le père. Taisez-vous
maintenant, car j'en ai en quantité. »   3205

Tout en parlant il l'emporte entre ses bras, et il éprouve
un grand plaisir de la tenir ainsi dans ses bras jusqu'à ce
qu'il arrive devant son palais. Et quand l'autre fille le voit
venir en tenant sa sœur devant lui, elle éprouve dans son
cœur de la contrariété et dit :   3210

« Seigneur, d'où vient ma sœur, la Jeune Fille aux Petites
Manches ? Elle est bien experte en tours et en ruses, elle s'y
est déjà bien exercée ! Seigneur, d'où l'avez-vous ramenée ?

— Et vous, fait-il, qu'en avez-vous à faire ? Vous devriez
bien vous taire à ce sujet car elle vaut mieux que vous. Vous 3215
lui avez tiré ses tresses et vous l'avez battue, ce dont je suis
très mécontent. Vous n'avez pas agi courtoisement. »

Et elle fut très déconfite de cette raillerie et de cette
réprimande de son père. Celui-ci fait tirer d'un coffre à lui
une étoffe de satin vermeil, il en a fait tailler et faire une 3220
manche très longue et large. Il l'a donnée à sa fille en lui
disant : « Ma fille, levez-vous demain matin et allez voir le
chevalier avant qu'il parte. Vous lui donnerez par amour
cette manche neuve. Il la portera quand il ira au tournoi. »
Et elle répond à son père que, dès qu'elle verra l'aube claire, 3225
elle voudra être réveillée, levée et habillée. Son père la quitte
sur ces mots et elle qui est toute joyeuse crie à toutes ses
compagnes qu'elles ne la laissent pas dormir longuement le
lendemain matin, mais se dépêchent de la réveiller
lorsqu'elles verront le jour si elles veulent avoir son amitié. 3230
Celles-ci agissent parfaitement bien, car le lendemain dès
qu'elles virent apparaître l'aube, elles la firent se lever et se
vêtir. La jeune fille se leva de grand matin et partit toute
seule à la maison où logeait monseigneur Gauvain. Mais

3235 elle n'y alla pas si tôt qu'ils ne fussent tous levés et partis à l'église pour entendre chanter la messe. La demoiselle est restée chez le vavasseur tout le temps où ils prièrent et entendirent ce qu'ils devaient. Quand ils furent revenus de l'église, la jeune fille bondit à la rencontre de monseigneur
3240 Gauvain et dit :

« Dieu vous sauve et vous accorde de l'honneur ce jour ! Portez en l'amour de moi cette manche que je tiens là.

— Volontiers, je vous remercie, amie, fait monseigneur Gauvain. »

3245 Ensuite les chevaliers ne tardent pas à s'armer. Une fois armés ils se rassemblent en dehors de la ville et les demoiselles sont à nouveau montées en haut des murs avec toutes les dames du château. Elles virent approcher les troupes de chevaliers forts et hardis. Devant tous les autres
3250 Méliant de Lis se lance sur le rang à bride abattue en laissant ses compagnons bien loin à deux arpents[1] et demi. Quand l'aînée voit son ami, elle ne peut retenir sa langue mais dit : « Dames, voyez venir celui qui possède la gloire et le prix de la chevalerie. »

3255 Monseigneur Gauvain s'élance de toute la vitesse de son cheval vers celui qui ne le craint pas et brise sa lance en morceaux. Monseigneur Gauvain le frappe à son tour au point de lui causer des ennuis car il l'abat à terre, met la main sur son cheval, le prend par la bride et le donne à un
3260 écuyer à qui il dit d'aller sans faute auprès de celle pour qui il tournoie et de lui dire qu'il lui envoie le premier trophée qu'il a fait ce jour et qu'il veut qu'elle ait.

L'écuyer mène le cheval avec sa selle à la jeune fille qui de la tour et d'une fenêtre où elle était a bien vu tomber maître
3265 Méliant de Lis. Elle dit : « Ma sœur, vous pouvez bien voir Méliant de Lis à terre, lui que vous vantiez tant. Celui qui sait,

---

1. **Deux arpents** : ancienne mesure ; un arpent correspond à une surface située entre 20 et 50 ares.

peut, à bon droit, vanter ! Aujourd'hui apparaît ce que j'ai dit
hier, on voit bien maintenant qu'il y en a un qui vaut mieux. »

De cette manière elle contrarie exprès sa sœur, jusqu'à la
mettre hors d'elle. Celle-ci lui dit :   3270

« Garce, tais-toi ! Si je t'entends en dire encore un mot,
j'irai te donner une telle gifle que tu ne pourras tenir sur tes
jambes.

— Ah, ma sœur, qu'il vous souvienne de Dieu, fait la
petite demoiselle, vous ne devez pas me battre si j'ai dit la   3275
vérité. Par ma foi, je le vis bien abattre, et vous comme moi,
et il me semble qu'il n'a pas encore la force de se relever. Et
devriez-vous en crever, je dirais quand même qu'il n'y a pas
de dame ici qui ne le voie agiter les jambes et rester allongé
de tout son long. »   3280

L'autre lui aurait bien donné une gifle si on l'avait laissé
faire. Mais les dames qui les entouraient l'empêchèrent de
frapper. Elles voient alors venir l'écuyer qui menait le
cheval de la main droite. Il trouve la jeune fille assise à la
fenêtre et le lui présente. Celle-ci l'en remercie plus de   3285
soixante fois, et fait prendre le cheval. L'écuyer part porter
les remerciements à son seigneur qui semblait être le maître
absolu du tournoi car il n'y avait chevalier si élégant à qui
il ne fasse vider les étriers s'il l'attaquait à la lance. Jamais
il ne fut si désireux de gagner des destriers. Ce jour il en a   3290
offert quatre en présents qu'il a gagnés de sa main. Le
premier il l'offrit à la petite demoiselle, avec l'autre il
s'acquitta envers la femme du vavasseur qui en fut très
contente, une de ses deux filles eut le troisième et l'autre eut
à son tour le quatrième.   3295

Le tournoi se sépare et monseigneur Gauvain entre par la
porte en emportant le prix des deux côtés. Il n'était pas
encore midi quand il a quitté la bataille. Au retour
monseigneur Gauvain eut après lui une si grande foule de
chevaliers que toute la cité en était remplie, car tous ceux   3300
qui le suivaient voulaient demander et apprendre qui il était
et de quel pays. Il a alors rencontré la jeune fille juste à la

porte de sa demeure et elle ne fit rien d'autre que de le
prendre aussitôt par l'étrier, de le saluer et de lui dire :
3305 « Cinq cents mercis, beau et très doux seigneur ! » Il sut ce
qu'elle voulait dire et il lui répondit en homme noble :

« Je serai un vieil homme aux cheveux blancs avant de
cesser de vous servir, amie, où que je sois. Je ne serai jamais
si loin de vous que, si je sais que vous avez besoin de moi,
3310 aucun empêchement ne me retienne d'accourir au premier
message.

— Grand merci, fait la demoiselle. »

Ainsi bavardent-ils entre eux quand son père survint qui
cherche de tout son pouvoir à faire rester Gauvain pour la
3315 nuit et à l'héberger chez lui. Mais auparavant il lui
demande instamment, s'il lui plaît, de lui dire son nom.
Monseigneur Gauvain refuse de rester mais il lui dit :
« Seigneur, je m'appelle Gauvain. Jamais mon nom ne fut
caché là où on me l'a demandé, et je ne l'ai jamais dit sans
3320 qu'on me le demande d'abord. »

Quand le seigneur a entendu qu'il s'agissait de
monseigneur Gauvain, son cœur fut rempli de joie et il dit :
« Seigneur, restez donc. Acceptez aujourd'hui mon service
car je ne vous ai jamais servi en rien et jamais de ma vie je
3325 n'ai vu de chevalier, je peux vous le jurer, que j'aurais voulu
honorer autant. » Il le pria beaucoup de rester et
monseigneur Gauvain a refusé d'accéder à toutes ses prières.
La petite demoiselle qui n'est ni stupide ni méchante prend
son pied et le baise en le recommandant au seigneur Dieu.
3330 Monseigneur Gauvain demande ce qu'elle avait dans la tête
par ce geste, elle lui a répondu qu'elle lui a baisé le pied dans
l'intention qu'il la garde dans sa mémoire où qu'il aille. Il lui
dit : « Ne craignez pas, Dieu me soit en aide, belle amie, que
je vous oublie jamais quand je partirai d'ici. »
3335 Alors il s'en va et prend congé de son hôte et des autres.
Il les recommande tous à Dieu.

Errance de Gauvain

Étape I : Tintagel

Repères

1. Comment cet épisode est-il relié au précédent ?
2. Montrez les changements de ton par rapport à ce qui précède.
3. Pourquoi Gauvain a-t-il quitté la cour d'Arthur ? Est-ce déterminant dans le déroulement de l'épisode ?

Observations

4. Comment apparaissent les personnages féminins ? Est-ce nouveau dans le roman ?
5. Analysez le dialogue qui s'engage entre les dames. Pourquoi Gauvain attire-t-il leur attention ?
6. Le lecteur sait-il pourquoi Gauvain ne combat pas ? Quelle fonction a son dialogue avec le vavasseur ?
7. Comment s'amplifie le quiproquo ?
8. Qui pousse finalement Gauvain au combat ?
9. Quel rôle joue la fillette ? Que permet-elle ?
10. Comment la séquence se clôt-elle ?

Interprétations

11. Gauvain moqué : dans plusieurs romans du XIIIᵉ siècle Gauvain devient un personnage abusé ou dérisoire, voire déshonoré, une sorte d'antihéros. Comment Chrétien inaugure-t-il ce traitement du personnage ? Va-t-il jusqu'au bout de ce qui serait une déconstruction ? Le lecteur peut-il être dupe ? Comment interpréter ce choix au moment où Gauvain devient le personnage principal ?

12. Le tournoi est un spectacle sportif : en quoi cet aspect est-il bien exploité ? Montrez comment Chrétien pousse au maximum la logique ludique du tournoi. Quel est cependant l'enjeu de celui-ci ? Quelle représentation des relations entre hommes et femmes est donnée dans cette séquence ? Est-elle conforme à la « courtoisie » ?

DE LA LECTURE À L'ÉCRITURE

13. En choisissant un dialogue de la première partie (par exemple celui de Perceval et des chevaliers ou de Perceval avec sa cousine...) et en le comparant à celui des sœurs, essayez de préciser ce que l'on peut entendre comme l'art du dialogue chez Chrétien de Troyes.

Monseigneur Gauvain cette nuit-là dormit dans un prieuré[1] où il eut ce qu'il lui fallait. Le lendemain de bon matin il chevauchait sur son chemin quand il vit en passant des biches qui paissaient à la lisière d'une forêt. Il dit de 3340 s'arrêter à un écuyer qui conduisait un de ses chevaux, le meilleur, et tenait une lance très solide et robuste. Il lui dit de lui apporter la lance et de sangler le cheval, celui qu'il mène en le tenant par la droite. Et l'écuyer, sans tarder, lui a donné le cheval et la lance. Gauvain se tourne du côté des 3345 biches et à force de détours et de ruses il a entrepris une blanche près d'un buisson de ronces et lui a mis sa lance en travers du cou. La biche bondit comme un cerf, elle lui échappe, il la poursuit et la chasse tant qu'il aurait été bien près de la retenir et de l'arrêter si son cheval n'avait perdu 3350 un fer tout net d'un des pieds avant. Monseigneur Gauvain se remet en route après son équipage car il sent que son cheval faiblit sous lui, cela le contrarie beaucoup, il ne sait pas ce qui le fait boiter, si un tronçon de bois ne lui a pas frappé le pied. Il appela Ivonet, il lui demande de mettre 3355 pied à terre et d'examiner son cheval qui boitait beaucoup. Celui-ci obéit à ses ordres, soulève le pied et s'aperçoit qu'il lui manque un fer. Il dit : « Seigneur, il faut le ferrer, on ne peut qu'aller tout doucement jusqu'à ce que l'on trouve un forgeron qui puisse le referrer. » 3360

Ils avancent jusqu'au moment où ils virent des gens sortir d'un château et avancer le long d'une chaussée. En tête il y avait des gens court-vêtus, des valets à pied qui menaient des chiens. À la suite venaient des veneurs[2] qui portaient des pieux acérés, et ensuite je ne sais combien d'archers qui 3365 portaient des arcs et des flèches. Derrière venaient des chevaliers et après tous les chevaliers il en vinrent deux sur leurs destriers dont l'un était un jeune homme le plus beau

---

1. **Un prieuré** : un couvent.
2. **Des veneurs** : ceux qui s'occupent des chasses à courre des seigneurs.

de tous. Celui-ci seul salua monseigneur Gauvain et le prit
3370 par la rêne en lui disant : « Seigneur, je vous retiens. Allez là
d'où je viens, descendez dans mes demeures. Il est temps
aujourd'hui d'être hébergé, si cela vous convient. J'ai une
sœur très courtoise qui vous accueillera avec joie, et celui-ci,
seigneur, vous y conduira, que vous voyez à mes côtés. »
3375 Alors il dit : « Allez ! Je vous envoie beau compagnon avec
ce seigneur, menez-le auprès de ma sœur. Saluez-la d'abord
et dites-lui que je lui demande au nom de l'amour et de la
confiance qui doivent être entre elle et moi, si jamais elle
aima un chevalier, d'aimer et de tenir cher celui-ci. Qu'elle le
3380 traite comme moi qui suis son frère. Qu'elle lui procure
agrément et compagnie tels qu'il ne s'en plaigne pas, jusqu'à
ce que nous soyons revenus. Quand elle l'aura retenu avec
elle gentiment, rattrapez-nous en vitesse car je voudrais
revenir pour lui tenir compagnie le plus tôt que je pourrai. »
3385   Le chevalier part donc pour conduire monseigneur Gauvain
là où tous le haïssent à mort, mais il n'y était pas connu car
personne ne l'avait jamais vu et lui ne pense pas devoir
prendre garde. Il regarde le site de la place forte qui s'élevait
sur un bras de mer, il voit les murs et la tour si solides qu'ils ne
3390 craignaient quiconque. Il contemple toute la ville peuplée
d'une belle population, les comptoirs des changeurs couverts
d'or, d'argent et de monnaie, il voit les places et les rues toutes
pleines de bons ouvriers qui faisaient divers métiers selon
toute la gamme des métiers. L'un fait des heaumes, l'autre des
3395 hauberts, celui-ci des selles, celui-là des blasons, et ceux-ci
fourbissent[1] les épées. Les uns foulent[2] les draps, les autres les
tissent, ceux-là les peignent, ceux-ci les tondent. Les autres
fondent et forgent de l'argent, ceux-ci façonnent de beaux
objets précieux, coupes, hanaps[3], écuelles, des vases en émail

---

1. **Fourbissent** : nettoient, polissent.
2. **Foulent** : pressent en appuyant à plusieurs reprises avec les mains ou les
pieds pour donner de l'épaisseur et du mœlleux au tissu.
3. **Hanaps** : vases à boire en métal munis d'un pied et d'un couvercle.

noir, anneaux, ceintures et fermoirs. On aurait bien pu penser 3400
et croire qu'il y avait tous les jours foire dans une ville qui était
pleine de tant de biens, cire, poivre, graines, fourrures de vair
et de gris[1] et toutes sortes de marchandises. Ils regardent
toutes ces choses et s'attachent à une chose ou une autre. Ils
ont cheminé jusqu'à la tour. Les écuyers surgissent et prennent 3405
les chevaux et le reste de l'équipage. Le chevalier entre dans la
tour seul avec monseigneur Gauvain, il l'emmène par la main
jusqu'à la chambre de la jeune fille, à qui il dit : « Chère amie,
votre frère vous envoie son salut et vous demande d'honorer
et de servir ce seigneur. Ne le faites pas malgré vous mais de 3410
bon cœur, comme si vous étiez sa sœur et qu'il soit votre frère.
N'épargnez rien pour répondre à ses désirs, soyez sage, noble
et généreuse. Pensez-y car je m'en vais, il me faut les rejoindre
dans la forêt. » Celle-ci a dit, pleine de joie : « Béni soit celui
qui m'envoya une compagnie telle que celle-ci ! Qui me prête 3415
un si beau compagnon ne me hait pas, qu'il en soit remercié.
Beau seigneur, venez donc vous asseoir ici, fait la jeune fille, à
côté de moi. parce que je vous vois beau et noble, et pour mon
frère qui m'en prie, je vous ferai bonne compagnie. »

Aussitôt le chevalier repart sans s'attarder. Monseigneur 3420
Gauvain reste, il ne s'en plaint pas, car il est seul avec la
jeune fille qui était très courtoise, belle et si bien élevée
qu'elle ne pense pas être surveillée secrètement parce qu'elle
est seule avec lui. Ils parlent tous deux d'amour car s'ils
avaient parlé d'autres choses ils auraient perdu leur temps. 3425
Monseigneur Gauvain la requiert et la prie d'amour et dit
qu'il sera son chevalier toute sa vie. Et elle ne le refuse pas
mais au contraire le lui accorde très volontiers. À ce
moment un vavasseur entra, qui leur nuisit beaucoup, car il
reconnut monseigneur Gauvain. Il les trouva en train de 3430
s'embrasser et de mener grande joie. Dès qu'il vit cette joie

---

1. **De vair et de gris** : désignent les couleurs des fourrures. « Vair », qui vient
du latin *varius*, renvoie à une couleur mi-partie blanche et grise.

il ne put se taire mais s'écria de toutes ses forces : « Femme, déshonorée sois-tu ! Que Dieu te détruise et confonde, car l'homme que tu devrais le plus haïr du monde entier, tu le
3435 laisses prendre du plaisir avec toi, il t'embrasse et te serre dans ses bras ! Femme misérable et folle, tu agis bien selon ta nature. Avec tes mains tu aurais dû lui tirer le cœur du ventre plutôt qu'avec ta bouche. Si ton baiser l'atteint au cœur, il lui arrache le cœur de la poitrine, mais tu aurais bien mieux fait
3440 de le lui arracher de tes mains car c'est ainsi que tu aurais dû le faire. Si une femme doit faire le bien, elle n'a plus rien d'une femme celle qui hait le mal et aime le bien. Celui qui l'appelle femme a tort car elle en perd le nom si elle n'aime que le bien. Mais tu es femme, je le vois bien, car celui qui est assis près de
3445 toi a tué ton père et tu l'embrasses ! Quand une femme peut avoir ce qui lui plaît, le reste lui importe peu. »

Sur ces paroles, il se retire d'un bond avant que monseigneur Gauvain ait pu lui dire le moindre mot. Elle, elle tombe sur le carrelage et reste longtemps évanouie. Monseigneur Gauvain la
3450 saisit, et la relève pâle et verte de la peur qu'elle a eue. Quand elle fut revenue à elle, elle dit : « Ah ! Nous sommes tous morts ! À cause de vous, je mourrai aujourd'hui injustement et vous, à mon avis, à cause de moi. Bientôt viendra ici, comme je le crois, la commune de la ville[1]. Ils seront plus de sept mille amassés

---

1. **La commune de la ville** : les habitants des villes ou bourgs – les bourgeois – se regroupent en associations liées par un serment : la commune. Ce mot devient chargé de passion car c'est l'entrée en scène d'une nouvelle communauté urbaine qui unit des égaux et est fortement ressentie par les chevaliers et les clercs comme opposée à eux. Cet épisode montre ce rapport haineux qu'entretient l'aristocratie, et comme Chrétien de Troyes, le clerc à son service, avec ces nouvelles catégories. Quoique marchands et citadins, les « bourgeois » en révolte seront traités de « vilains » par la demoiselle. Ils défendent pourtant les droits du seigneur qui les gouverne et leur attaque n'aura pour but que de venger leur seigneur qu'ils croient avoir été traîtreusement tué par Gauvain. L'épisode a donc un sens ambivalent, entre séduction et répulsion pour la ville sentie comme un lieu qui construit des valeurs qui ne sont pas exactement celles de la classe chevaleresque. Voir à ce propos le dénouement de l'épisode et la mise en œuvre de l'éthique chevaleresque, de ses codes et de ses lois.

devant cette porte. Mais à l'intérieur il y a assez d'armes dont je 3455
vais à l'instant vous armer. Un homme de valeur pourrait
défendre cette partie basse contre toute une armée. »

Elle court aussitôt prendre les armes, elle qui n'était pas
rassurée. Quand elle l'eut bien armé de toute l'armure, ils
eurent moins peur, elle et monseigneur Gauvain. Mais 3460
comme la malchance voulut qu'il ne put avoir aucun écu, il
se fit un écu d'un échiquier et dit : « Mon amie, je ne vous
demande pas d'aller me chercher un autre écu. » Il renversa
alors les pions par terre, ils étaient en ivoire, deux fois plus
gros que d'autres pions et en os très dur. Désormais, qui que 3465
ce soit qui vienne, il pense pouvoir tenir la porte et l'entrée
de la tour, car il avait ceint Escalibur, la meilleure épée qui
soit car elle tranche le fer comme du bois.

L'autre était reparti dehors et il a trouvé assis ensemble
un groupe de voisins, le maire et les échevins[1] avec d'autres 3470
bourgeois en grand nombre. Ils n'avaient pas absorbé de
poison tant ils étaient gros et gras ! Et lui arrive
précipitamment en criant :

« Aux armes, seigneurs, nous allons prendre le traître
Gauvain qui a tué mon seigneur. 3475

— Où est-il ? Où est-il ? font-ils les uns et les autres.

— Par ma foi, fait celui-ci, je l'ai trouvé, Gauvain, le
traître fieffé[2], dans cette tour où il prend ses aises. Il
embrasse et étreint notre jeune demoiselle et elle ne s'y
oppose pas, et au contraire le veut et l'accepte bien. Venez 3480
donc, nous irons le prendre. Si nous pouvons le remettre à
notre seigneur, nous l'aurons bien servi à sa convenance.
Un traître mérite bien d'être traité honteusement, et
pourtant prenez-le vivant, car il le préférerait vif que mort,
mon seigneur, et il n'aurait pas tort car un mort ne craint 3485
rien. Soulevez toute la ville et faites ce que vous devez. »

---

1. **Les échevins** : les magistrats municipaux.
2. **Fieffé** : achevé, complet, parfait.

Le maire s'est aussitôt levé, suivi de tous les échevins. Vous auriez vu alors ces vilains[1] furieux prendre haches et guisarmes[2] ! Celui-ci prend un écu sans attaches, cet autre 3490 une porte, celui-là un van[3]. Le crieur appelle au rassemblement et tout le peuple se réunit. Les cloches de la commune sonnent pour que personne ne reste. Il n'y a pas un seul voyou qui ne prenne une fourche, un fléau[4], une pique ou une massue. Jamais pour attaquer les limaces il n'y eut un 3495 tel vacarme en Lombardie ! Il n'est si petit qui n'y aille et qui porte une arme quelconque. Voici monseigneur Gauvain mort si le seigneur Dieu ne le conseille. La demoiselle se prépare à l'aider hardiment et crie à la commune :

« Hou ! Hou ! fait-elle, valetaille[5], chiens enragés, sales 3500 bons à rien ! Quels diables vous ont appelés ? Que cherchez-vous ? Que demandez-vous ? Que Dieu ne vous donne jamais de joie ! Que Dieu m'aide, vous n'emmènerez point le chevalier qui est ici, mais il y en aura, je ne sais combien, de morts et de blessés. Il n'a pas volé jusqu'ici ni 3505 n'est venu par un chemin caché, mais c'est mon frère qui me l'a envoyé en hôte et j'ai été bien priée de me comporter avec lui comme s'il s'agissait de mon frère. Considérez-vous que je sois à mépriser si, sur sa prière, je lui tiens compagnie 3510 joyeusement et agréablement ? Qui voudra l'entendre, qu'il entende car jamais je n'ai manifesté de joie à un homme ni n'ai pensé à d'autres folies. Je vous sais bien mauvais gré de me faire la honte de tirer vos épées contre moi à la porte de ma chambre sans savoir dire pourquoi. Et si vous savez le 3515 dire, vous ne m'en avez pas entretenue et cela me contrarie beaucoup. »

---

1. **Vilains** : voir note 1 page 166.
2. **Guisarmes** : armes faites d'un long tranchant et d'une pointe droite.
3. **Un van** : panier à fond plat qui sert à vanner.
4. **Un fléau** : instrument qui sert à battre les céréales afin d'en recueillir les grains.
5. **Valetaille** : terme d'injure désignant un serviteur, un homme de basse condition.

Pendant qu'elle dit ce qu'elle a envie de dire, ceux-ci brisaient de force la porte avec leurs cognées, ils l'ont fendu en deux moitiés et le portier qui était à l'intérieur l'a bien défendue contre eux. Il a si fort frappé le premier avec 3520 l'épée qu'il tenait que les autres en sont épouvantés et que personne n'ose aller plus avant. Chacun prend garde à soi et craint pour sa tête. Aucun n'est assez audacieux pour avancer car ils redoutent le portier. Il n'y en a pas un pour tendre la main ni avancer d'un pas. La demoiselle leur lance 3525 furieusement les pions qui gisaient par terre, elle a serré et retroussé sa robe et elle jure très en colère qu'elle les fera tous anéantir si elle peut avant de mourir. Mais la populace est déchaînée, ils affirment qu'ils abattront la tour sur eux s'ils ne se rendent pas. Et eux se défendent à qui mieux 3530 mieux avec les gros pions qu'ils leur lancent. La plupart reculent et fuient car ils ne peuvent résister à leur assaut. Ils sapent alors la tour avec des pics d'acier dans l'intention de l'abattre car ils n'osent ni attaquer ni combattre à la porte qui leur est bien interdite. Au sujet de cette porte, s'il vous 3535 plaît, croyez qu'elle était si étroite et si basse que deux gentilshommes n'y seraient entrés ensemble qu'à grand-peine. C'est pour cela qu'un chevalier valeureux pouvait bien la protéger et la défendre. Pour pourfendre jusqu'aux dents et décerveler des vilains sans armure, il n'y faut pas 3540 appeler un meilleur portier que celui qui y était.

De toute cette affaire ne savait rien le seigneur qui l'avait hébergé, mais il revint le plus tôt qu'il put de la forêt où il chassait. Cependant les autres creusaient l'entourage de la tour avec leurs pics d'acier. Voici venir Guingambresil qui 3545 ignorait tout de cette histoire. Il arrive dans la cité à vive allure et il est stupéfait d'entendre les coups et les martèlements que faisaient les vilains. Il ignorait tout à fait que monseigneur Gauvain était dans la tour. Mais quand il vint à le savoir, il défendit que quiconque soit assez hardi, 3550 s'il tenait à la vie, pour ébranler une seule pierre. Cependant ils disent qu'ils ne cesseraient pas pour lui et

qu'ils abattraient ce jour la tour sur son propre corps s'il se trouvait à l'intérieur avec l'autre. Quand il voit que sa défense
3555 ne valait rien, il se dit qu'il ira à la rencontre du roi et lui expliquera le désordre qu'ont soulevé les bourgeois[1]. Il le rencontre et lui raconte : « Seigneur, votre maire et votre échevin vous ont causé une grande honte en assaillant depuis ce matin votre tour et en essayant de l'abattre. S'ils n'en payent
3560 pas le prix, je vous en saurai mauvais gré. J'avais accusé Gauvain de trahison, vous le savez bien, et il se trouve que vous l'avez hébergé dans votre maison. Il serait parfaitement juste et dans les règles que, à partir du moment où vous l'avez considéré en hôte, il ne subisse ni honte ni mal. » Le roi
3565 répond à Guingambresil : « Maître[2], il n'en subira pas dès que nous serons arrivés là-bas. Je suis ennuyé et contrarié de ce qui est arrivé. Si mes gens le haïssent mortellement je ne dois pas m'en fâcher, mais je prendrai garde pour mon propre honneur qu'il ne soit ni pris ni blessé parce que je l'ai hébergé. »

3570 Ainsi ils arrivent à la tour et trouvent la commune tout autour qui faisait un grand vacarme. Il dit au maire de partir et de retenir la commune. Ils s'en vont, personne ne reste, à partir du moment que cela plaît au maire. Il y avait là un vavasseur qui était natif de la ville, il conseillait tout
3575 le pays car il avait un esprit très clair. « Seigneur, fait-il, on vous doit bien et honnêtement conseiller. Il n'y a rien d'étonnant à ce que celui qui a tué votre père par trahison ait été assailli ici car il est mortellement haï, et c'est juste comme vous le savez. Mais le fait que vous l'avez hébergé
3580 doit le garantir et le protéger d'être pris et de mourir. Si l'on veut dire la vérité, Guingambresil que je vois là doit le sauver et le garantir, lui qui alla à la cour du roi l'accuser de trahison. Il n'y a pas à cacher qu'il était venu à votre cour pour s'en défendre mais je conseille d'accorder un délai

---

1. **Bourgeois :** voir note 1 p. 166.
2. **Maître :** Guingambresil est sans doute le protecteur du jeune roi ; d'où l'appellation de « maître ».

d'un an à ce combat et qu'il parte chercher la lance dont le 3585
fer saigne tous les jours, où une goutte pend même si on
l'essuie. Qu'il vous remette cette lance ou qu'il se mette en
votre pouvoir dans cette prison-ci. Vous aurez alors une
meilleure raison de le retenir en prison que vous n'en avez
aujourd'hui. Jamais, je crois, vous ne saurez le mettre dans 3590
une telle épreuve dont il puisse venir à bout. De tout son
pouvoir et son savoir on doit faire du mal à ce que l'on hait.
Pour torturer votre ennemi je ne sais pas vous donner un
meilleur conseil. »

Le roi se tient à cet avis, il vient à la tour de sa sœur et la 3595
trouve très en colère. À sa rencontre, sa sœur s'est dressée
ainsi que monseigneur Gauvain, qui ne change pas de
couleur ni ne tremble pour quelque peur qu'il éprouve.
Guingambresil s'avance, il a salué la jeune fille qui avait
changé de couleur, et il dit trois paroles inutiles : « Seigneur 3600
Gauvain, seigneur Gauvain, je vous avais pris en charge mais
à la condition que je vous ai dite de ne pas être si hardi pour
entrer dans un château ou une cité qui appartiennent à mon
maître s'il vous avait plu de vous en détourner. De ce que l'on
vous a fait ici il est inutile de discuter maintenant. » 3605

Le sage vavasseur dit : « Seigneur, que le seigneur Dieu
me soit en aide, tout cela peut bien s'arranger. À qui
demander des comptes de ce que les vilains l'ont attaqué ?
Le procès n'en serait pas terminé avant le jour du Jugement
dernier. Mais il en sera fait selon l'avis de mon seigneur le 3610
roi qui est ici. Il me donne l'ordre, et je le transmets, pourvu
que cela vous convienne à vous et à lui, que vous remettiez
tous les deux d'un an votre combat, que monseigneur
Gauvain s'en aille pourvu qu'il s'engage à remettre d'ici un
an à mon seigneur la lance dont la pointe pleure des larmes 3615
de sang tout clair. Il est écrit que l'heure viendra où tout le
royaume de Logres[1], qui fut jadis la terre des ogres, sera

---

1. **Le royaume de Logres :** on désigne ainsi le royaume arthurien.

détruit par cette lance. Mon seigneur le roi veut recevoir pour cela votre serment et votre parole.

3620 — Certes, je préférerais, fait monseigneur Gauvain, mourir ici ou languir sept ans plutôt que de faire ce serment et d'y engager ma parole. Je n'ai pas si peur de la mort que je ne préfère souffrir et endurer la mort dans l'honneur que vivre dans la honte et me parjurer.

3625 — Beau seigneur, dit le vavasseur, vous n'en serez pas déshonoré ni rabaissé, à mon avis, pour une raison que je vais vous dire : vous jurerez que vous rechercherez la lance de tout votre pouvoir. Si vous n'apportez pas la lance, revenez vous mettre dans cette tour, vous serez quitte de 3630 votre serment.

— Dans les termes que vous dites, fait-il, je suis prêt à prêter serment. »

On lui a aussitôt présenté un très précieux reliquaire[1], il 3635 a fait le serment de mettre toute sa peine à chercher la lance qui saigne. Ils ont ainsi renoncé au combat entre lui et Guingambresil et l'ont reporté à un an. Gauvain a échappé à un grand péril une fois délivré de celui-ci. En quittant la tour, il prit congé de la jeune fille et dit à tous ses écuyers de 3640 retourner dans sa terre et de ramener tous les chevaux sauf Guingalet. Les jeunes gens pleurent au moment de se séparer de leur seigneur, ils s'en vont ainsi. Je n'ai pas envie de parler davantage d'eux ni de leur chagrin. Le conte du graal se tait à ce moment au sujet de monseigneur Gauvain 3645 et commence sur Perceval.

---

1. **Reliquaire :** boîte ou coffret renfermant des fragments du corps d'un saint ou des objets lui ayant appartenu (les reliques).

Errance de Gauvain

Étape II : Escavalon

Repères

1. Comment cet épisode s'articule-t-il au départ de Gauvain de la cour d'Arthur ? Et avec le précédent ?

2. Quelle place tient l'épisode interrompu de la chasse ?

3. Vers quoi la solution du conflit réoriente-t-elle le récit ?

4. Notez la conclusion de la séquence : que remarquez-vous ?

Observations

5. Montrez comment le frère et la sœur sont des représentants parfaits du monde courtois.

6. Comment est décrite la ville ? Quelle impression se dégage de cette description ?

7. Pourquoi la situation bascule-t-elle ?

8. Comment peut-on qualifier le discours du vavasseur à la demoiselle ? Quels clivages se dessinent ? De quel côté se place le narrateur ? À quels indices le voit-on ?

9. Qu'est-ce qui interrompt l'assaut de la tour ?

10. Comment réagissent les chevaliers nobles ?

11. À quelle quête Gauvain est-il envoyé ? Comment réagit-il ? Pourquoi ? Quel trait du personnage se révèle ici ?

Interprétations

12. L'assaut de la commune : les apparitions du groupe des « vilains » – paysans, artisans, bourgeois confondus – sont rares dans le roman chevaleresque. Quelle fonction peut-on

accorder à cet épisode ? Est-ce indifférent que Gauvain en soit le centre ? La scène est-elle seulement comique ou comporte-t-elle des traits parodiques ?

13. Guingambresil a accusé Gauvain de trahison devant Arthur. Quelles sont ici ses paroles ? Son attitude est-elle contradictoire ?

14. Qu'est-ce que cette lance qui saigne ? Où l'a-t-on déjà rencontrée ? Que nous dit-on d'elle ? Que semble-t-elle symboliser ?

DE LA LECTURE À L'ÉCRITURE

15. À partir des deux épisodes de Tintagel et d'Escavalon, tracez en quelques lignes le portrait de Gauvain.

Perceval, nous dit l'histoire, a tellement perdu la mémoire qu'il ne se souvient plus de Dieu. Avril et mai passèrent cinq fois et cinq années entières avant qu'il n'entre dans une église, ni n'adore Dieu ou sa croix. Il demeura ainsi cinq années, sans pour cela cesser de rechercher les faits d'armes car il recherchait les aventures étranges, celles qui étaient pénibles et difficiles, et il en trouva tant qu'il éprouva très bien sa valeur et n'entreprit d'action si dure qu'il n'en vînt à bout. Pendant ces cinq années il envoya à la cour du roi Arthur soixante chevaliers de valeur faits prisonniers. Il occupa ainsi ces cinq ans sans jamais se souvenir de Dieu. 3650 3655

Au bout de ces cinq ans, il se trouva qu'il cheminait dans un endroit désert, armé de pied en cap comme d'habitude. Il a rencontré trois chevaliers et une dizaine de dames, la tête sous le chaperon qui marchaient tous à pied, vêtus de haires[1] et sans chausses. Les dames s'étonnèrent fort de le voir arriver ainsi armé, tenant son écu et sa lance. C'était pour le salut de leurs âmes qu'ils marchaient à pied en pénitence des péchés qu'ils avaient faits. L'un des trois chevaliers l'arrête et lui dit : « Beau cher seigneur, vous ne croyez donc pas en Jésus-Christ qui écrivit la Nouvelle Loi et la donna aux chrétiens ? Certes, il n'est ni bien ni raisonnable de porter les armes, et c'est même une faute grave, le jour de la mort de Jésus-Christ. » 3660 3665 3670

Et lui qui n'avait aucune idée du jour ni de la saison tant il y avait de trouble dans son cœur, répond : « Quel jour sommes-nous ?

— Quel jour, seigneur ? Si vous ne le savez pas, nous sommes le Vendredi Saint, le jour où on doit adorer la croix et pleurer ses péchés, car aujourd'hui fut pendu à la croix celui qui fut vendu pour trente deniers, lui qui fut pur de 3675

---

1. **Haires** : chemises de cuir portées à même la peau, en gage de mortification et de pénitence.

tout péché il vit les péchés dont le monde était aliéné et
3680 entaché, et il devint homme pour nos péchés. Il est vrai qu'il
fut homme et Dieu, que la Vierge enfanta un fils conçu par
le Saint-Esprit, qu'en elle il reçut cœur, chair et sang, et
qu'ainsi sa divinité fut recouverte de chair d'homme, c'est
une chose certaine. Et celui qui ne le croira pas ainsi, ne
3685 verra jamais Sa face. Il est né de la Vierge Notre-Dame et il
a pris la forme et l'âme d'un homme mêlées à la sainte
divinité, lui qui le jour d'aujourd'hui, en vérité, fut mis sur
la croix et tira tous ses amis de l'enfer. Elle fut très sainte
cette mort qui sauva les vivants et ressuscita les morts de
3690 mort à vie. Les juifs menteurs par haine, eux qu'on devrait
tuer comme des chiens, firent leur malheur et notre félicité,
et quand ils le levèrent sur la croix, ils se perdirent et nous
sauvèrent. Tous ceux qui croient en Lui doivent
aujourd'hui faire pénitence. Celui qui croit en Dieu ne
3695 devrait pas aujourd'hui porter des armes ni sur un champ
de bataille ni sur un chemin.

— D'où venez-vous donc ainsi ? fait Perceval.

— Seigneur, d'ici, de chez un homme bon, un saint
ermite, qui habite cette forêt et ne vit, tant il est homme de
3700 bien, que de la gloire du Ciel.

— Pour Dieu, seigneurs, qu'y avez-vous fait ? Qu'avez-
vous demandé ? Qu'avez-vous cherché ?

— Quoi, seigneur ? fait l'une des dames. Nous lui avons
demandé conseil pour nos péchés et nous nous sommes
3705 confessés. Nous y avons fait ce qu'il y a de plus nécessaire
à faire pour un chrétien qui veut plaire au seigneur Dieu. »

Perceval pleure de ce qu'il entend et il lui plut d'aller
parler au saint homme.

« Je voudrais aller là-bas, chez l'ermite, fait-il, si je savais
3710 trouver le sentier qui y mène.

— Seigneur, pour y aller il faut prendre ce sentier tout
droit comme nous l'avons pris, à travers ces bois touffus et
serrés, en faisant attention aux branchages que nous-
mêmes de nos propres mains nous attachâmes quand nous

y allâmes. Nous fabriquâmes ces signes pour que personne   3715
de ceux qui vont chez le saint ermite ne s'égare. »

Ils se recommandent alors mutuellement à Dieu et ne se
demandent plus rien. Et lui prend le chemin, en soupirant
au fond de son cœur parce qu'il se sentait coupable envers
Dieu et il s'en repentait beaucoup. Tout en pleurant il s'en   3720
va à travers le bocage. Quand il est près de l'ermitage, il
descend et se désarme, il attache son cheval à un charme,
puis entre chez l'ermite. Dans une petite chapelle, il trouva
l'ermite, le prêtre et un enfant de chœur, c'est la vérité, qui
commençaient le service le plus grand qu'on puisse faire   3725
dans une sainte église et le plus doux. Perceval se met à
genoux dès qu'il entre dans la chapelle, l'homme bon
l'appelle à lui quand il le voit humble et en pleurs. Ses
larmes coulaient de ses yeux jusqu'au menton. Perceval qui
redoutait beaucoup d'avoir mal agi envers Dieu, saisit   3730
l'ermite par le pied, s'incline, joint ses mains et le prie de lui
donner conseil car il en a grand besoin. L'homme de bien
lui ordonna de se confesser car il n'obtiendra pas de
rémission s'il ne s'est pas confessé et repenti.

« Seigneur, fait-il, il y a bien cinq ans que je ne sus où   3735
j'étais moi-même, ni n'aimai ni ne crus en Dieu, et je n'ai
fait que le mal.

— Ah, cher ami, fait l'homme bon, dis-moi pourquoi tu
as fait cela, et prie Dieu qu'il ait pitié de l'âme de son
pécheur.   3740

— Seigneur, chez le roi pêcheur je fus une fois et je vis la
lance dont le fer saigne sans que le doute soit permis et de
cette goutte de sang que je vis pendre à la pointe du fer
blanc je ne demandai rien et jamais depuis certes je ne
réparai ma faute. Et du graal que j'y vis, je ne sais pas qui   3745
l'on en a servi, et j'en ai depuis un si grand chagrin que
j'aurais préféré être mort, s'il avait tenu à moi, au point que
j'en oubliai le seigneur Dieu, je n'implorai pas sa pitié ni ne
fis rien de ce que j'aurais dû faire pour qu'il me prenne
en pitié.   3750

— Ah, mon bel ami, dit le saint homme, dis-moi comment tu t'appelles. »

Et il lui dit : « Perceval, seigneur. »

À ces mots le saint homme soupire, il a reconnu le nom,
3755 et il dit :

« Mon frère, c'est un péché dont tu ne sais rien qui t'a beaucoup nui : le chagrin que ta mère eut de toi, quand tu l'as quittée. Elle tomba évanouie à l'entrée du pont-levis devant la porte et de ce chagrin elle mourut. Pour la faute
3760 que tu en as, il advint que tu ne posas pas de question sur la lance ni sur le graal, de là te sont arrivés maints malheurs, et tu n'aurais pas pu survivre si elle ne t'avait pas recommandé au seigneur Dieu, sache-le. Mais sa parole eut une telle force que Dieu t'a regardé pour elle et t'a préservé
3765 de la mort et de la prison. Le péché te trancha la langue, car tu as vu devant toi à découvert le fer qui jamais ne fut séché, et tu n'en demandas pas la raison, et tu ne sus pas qui l'on servait du graal, tu restas stupide. Celui que l'on en sert est mon frère et ta mère était ma sœur et la sienne, et crois que
3770 le riche Pêcheur est le fils de ce roi qui se fait servir avec le graal. Ne crois pas qu'il y ait brochet, lamproie[1] ou saumon. D'une seule hostie qu'on lui apporte dans le graal, le saint homme soutient sa vie et la réconforte. Le graal est une chose si sainte et lui un être si spirituel qu'il ne lui faut
3775 pas autre chose que l'hostie qui vient dans le graal. Il est resté ainsi douze ans sans sortir de la chambre où tu as vu entrer le graal. Je veux maintenant t'enjoindre et te donner une pénitence pour ton péché.

— Bel oncle, je le veux ainsi, fait Perceval, de très bon
3780 cœur. Puisque ma mère était votre sœur, vous devez bien m'appeler votre neveu et moi mon oncle, et mieux vous en aimer.

---

1. **Lamproie** : poisson qui ressemble à une anguille.

— C'est vrai, mon cher neveu, mais prête-moi attention maintenant ! Si tu prends pitié de ton âme et si tu as un repentir sincère, va pour ta pénitence à l'église avant tout 3785 autre endroit, tu en tireras un grand profit. Ne néglige cela pour aucune raison. Si tu es dans un lieu où il y a une église, une chapelle ou une paroisse, vas-y dès que sonnera la cloche ou avant si tu es levé, jamais cela ne te nuira, au contraire ton âme en sera bonifiée. Si la messe est 3790 commencée, il sera encore meilleur d'y être, restes-y jusqu'à ce que le prêtre ait dit et chanté tout l'office. Si tu en as la volonté, tu pourras encore t'améliorer, tu gagneras l'honneur et le paradis. Crois en Dieu, aime Dieu, adore Dieu, honore les hommes et les femmes de bien, lève-toi à 3795 la rencontre des prêtres, c'est un service qui pèse peu, Dieu l'aime en vérité parce qu'il dénote un esprit d'humilité. Si une jeune fille te demande ton aide, aide-la car tu en seras mieux toi-même, de même une veuve ou une orpheline. C'est un acte de charité accompli. Je veux que tu fasses cela 3800 pour tes péchés si tu veux avoir à nouveau les grâces que tu avais l'habitude d'avoir. Dis-moi maintenant si tu veux te conduire ainsi.

— Oui, fait-il, très volontiers.

— Je te prie donc de rester avec moi deux jours entiers et 3805 de prendre en pénitence la même nourriture que moi. »

Perceval le lui accorde, l'ermite lui recommande une prière à l'oreille, il la lui apprit jusqu'à ce qu'il la sache. Dans cette prière il y avait beaucoup de noms de Notre-Seigneur, car s'y trouvaient les plus grands que bouche 3810 d'homme ne doit pas nommer, sinon en péril de mort. Quand il lui eut appris la prière, il lui défendit de les dire en aucune manière sans être en danger de mort. « Je ne le ferai pas, seigneur », fait-il. Il resta ainsi et entendit le service et il s'en réjouit. Après le service, il adora la croix et pleura ses 3815 péchés. Cette nuit, il eut à manger ce qui plut au saint homme, des herbes, cerfeuil, laitue et cresson, millet, pain d'orge et d'avoine, eau froide de source. Son cheval eut de

la paille et un boisseau plein d'orge. Ainsi Perceval réapprit
3820 que Dieu reçut la mort le Vendredi, et fut crucifié. À Pâques
Perceval communia très dignement.

Le conte ne parle plus longuement de Perceval ici et vous
m'aurez entendu parler beaucoup de monseigneur Gauvain
avant de m'entendre raconter quelque chose sur lui.

Perceval et l'ermite : le retour du réprouvé

Repères

1. Combien d'années se sont-elles écoulées depuis que Perceval a quitté la cour d'Arthur ? Cet épisode peut-il être contemporain des aventures de Gauvain qui précèdent ?

2. Que rappelle la rencontre avec les dames et les chevaliers ?

3. Quelles annonces encadrent le récit de l'épisode ? Le narrateur parle-t-il en son nom ?

Observations

4. Qu'est devenu Perceval ? Quel lien entretient-il avec la cour d'Arthur ?

5. Quel type de discours énonce le chevalier ? Est-ce nouveau dans le roman ?

6. Quelle est la réaction de Perceval ?

7. Qu'est-il arrivé à Perceval ? Quel lien fait-il entre sa vie de chevalier et la foi en Dieu ?

8. Qu'est-ce qui est à nouveau raconté et commenté ? Détaillez la réponse de l'ermite. Qu'apprend Perceval ? Et le lecteur ?

9. La règle de conduite proposée par l'ermite est-elle nouvelle ?

10. Quelle prière lui enseigne l'ermite ? Qu'a-t-elle de particulier ? Quelle stratégie narrative se réitère là ?

11. Pourquoi le narrateur décrit-il le repas partagé avec l'ermite ? Quel motif resurgit ici ?

Interprétations

12. Que signifie la perte de mémoire de Perceval ? Quelle explication en est fournie ? Quelle définition de la chevalerie est construite dans cet épisode ?

13. Quelle interprétation l'ermite donne-t-il de la scène du graal ? Est-ce décisif pour Perceval et pour le mythe qui se met en place ? Tout reçoit-il un éclaircissement ?

14. Histoires de famille. À quel lignage les acteurs du graal appartiennent-ils par rapport à Perceval ? Comment se nouent pour lui retour à la foi et quête d'identité ? En quoi la scène chez l'ermite propose-t-elle une lecture cohérente de l'ensemble du roman ?

De la lecture à l'écriture

15. Reconstituez les généalogies des deux héros, Perceval et Gauvain, et faites les remarques qui vous viennent à l'esprit.

Monseigneur Gauvain chemina tant quand il eut échappé 3825
à la tour où la commune l'avait assailli qu'entre l'heure de
tierce[1] et midi, il arriva sur une hauteur. Il vit un chêne haut
et grand, bien touffu pour dispenser de l'ombre. Il vit
pendre un écu au chêne et à côté une lance toute droite.
Monseigneur Gauvain continue d'avancer jusqu'à ce qu'il 3830
voie près du chêne un petit palefroi norrois[2]. Il s'en étonne
grandement car il lui semble que les armes et le palefroi ne
vont pas ensemble. Si le palefroi avait été un grand cheval,
il aurait pensé qu'un chevalier qui, en quête d'honneur et de
gloire, aurait sillonné le pays, serait monté sur cette 3835
hauteur. Il regarde alors sous le chêne et voit une jeune fille
assise qui lui parut très belle si elle avait été gaie et joyeuse.
Mais elle avait planté ses doigts dans sa tresse pour
s'arracher les cheveux et elle était plongée dans la douleur.
Elle manifestait de la douleur pour un chevalier dont elle 3840
embrassait souvent les yeux, le front et la bouche. Quand
monseigneur Gauvain s'approche, il voit que le chevalier
est blessé, qu'il a le visage déchiré, et qu'il a reçu un terrible
coup d'épée sur la tête. Par ailleurs son sang jaillissait de ses
flancs. Le chevalier s'était évanoui à plusieurs reprises sous 3845
le coup de la douleur qu'il ressentait, et à la fin il resta en
repos. Quand monseigneur Gauvain arriva là, il ne sut pas
s'il était mort ou vivant et il dit :

« Belle, que pensez-vous du chevalier que vous tenez ? »

Et elle dit : « Vous pouvez voir qu'il court un grand danger 3850
avec ses blessures, car il pourrait mourir de la plus petite. »

Et lui reprit : « Ma belle amie, réveillez-le, si cela ne vous
ennuie pas, car je voudrais lui demander des nouvelles de ce
qui se passe dans cette région.

— Seigneur, je ne le réveillerai pas, fait la jeune fille, je me 3855
laisserais plutôt trancher les membres car je n'ai jamais

---

1. **L'heure de tierce** : 9 heures du matin.
2. **Norrois** : voir note 1 p. 88.

autant aimé un homme ni n'en aimerai jamais de toute ma vie. Je serais folle et stupide, quand je vois qu'il dort et repose, si je faisais quelque chose dont il aurait à se plaindre
3860 de moi.

— Moi je l'éveillerai, par ma foi, fait monseigneur Gauvain, comme je le veux. »

Il tourne alors sa lance du côté de la poignée et touche son éperon sans appuyer sur lui. Il le réveilla mais il lui fit
3865 bouger si doucement l'éperon qu'il ne lui fit pas mal. L'autre l'en remercie et lui dit :

« Seigneur, cinq cents mercis de m'avoir poussé si gentiment, vous m'avez réveillé sans me faire souffrir. Mais dans votre propre intérêt je vous prie de ne pas aller plus
3870 avant car vous agiriez comme un fou. Restez ici, croyez mon conseil. Restez, seigneur !

— Moi, pourquoi ?

— Je vous le dirai, fait-il, par ma foi, puisque vous voulez l'entendre. Aucun chevalier n'a encore tiré du plaisir à aller
3875 là par chemin ou par plaine, car c'est la borne de Galvoie[1] qu'aucun chevalier ne peut passer en pouvant en revenir, nul n'en est à ce jour revenu sauf moi qui en suis arrangé si vilainement que je ne pense pas vivre jusqu'à ce soir. C'est pourquoi il vaut mieux vous en aller que de redescendre
3880 cette hauteur car le retour est trop douloureux.

— Par ma foi, fait monseigneur Gauvain, je ne suis pas venu pour faire demi-tour et on aurait raison de m'accuser de honteuse lâcheté si, alors que j'en ai pris le chemin, je m'en retournais d'ici. J'avancerai jusqu'à ce que je sache et
3885 voie pourquoi nul n'en peut retourner.

— Je vois bien qu'il vous faut le faire, fait le chevalier blessé. Vous irez car vous désirez vivement accroître et hausser votre gloire. Mais si cela ne vous pesait pas trop, je

---

1. **La borne de Galvoie** : certains pensent qu'il s'agirait de Galloway, dans le sud-ouest de l'Écosse.

vous prierais très volontiers que, si Dieu vous envoie
l'honneur que jamais chevalier à aucune époque n'eut ni, à 3890
mon avis, il n'arrivera à aucun d'avoir, ni à vous ni à un
autre pour aucune raison, et que donc vous retourniez par
ici, voyez, faites-m'en la grâce, si je suis mort ou vif et si je
suis mieux ou plus mal. Si je suis mort, par charité, et au
nom de la Sainte-Trinité, je vous prie de veiller à ce que 3895
cette jeune fille ne subisse ni honte ni préjudice. Faites cela
avec plaisir car jamais Dieu ne fit et ne voulut faire une
femme plus noble et plus généreuse. »

Monseigneur Gauvain le lui accorde : si aucun obstacle,
prison ou autre ennui, ne le contraint, il repassera par là et 3900
donnera à la jeune fille le meilleur soutien qu'il pourra. Ainsi
les laisse-t-il et cesse-t-il de parler. Il poursuit sa route jusqu'à
ce qu'il voie un château très solide, qui avait sur un côté un
port maritime très grand et des navires. Il ne valait pas moins
que Pavie ce château qui était très noble. Sur son autre côté 3905
s'étendait un vignoble, et une rivière tout en dessous ceignait
l'ensemble des murs et courait jusqu'à la mer. Ainsi le château
et le bourg étaient clos sur tout leur pourtour. Monseigneur
Gauvain est entré dans le château par un pont et quand il fut
monté au plus bel endroit de tout le château, il trouva sous un 3910
orme dans un pré une jeune fille solitaire qui regardait dans un
miroir son visage et sa gorge qui étaient plus blancs que neige.
D'un bandeau brodé d'or elle s'était fait une couronne sur sa
tête. Monseigneur Gauvain éperonne et s'avance à l'amble
vers la jeune fille et elle lui crie : 3915

« Mesure, mesure, seigneur ! Doucement donc ! Vous
venez bien follement ! Il ne faut pas se précipiter ainsi pour
ne pas gâter l'amble. Fou est celui qui se démène pour rien.

— Soyez bénie par Dieu jeune fille ! fait monseigneur
Gauvain. Dites-moi donc, belle amie, à quoi pensiez-vous 3920
que vous m'avez si vite rappelé à la mesure sans savoir
pourquoi ?

— Si, je le sais, chevalier, par ma foi, je sais bien ce que
vous pensez.

3925 — Et quoi ? fait-il.

— Vous voulez me prendre et m'emporter jusque-là en bas sur l'encolure de votre cheval.

— Vous avez dit vrai, demoiselle !

— Je le savais bien, fait-elle. Malheur à celui qui a eu ce
3930 projet ! Garde-toi de ne jamais penser à me mettre sur ton cheval ! Je ne suis pas de ces folles Bretonnes avec lesquelles les chevaliers se divertissent et qu'ils emportent sur leurs chevaux lorsqu'ils partent batailler. Moi, tu ne m'emporteras pas ! Néanmoins, si tu l'osais, tu pourrais
3935 m'emmener avec toi. Si tu voulais te fatiguer à aller chercher mon palefroi dans ce jardin, j'irais avec toi le temps que mésaventure, peine, chagrin, honte et malheur t'arrivent en ma compagnie.

— Et faudra-t-il autre chose que de la hardiesse ? fait-il.
3940 — À mon avis, non, vassal, fait la demoiselle.

— Ah, demoiselle, où laisserai-je mon cheval si j'y vais ? Car il ne pourrait pas passer par la planche que je vois.

— Non, chevalier, donnez-le-moi et passez de l'autre côté à pied. Je vous garderai votre cheval tant que je pourrai le
3945 tenir. Mais hâtez-vous de revenir car ensuite je n'en pourrai mais[1] s'il ne voulait pas rester tranquille ou qu'on me le prenne de force avant que vous ne soyez revenu.

— Vous avez dit vrai, fait-il. Si on vous l'enlève, soyez-en quitte, et s'il vous échappe, de même, vous ne m'entendrez
3950 pas dire autre chose. »

Il le lui donne ainsi et s'en va, il pense qu'il emportera toutes ses armes avec lui car s'il trouve dans le verger quelqu'un qui veuille lui interdire et défendre d'aller prendre le palefroi, il y aura tumulte et bagarre avant qu'il
3955 le ramène. Il a alors passé la planche et trouve une foule de gens amassés qui le regardent avec étonnement et disent

---

1. **Je n'en pourrai mais :** vient de l'expression « n'en pouvoir mais » qui signifie être dans un état de fatigue ou d'impuissance à éviter telle ou telle chose.

tous : « Que les diables te brûlent, jeune fille, qui as fait tant
de mal ! Que le malheur t'accable, toi qui n'as jamais eu
d'affection pour un seul homme valeureux ! Tu as fait
trancher la tête à tant de chevaliers que c'est misère ! 3960
Chevalier, toi qui veux emmener le palefroi, tu ne sais pas
encore à cette heure les malheurs qui t'en adviendront si tu
y portes la main. Ah, chevalier, pourquoi t'approches-tu ?
Pour sûr tu ne t'en approcherais pas si tu connaissais les
grandes hontes, les grands malheurs et les grandes peines 3965
qui t'adviendront si tu l'emmènes. »

Ainsi parlaient-ils tous et toutes parce qu'ils voulaient
empêcher monseigneur Gauvain d'aller vers le palefroi et
l'en détourner. Il les entend et comprend bien mais il
n'abandonnera pas son projet pour cela, il passe en saluant 3970
les groupes et tous et toutes lui rendent son salut de telle
manière qu'il lui semble qu'ils éprouvent tous une très
grande angoisse et une grande détresse. Monseigneur
Gauvain se dirige vers le palefroi et tend la main pour le
prendre par la rêne, car il n'y manquait ni les rênes ni la 3975
selle, mais un grand chevalier assis sous un olivier
verdoyant lui dit :

« Chevalier, tu es venu bien inutilement pour le palefroi.
N'y tends donc pas le doigt car ce serait de ta part un acte
très orgueilleux. Cependant je veux te dire que jamais je 3980
n'irai te le défendre si tu as une grande envie de le prendre.
Mais je te conseille de t'en aller car ailleurs qu'ici, si tu le
prends, tu rencontreras de très grands obstacles.

— Ce n'est pas pour cela que j'abandonnerai, fait
monseigneur Gauvain, cher seigneur, car la jeune fille qui se 3985
regarde dans un miroir sous l'orme là-bas m'envoie ici et si
je ne le lui amenais pas, que serais-je venu chercher ? Je
serais déshonoré dans le monde comme un lâche et un
pleutre.

— Et tu en seras mal servi, fait le chevalier, beau doux 3990
frère, car par Dieu le souverain père à qui je voudrais
remettre mon âme, jamais un chevalier n'osa le prendre

comme tu veux le faire sans que pour son grand malheur il n'ait la tête tranchée. Ainsi je crains que cela ne t'arrive. Si
3995 je t'ai défendu de le faire, je n'y entendais pas de mal, et si tu veux, tu l'emmèneras, ce n'est pas pour moi que tu y renonceras ni pour l'un de ceux que tu vois ici. Mais tu t'engageras dans une bien mauvaise voie si oses le sortir d'ici. Je ne te conseille pas de t'en occuper car tu y
4000 risquerais ta tête. »

Monseigneur Gauvain ne s'arrête pas un instant à la suite de ces paroles. Il fait passer devant lui sur la planche le palefroi qui avait la tête mi-noire mi-blanche et qui savait bien la passer car il l'avait souvent passée et il y était dressé
4005 et éduqué. Monseigneur Gauvain l'a pris par la rêne qui était en soie. Il vint tout droit à l'orme où la jeune fille se regardait dans le miroir. Elle avait laissé son manteau et sa guimpe tomber à terre pour qu'on puisse voir son visage et son corps à découvert. Monseigneur Gauvain lui remet le
4010 palefroi avec la selle complète et dit :

« Venez donc, jeune fille ! Je vais vous aider à monter.

— Que Dieu ne te permette pas de raconter où que tu sois que tu me tiens dans tes bras ! Si tu avais tenu une chose, qui ait été sur moi, de ta main nue, ou manié ou
4015 senti, je penserais être perdue. Il serait très grave pour moi si on disait ou savait que tu avais touché mon corps car je voudrais en avoir tranché à cet endroit la chair et la peau jusqu'à l'os, j'ose bien le dire. Laissez-moi vite mon palefroi, je monterai bien seule, je ne cherche point
4020 votre aide. Que Dieu en ce jour me donne de voir à votre sujet ce que je pense ! J'éprouverai une grande joie d'ici le soir. Va dans la direction que tu veux, à ma peau ou à mes vêtements tu ne toucheras pas de plus près mais je serai toujours derrière toi jusqu'à ce que, à cause de moi,
4025 te soit arrivée une grande humiliation pour ta honte et ton malheur. Je suis absolument sûre que je te ferai subir un mauvais traitement, tu ne peux y échapper non plus qu'à la mort. »

Monseigneur Gauvain écoute tout ce que lui dit la demoiselle orgueilleuse et ne répond pas un seul mot. Il lui 4030 donne son palefroi et elle lui laisse son cheval. Monseigneur Gauvain se baisse pour ramasser son manteau qui était à terre et l'en couvrir. La demoiselle le regarde, elle qui était prompte et hardie à faire une remarque honteuse à un chevalier :

« Vassal, fait-elle, que t'importe mon manteau et ma 4035 guimpe ? Par Dieu je ne suis pas à moitié aussi stupide que tu crois. Je n'ai vraiment aucun désir que tu te mêles de me servir car tu n'as pas les mains assez propres pour me donner quelque chose qui me couvre ou que je mette autour de ma tête. Dois-tu me donner quelque chose qui touche 4040 mes mains, ou ma bouche ou mon front ou mon visage ? Que Dieu ne me tienne plus en honneur si j'ai en quelque manière envie d'accepter ton service ! »

Ainsi la jeune fille est montée à cheval, elle a mis sa guimpe et son manteau, et a dit : « Chevalier, allez donc là 4045 où vous voulez ! Je vous suivrai toutefois jusqu'à ce que je vous voie pour moi dans les ennuis en quelque lieu que ce soit si mon cheval ne me fait pas défaut. Et ce sera aujourd'hui, s'il plaît à Dieu. »

Monseigneur Gauvain se tait et ne lui répond pas un seul 4050 mot. Ils sont alors montés à cheval et ils s'en vont. Il retourne la tête basse vers le chêne où il avait laissé la jeune fille et le chevalier qui avait bien besoin d'un médecin à cause de ses blessures. Monseigneur Gauvain savait mieux que personne guérir une blessure. Il voit dans une haie une 4055 herbe qu'il connaissait depuis longtemps, sa mère la lui avait apprise, expliquée et bien montrée. Il l'a bien examinée et s'est adressé à la demoiselle : « Dame, fait-il, j'ai vu une petite herbe avec une racine qui possède une grande vertu médicale et est excellente pour calmer la 4060 douleur d'une blessure. »

Il va la cueillir. L'herbe cueillie, il poursuit sa route jusqu'à ce qu'il trouve la jeune fille sous son chêne manifestant son chagrin, et elle lui dit aussitôt : « Écoutez-

4065 moi, beau et cher seigneur, je crois que ce chevalier est mort car il n'entend plus ni ne comprend rien. »

Monseigneur Gauvain descend de cheval, vient rapidement au chevalier, le saisit et le palpe aussitôt et trouve qu'il avait un pouls très rapide et n'avait pas ni la 4070 poitrine, ni la bouche, ni la joue très froides.

« Ce chevalier, fait-il, jeune fille, est vivant, soyez-en tout à fait sûre, il a un bon pouls et une bonne haleine, et s'il n'a pas de plaie mortelle je lui apporte une herbe qui, je pense, l'aidera beaucoup et lui ôtera une partie de la douleur de ses blessures 4075 dès qu'il l'aura sentie car on ne connaît meilleure herbe à mettre sur une plaie. Ainsi disent les livres qu'elle possède une si grande vertu que si on la plaçait sur l'écorce d'un arbre qui soit gâté mais pas entièrement desséché, la racine reprendrait et l'arbre reverdirait et pourrait avoir des feuilles et des fleurs. 4080 Votre ami n'aurait plus peur de mourir, ma demoiselle, quand je lui aurais mis l'herbe sur les blessures bien attachée. Mais il me faudrait une guimpe fine pour faire une bande.

— Je vais vous en donner tout de suite », fait celle qui ne s'en affecte pas. Et elle ôte sur-le-champ celle qu'elle portait 4085 sur la tête et qui était très fine et blanche.

Monseigneur Gauvain la découpe, comme il convenait de le faire, et attache l'herbe, qu'il tenait, sur toutes les plaies. La jeune fille l'aide du mieux qu'elle sait et peut. Monseigneur Gauvain ne bouge pas jusqu'à ce que le 4090 chevalier pousse un soupir, parle et dise : « Que Dieu récompense celui qui m'a rendu la parole car j'ai eu très peur de mourir sans confession et sans prendre la communion. Je ne redouterai plus la mort après avoir communié et m'être confessé. Mais rendez-moi un service 4095 si cela ne vous ennuie pas. Donnez-moi le roussin[1] de cet écuyer qui arrive au trot. »

---

1. **Roussin** : le roussin ou roncin est un cheval de charge et un mauvais cheval, indigne d'un chevalier.

Quand monseigneur Gauvain l'entend, il se retourne et
voit venir un écuyer disgracieux. Comment il était, je vais
vous le dire : il avait les cheveux emmêlés et roux, raides et
dressés droits sur la tête comme des poils de sanglier en 4100
colère, ses sourcils étaient pareils, ils lui couvraient tout le
visage et tout le nez jusqu'aux moustaches qu'il avait longues
et entortillées ; il avait une bouche largement fendue et une
grande barbe fourchue et rebiquant sur elle-même, le cou
court et la poitrine haute. Monseigneur Gauvain veut aller 4105
au-devant de lui pour savoir s'il pourrait avoir le roussin,
mais avant il dit au chevalier :

« Seigneur, que Dieu m'aide, je ne sais pas qui est cet
écuyer mais je vous donnerais sept destriers si je les avais ici
à ma main droite plutôt que son roussin, tel qu'il est lui- 4110
même !

— Seigneur, fait-il, sachez bien qu'il ne recherche rien
que de vous nuire s'il le peut. »

Monseigneur Gauvain se déplace en direction de l'écuyer
et il lui demande où il allait. Et celui-ci qui n'était pas 4115
aimable lui dit : « Vassal, que t'importe où je vais et d'où je
viens ? Quel que soit mon chemin, malheur à toi ! »

Monseigneur Gauvain lui paye aussitôt le salaire qu'il
mérite : il le frappe de sa paume ouverte. Comme il avait le
bras armé et grand désir de le frapper, il le renverse et le fait 4120
vider la selle. Quand il pense se relever, il chancelle et
retombe. Il retomba bien sept fois ou plus en moins
d'espace que ne tient, sans plaisanter, une lance de sapin[1].
Quand il se fut relevé, il dit :

« Vassal, vous m'avez frappé. 4125

— C'est vrai, fait-il, je t'ai frappé mais je ne t'ai pas fait
très mal. Je regrette cependant de t'avoir frappé, devant
Dieu, mais tu m'as dit une grande sottise.

---

1. **Une lance de sapin** : une lance en bois de sapin.

— Encore dirai-je le salaire que vous en aurez. Vous
4130 perdrez le bras et la main qui m'ont frappé car ce coup ne
vous sera jamais pardonné. »

Pendant que cela se passait, la force revenait au chevalier
blessé dont le cœur avait été bien faible, et il dit à
monseigneur Gauvain : « Laissez cet écuyer, beau seigneur,
4135 vous ne lui entendrez rien dire qui vous procure de l'honneur.
Laissez-le, vous vous conduirez sagement, mais amenez-moi
son roussin et prenez cette jeune fille que vous voyez ici
devant moi, sanglez-lui son palefroi et aidez-moi ensuite à
monter, car je ne veux plus rester ici et je monterai si je peux
4140 sur le roussin et chercherai ensuite un endroit où je pourrai
me confesser car je n'aurai de cesse que je n'aie reçu
l'extrême-onction, que je ne sois confessé et aie communié. »

Aussitôt monseigneur Gauvain prend le roussin, il le
remet au chevalier à qui la vue s'est éclaircie et revenue. Il
4145 a vu monseigneur Gauvain et l'a tout de suite reconnu.
Monseigneur Gauvain a pris la demoiselle et l'a mise sur le
palefroi norrois en homme courtois et aimable. Pendant
qu'il faisait cela le chevalier prit son cheval et monta dessus,
il commença à le faire sauter de-ci de-là. Monseigneur
4150 Gauvain le regarde galoper parmi la colline, il s'en étonne
et en rit. En riant il l'appelle et lui dit :

« Seigneur chevalier, c'est une folie que je vous vois faire
de faire bondir ainsi mon cheval. Descendez, rendez-le-moi
car vous pourriez vite vous trouver mal et faire se rouvrir
4155 vos plaies. »

Et celui-ci répond : « Gauvain, tais-toi ! prends le
roussin, tu feras bien, car tu as perdu le cheval. Je l'ai fait
bondir à mon usage, je l'emmènerai comme le mien.

— Ça alors ! je suis venu ici pour ton bien et tu me ferais
4160 une si méchante manière ? N'emmène pas mon cheval car
tu ferais une traîtrise.

— Gauvain, pour un terrible outrage, je voudrais ton
cœur tenir, quoi qu'il doive m'en arriver, et le tirer de ton
ventre entre mes deux mains.

— Par ma foi, dit monseigneur Gauvain, je vois 4165
maintenant ce que l'on raconte toujours car on dit : d'un
bienfait, col brisé. Mais je voudrais bien savoir pourquoi tu
voudrais avoir mon cœur et pourquoi tu m'enlèves mon
cheval, car je n'ai jamais voulu te faire du tort ni ne t'en ai
fait aucun jour de ma vie. Je ne croyais pas avoir mal agi 4170
envers toi car je ne t'ai jamais vu de mes propres yeux.

— Mais si, Gauvain, tu m'as vu le jour où tu me couvris
de honte. Ne te souviens-tu pas de celui à qui tu procuras
une si grande peine que tu lui fis malgré lui manger un mois
avec les chiens les mains liées derrière le dos ? Sache que tu 4175
t'es conduit comme un insensé car maintenant tu en subis
une grande honte !

— Es-tu donc ce Greorreas qui avait pris la demoiselle de
force et en fit son plaisir ? Pourtant tu savais bien que dans
la terre du roi Arthur les demoiselles sont protégées. Le roi 4180
a assuré leur sauvegarde en les protégeant et en les
escortant, et je ne pense certes pas que tu me haïsses pour
ce forfait ni que pour cela tu me fasses du mal car j'ai agi
ainsi par loyauté selon la justice qui est établie et fixée dans
toute la terre du roi. 4185

— Gauvain, tu l'as exercée sur moi la justice, je m'en
souviens bien, et maintenant il te convient ainsi de
supporter ce que je ferai. J'emmènerai le bon Guingalet, car
je ne puis maintenant me venger davantage. Il te faudra
l'échanger contre le roussin dont tu as abattu l'écuyer, car 4190
tu n'auras pas d'autre échange. »

Alors Greoreas le laisse et s'élance après son amie qui s'en
allait rapidement à l'amble et il la suit à vive allure. La
mauvaise demoiselle rit et a dit à monseigneur Gauvain : « Hé,
vassal, que ferez-vous ? On peut bien dire de vous que les sots 4195
ne nous manqueront jamais, il ne m'est pas désagréable de
vous suivre, Dieu me garde, de quelque côté que vous alliez je
vous suivrais volontiers. Si le roussin que vous avez pris à
l'écuyer avait pu être une jument ! Je le voudrais bien, vous le
savez, car vous en auriez davantage de honte. » 4200

Aussitôt monseigneur Gauvain monte, comme celui qui savait bien le faire, sur le roussin stupide qui prit le trot. Ce roussin était une bête très laide, le cou maigre, la tête grosse, les oreilles longues et pendantes, il avait perdu ses
4205 dents de vieillesse, et les lèvres de sa bouche restent à une distance de deux doigts, l'œil vitreux et terne, les pieds en crapaud[1], les flancs durs tout déchirés par les éperons. Le roussin était maigre et long, sa croupe était maigre et son échine tordue, les rênes et la têtière de la bride étaient faites
4210 d'une cordelette, la selle était sans couverture et n'était plus neuve depuis un moment, les étriers étaient courts et il les trouve si faibles qu'il n'ose s'y appuyer.

« Ah, certes, les choses vont bien, fait la jeune fille désagréable, je suis maintenant gaie et joyeuse d'aller où
4215 vous voudrez. Il est bien juste et raisonnable que je vous suive volontiers huit ou quinze jours entiers, ou trois semaines ou un mois, car vous êtes bien harnaché ! Vous êtes sur un bon destrier et semblez bien un chevalier qui doive conduire une jeune fille, je veux d'abord m'amuser de
4220 voir vos malheurs ! Piquez un peu votre cheval avec les éperons, essayez-le, et ne vous inquiétez pas, il est très vif et rapide ! Je vous suivrai, c'est convenu, je ne vous abandonnerai pas tant que le déshonneur vous advienne, et, en vérité, cela ne manquera pas de vous arriver. »

4225 Et il répond : « Ma belle amie, vous direz ce que bon vous semblera, mais il sied mal à une demoiselle de dire des méchancetés, passé quinze ans, si elle a soin de mettre son attention à bien faire.

— Comment ? Voulez-vous me faire la leçon, chevalier
4230 d'infortune, de vos leçons je n'ai cure, mais avancez et taisez-vous, car vous êtes maintenant bien installé et je voulais vous voir ainsi. Vous savez bien monter un cheval ! »

---

1. **En crapaud** : qui lui donne une démarche gauche comme un crapaud ; disgrâcieux.

Un univers inquiétant :
Gauvain à la borne de Galvoie

Repères

1. Le motif de la jeune fille et du chevalier blessé est-il nouveau ? Quelle fonction a-t-il ici ?
2. Montrez comment le motif du cheval est le fil rouge de tout l'épisode.
3. Sur quelle représentation de Gauvain se clôt la séquence ? Ce choix ouvre-t-il à une attente du lecteur ?

Observations

4. Montrez comment le chevalier blessé puis la demoiselle au miroir sont des guides sur la voie de l'aventure valorisante. De quelles manières différentes stimulent-ils le désir de Gauvain de s'y engager ?
5. Quels sont les avertissements que Gauvain reçoit ? Sont-ils suivis d'effets ?
6. L'attitude hargneuse de la jeune fille est-elle motivée ? Parvient-elle à mettre Gauvain en difficulté ?
7. Gauvain médecin : en quoi ce savoir, non exploité dans d'autres romans, correspond-il à une des principales qualités du personnage ? De quel effet cette guérison est-elle suivie ?
8. L'écuyer monstrueux : notez les éléments de son portrait. Que laisse supposer sa laideur ? Gauvain se contente de le frapper. Pourquoi ? Quel pouvoir cependant semble avoir ce personnage ?
9. Comment s'explique l'ingratitude du chevalier blessé ? En est-elle plus justifiée ? Comment comprendre qu'il prenne le dessus sur Gauvain ?
10. Gauvain trompé et insulté : notez quelles étapes conduisent à une telle situation.

INTERPRÉTATIONS

11. Montrez que Gauvain applique exactement le code chevaleresque. Pourquoi échoue-t-il alors ? Qu'est-ce que son humiliation indique du monde dans lequel il a pénétré ? Ne devient-il pas ainsi un personnage paradoxal ?

12. L'univers de la borne de Galvoie paraît-il aussi vraisemblable que celui de Tintagel ou d'Escavalon ? Comment peut-on le qualifier ? Dans quel registre glisse-t-on progressivement ?

13. Que remet en cause la demoiselle au miroir par ses avertissements et ses insultes ? Est-il logique que Gauvain devienne sa victime ? Ses paroles traduisent la violence qui régit, de fait, les relations entre hommes et femmes. Quel rappel de cette violence noue un lien implicite avec son attitude haineuse envers les chevaliers ? Comment comprendre alors le sens et la cohérence du couple qu'elle forme pour un temps avec Gauvain ?

DE LA LECTURE À L'ÉCRITURE

14. À l'aide éventuellement d'un schéma, représentez le(s) espace(s) traversé(s) par Gauvain et ses trajets. Reformulez vos remarques dans un texte suivi et essayez de commenter cette représentation spatiale.

Gauvain, un cheminement hasardeux ?

Le relais pris par Gauvain après la tourmente qu'a suscitée la Demoiselle Hideuse inaugure un changement dans l'écriture du roman. À un parcours linéaire organisé en épisodes distincts se substitue une construction déconcertante où les séquences s'emboîtent les unes dans les autres. Accusé du meurtre d'un père, accusation dont il se défend mal et laissant le lecteur perplexe, Gauvain tombe dans une suite d'aventures mi-comiques mi-sérieuses, mais qui aboutissent à le dépouiller de son honneur comme de son escorte. Sous le vernis mondain et futile de ses rencontres féminines se révèle un sens dramatique qui met en cause sa brillante image de héros. Car tout, dans le monde où il pénètre peu à peu, est lourd d'ambiguïté. Le tournoi de Tintagel met aux prises, pour le caprice d'une coquette, un jeune chevalier et son père adoptif d'un rang inférieur. Sous les dehors d'une compétition sportive et festive se lit l'enjeu d'un siège et du dépouillement du vieux seigneur, orchestré par sa propre fille. Au sein de ce drame, Gauvain, d'abord spectateur, se voit accusé d'usurper les signes du chevalier. Mais aussi bien la poursuite d'une biche blanche s'interrompt parce que son cheval perd un fer. À l'évanouissement de l'animal, peut-être féerique, se substitue l'apparition d'un personnage en tous points – physique et discours – courtois qui l'engage à passer un moment de plaisir avec sa sœur. À l'intermède ludique succède l'intermède galant comme un rêve raffiné d'érotisme courtois. Mais Gauvain est chez ses ennemis et le visage de la haine prend les traits grotesque d'une foule en délire qui l'attaque à bon droit. Les repères se troublent et l'univers se peuple de leurres dont le plus ambigu est celui, double, du chevalier blessé et de la belle au miroir. Pris au piège de son orgueil de chevalier et des apparences trompeuses des êtres, Gauvain, humilié, doit troquer son destrier pour un roussin. Il a pénétré dans un monde dont les enchantements ne s'évanouissent à son approche que pour remettre en cause les valeurs – courtoisie et loyauté – dont il est porteur.

Perceval : l'errance stoppée

Interrompant le parcours indécis de Gauvain, le narrateur revient sur Perceval. Un premier héros dont l'excellence guerrière se paie d'une absence à soi, au monde et au temps. Pour retrouver un/le sens, faut-il mettre bas les armes ? C'est la leçon de ce vendredi saint où certains ont vu le pivot du roman. Au chemin perdu du château du graal se substitue le sentier forestier qui mène à la cabane d'un ermite. Ce lieu isolé et modeste s'éclaire soudain d'une révélation qui se veut définitive : Perceval appartient à la famille du graal et la cérémonie que son oncle lui explique n'est pas guerrière mais liturgique. Un roi invisible, frère de la mère, ne survit que d'une hostie portée par le graal. Voici la réponse donnée à la question non posée, elle n'est pas essentielle : l'essentiel est dans le repentir et la connaissance, réservée aux élus, d'une prière secrète faite de noms divins. Élu et maudit, telle semble être la condition contradictoire de Perceval qui fait de lui, d'après J.-J. Vincensini (*Pensée mythique et narrations médiévales*, Champion, 1996), une figure mythique de « médiateur ». Il rejoindrait alors, à l'époque de Pâques, la figure du Christ, médiateur par excellence de l'opposition entre la vie et la mort que son sacrifice et sa résurrection résolvent. Par la prière secrète enseignée par l'ermite, Perceval renoue la communication avec Dieu. L'ermite répond moins qu'il n'engage son neveu vers une autre voie, celles des larmes de la pénitence, celles de l'ascèse. La chevalerie doit-elle devenir célestielle pour être sauvée ?

Une réflexion sur la chevalerie

Perceval a cependant rempli le programme dicté par sa mère : il a mis sa force au service des femmes, il s'est lié avec des « prodommes » (Gauvain plus que Gornemant dont il devient l'égal à travers l'amitié chevaleresque), il a retrouvé Dieu. Entre ces trois devoirs la mère n'avait pas indiqué de priorité. Pour l'ermite, la clé de voûte d'une éthique qui rédimera la chevalerie est le service de Dieu. Le roman ouvre pourtant d'autres pistes.

Gauvain part d'une cour dont il est le plus brillant représentant et plonge dans un monde énigmatique et barbare, rebelle au code chevaleresque. On est allé jusqu'à faire de lui aussi une figure christique. Aux limites du monde arthurien il paye de sa honte – blessure plus grave que celles reçues dans des combats dont il sort toujours vainqueur – sa confrontation avec la violence hors-la-loi des guerriers. Une violence contre laquelle la mère de Perceval s'élevait vainement, une violence que la loi arthurienne s'efforce de canaliser, de moraliser. Ainsi les deux héros concourent-ils à la même réflexion sur la fonction de la chevalerie dans le monde, une fonction que le roman présente comme problématique, non seulement à travers les épreuves que traversent les héros, mais aussi par sa composition en diptyque. L'ermite cherche à fonder une éthique chevaleresque dans le lien réaffirmé avec la loi divine, Gauvain, émanation de la cour d'Arthur, s'efforce d'illustrer un code de valeurs humaines dont le socle est le droit et la loyauté. Ainsi se compléteraient définition spirituelle et définition mondaine d'une chevalerie enfin légitime. Au XIIIe siècle, *La Queste del Saint Graal*, tout entière tournée vers Dieu et rejetant la morale chevaleresque mondaine, et *La Mort du Roi Arthur* qui relate l'effondrement du rêve politique arthurien dans les rivalités tragiques des passions humaines, reprendront le même questionnement pour nier à un royaume basé sur des valeurs humaines la possibilité de perdurer.

Ils parlaient ainsi tous les deux. Il s'en va et elle après lui, mais il ne sait que faire de son roussin car il ne peut en
4235 obtenir ni galop, ni trot, quels que soient ses efforts. Qu'il le veuille ou non il le mène au pas, il l'éperonne, il le bat mais il s'acharne vainement car il est si mauvais qu'il ne quitta pas, en vérité, le pas et qu'il se fatigua pour rien. Il s'en va ainsi sur le roussin à travers forêts désertes et
4240 perdues jusqu'à ce qu'il arrive en pleine campagne près d'une rivière profonde, si large qu'aucune fronde, de mangonneau[1] ni de perrière[2], ne pourrait jeter de pierre de l'autre côté de la rivière ni une arbalète un trait.

Sur l'autre rive se dressait un château très bien construit,
4245 très solide et extrêmement riche, je ne crois pas qu'il me soit permis de mentir. Le château sur une falaise était si richement fortifié que jamais homme qui vive ne vit une si riche forteresse. Sur une roche vive il y avait un palais[3] si riche qu'il était tout en marbre gris. Dans le palais il y avait
4250 bien cinq cents fenêtres ouvertes et garnies de dames et de demoiselles qui regardaient devant elles les prés et les vergers fleuris. Les demoiselles étaient vêtues de satin, pour la plupart. Plusieurs autres étaient vêtues de tuniques de diverses couleurs et de draps de soie brochés[4] d'or.

4255 Ainsi aux fenêtres se tenaient les jeunes filles, montrant leurs têtes et leurs corps gracieux de sorte qu'on les vît de l'extérieur de la taille jusqu'en haut. Et la plus mauvaise créature du monde qui menait monseigneur Gauvain vint tout droit à la rivière, s'arrête, descend du petit palefroi
4260 tacheté, trouve une barque sur la rivière qui était attachée à un bloc de pierre et fermée à clé. Dans la barque il y avait

---

1. **Mangonneau** : machine de guerre et de siège lançant de gros projectiles.
2. **Perrière** : machine de guerre à bascule et contrepoids lançant des projectiles.
3. **Un palais** : le mot peut désigner une demeure luxueuse comme encore aujourd'hui ou, plus souvent, la grande salle d'apparat et de réception d'un château princier. Il semble que, dans la fin du roman, ce soit ce sens qui l'emporte.
4. **Brochés** : tissés avec des fils d'or entremêlés pour former des dessins en relief.

un aviron et sur la pierre se trouvait la clé avec laquelle était fermée la barque. La demoiselle qui avait un cœur perfide entre dans la barque et après elle son palefroi qui l'avait fait maintes fois.   4265

« Vassal, fait-elle, descendez de cheval et entrez avec moi à l'intérieur avec votre roussin qui est plus maigre qu'un poussin, enlevez l'ancre de ce bateau car vous entrerez dans le malheur si vous ne passez pas cette eau ou si vous ne pouvez pas vous enfuir.   4270

— Eh bien ! demoiselle, pourquoi ?

— Ne voyez-vous pas ce que je vois, chevalier ? Vous vous enfuiriez très vite si vous le voyiez. »

Monseigneur Gauvain aussitôt tourne la tête et voit venir parmi la lande un chevalier tout armé et il demande à la   4275 jeune fille :

« Sans vouloir vous déranger, dites-moi qui est celui qui se tient sur mon cheval que m'a enlevé le perfide larron que j'ai guéri de ses plaies ce matin ?

— Je te le dirai, par saint Martin, fait la jeune fille,   4280 loyalement, mais sache sûrement que je ne te le dirais pour rien au monde si j'y voyais pour toi le moindre avantage. Or, parce que je suis sûre qu'il vient pour ton malheur, je ne te le cacherai pas. C'est le neveu de Greorreas, qui l'envoie après toi. Je te dirai pourquoi puisque tu me l'as demandé.   4285 Son oncle lui a ordonné de te poursuivre jusqu'à ce qu'il t'ait tué et de lui apporter ta tête en présent. C'est pourquoi je te conseille de descendre si tu ne veux pas attendre la mort, d'entrer ici et de t'enfuir.

— Certes, je ne m'enfuirai pas pour lui, demoiselle, et je   4290 l'attendrai au contraire.

— Je ne vous le défendrai pas pour sûr, dit la jeune fille, et je me tais, car vous ferez devant ces jeunes filles – celles qui sont là-bas, gracieuses et belles, appuyées à leurs fenêtres – de beaux coups d'éperon et de beaux galops ! C'est pour vous   4295 qu'il leur plaît d'être là, et qu'elles sont venues. Elles mèneront grande joie quand elles vous verront trébucher.

Vous avez bien l'allure d'un chevalier qui doit se battre contre un autre.

4300 — Quoi qu'il doive m'en coûter, jeune fille, je ne m'y déroberai pas, mais j'irai l'affronter, car si je pouvais récupérer mon cheval j'en serais très heureux. »

Il se tourne aussitôt du côté de la lande, et tourne la tête de son roussin vers celui qui par la grève arrivait en éperonnant

4305 son cheval. Monseigneur Gauvain l'attend, il s'appuie si fortement sur les étriers qu'il en rompt le gauche tout net, il laisse alors celui de droite et attend le chevalier ainsi, car le roussin ne bouge absolument pas. Il a beau l'éperonner, il ne peut lui faire faire un mouvement. « Ah, hélas, fait-il, qu'il

4310 est malheureux d'être assis sur un roussin de charretier quand on veut s'adonner à des passes d'armes ! »

Toutefois le chevalier pique vers lui sur un cheval qui ne boite pas et lui donne un tel coup de sa lance qu'elle plie et se brise par le milieu, et son fer reste planté dans l'écu.

4315 Monseigneur Gauvain le vise au-dessus du bord supérieur de son écu, il le heurte si fort qu'il traverse l'écu et le haubert ensemble et l'abat sur le sable fin, il tend la main, retient le cheval et saute en selle. Cette aventure lui est bien agréable, il en éprouve tant de joie dans son cœur qu'il n'a

4320 jamais été aussi joyeux d'un événement. Il retourne auprès de la jeune fille qui était entrée dans la barque, mais il ne l'a pas trouvée, ni elle ni la barque. Cela le contraria beaucoup de l'avoir ainsi perdue et de ne pas savoir ce qu'elle est devenue. Pendant qu'il pensait à la jeune fille, il voit venir

4325 une petite barque qu'un nautonier[1] conduisait et qui venait de la direction du château.

Quand il fut arrivé au ponton, il lui a dit : « Seigneur, je vous apporte le salut de ces demoiselles et elles vous demandent en outre de ne pas garder la propriété qui me

4330 revient de droit, rendez-la-moi, si vous voulez bien. »

---

1. **Un nautonier :** une personne qui conduit un bateau.

Il répond : « Que Dieu bénisse tout ensemble la compagnie des demoiselles. Tu ne perdras rien par mon fait de ce que tu peux réclamer en toute justice, je n'ai pas envie de te causer du tort, mais quelle propriété me réclames-tu ?   4335

— Seigneur, vous avez abattu devant moi un chevalier dont je dois avoir le destrier. Si vous ne voulez pas me léser, vous devez me remettre le destrier. »

Et lui répond : « Mon ami, cette propriété me serait trop pénible à remettre car il me faudrait repartir à pied.   4340

— Hélas, chevalier, à présent elles vous tiennent pour tout à fait déloyal et considèrent très négativement votre conduite, les jeunes filles que vous voyez, puisque vous ne me remettez pas ce qui m'appartient, car il n'est jamais arrivé ni ne s'est produit qu'à ce ponton un chevalier ne soit 4345 abattu, pourvu que je le sache, sans que je n'en aie le cheval, et si je n'avais pas le cheval, je ne pouvais manquer d'avoir le chevalier. »

Monseigneur Gauvain lui dit : « Mon ami, prenez sans contestation le chevalier, ayez-le.   4350

— Il n'est pas encore si étourdi, fait le nautonier, par ma foi. Vous-même, comme je le crois, vous auriez fort à faire pour le prendre s'il voulait se défendre contre vous. Cependant, si vous avez la force d'aller me le prendre et de me l'amener, vous seriez quitte de mon droit de propriété.   4355

— Frère, si je mets pied à terre, pourrai-je me fier à toi pour garder loyalement mon cheval ?

— Oui, sûrement, fait-il. Je vous le garderai loyalement et vous le rendrai volontiers, et je ne me conduirai jamais mal envers vous de toute ma vie, je vous l'assure et le jure. 4360

— Moi, fait-il, je te le confie sur ta promesse et ta parole. »

Il descend aussitôt de cheval, il le lui confie et l'autre le prend et dit qu'il le gardera loyalement. Monseigneur Gauvain s'en va, l'épée tirée, vers celui qui n'a pas besoin 4365 de plus de problème, car il était blessé au côté et avait perdu beaucoup de sang. Monseigneur Gauvain l'attaque à l'épée.

« Seigneur, je ne sais que vous cacher, fait celui qui fut très effrayé, je suis si gravement blessé que je n'ai pas envie
4370 de l'être plus. J'ai perdu des litres de sang, je m'en remets à vous.

— Levez-vous donc d'ici », fait celui-ci.

L'autre se lève avec peine, et monseigneur Gauvain l'emmène au nautonier qui l'en remercie. Monseigneur
4375 Gauvain le prie de lui donner, s'il en sait, des nouvelles d'une jeune fille qu'il avait amenée là, à propos de la direction qu'elle avait prise. Et il lui dit :

« Seigneur, ne vous souciez pas de l'endroit où se dirige la jeune fille car elle n'est pas une jeune fille mais un être pire
4380 que Satan : à ce ponton elle a fait trancher la tête à maint chevalier. Mais si vous voulez me faire confiance, venez vous loger chez moi dans la demeure qui m'appartient, car il ne serait pas bon pour vous de rester sur ce rivage, c'est une terre sauvage pleine de grands prodiges.

4385 — Mon ami, puisque tu me conseilles, je veux m'en tenir à ton conseil quoi qu'il doive m'arriver. »

Il suit la recommandation du nautonier et tire son cheval derrière lui, il entre dans le bateau et ils s'en vont. Ils
4390 parviennent sur l'autre rive, la demeure du nautonier se dressait près de l'eau et elle était digne d'accueillir un comte car elle était très confortable et belle. Le nautonier emmène son hôte et son prisonnier et il manifeste la plus grande joie qui soit. De tout ce qui convient à un homme de valeur,
4395 Gauvain fut servi. Pluviers[1], faisans, perdrix et gibier furent présents au souper, les vins étaient forts et clairs, blancs et rouges, nouveaux et vieux. Le nautonier était content d'avoir son prisonnier et son hôte. Ils ont bien mangé, on ôte la table et ils se lavent les mains.

---

1. **Pluviers** : oiseaux échassiers.

Monseigneur Gauvain eut cette nuit un logement et un hôte   4400
à sa convenance car il eut beaucoup de plaisir au service du
nautonier et il lui plut.

Le lendemain, dès qu'il put voir que le jour avait paru, il
se leva comme il le devait, à son habitude, et le nautonier se
leva aussi par amitié pour lui. Ils étaient tous les deux   4405
appuyés aux fenêtres d'une tourelle et monseigneur
Gauvain regarde la région qui était très belle. Il vit les
forêts, les plaines et le château sur la falaise.

« Seigneur, fait-il, sans vous déplaire, je veux vous
demander et apprendre de vous qui est le seigneur de cette   4410
terre et de ce château que voici. »

Son hôte lui répond aussitôt : « Seigneur, je ne sais pas.

— Vous ne le savez pas ? C'est extraordinaire ce que vous
venez de me dire, vous êtes un serviteur du château, vous
avez de très grandes rentes[1] et vous ne savez pas quel en est   4415
le seigneur !

— C'est la vérité, fait-il. Je ne peux pas vous le dire car je
ne le sais pas ni ne le sus jamais.

— Bel hôte, dites-moi donc qui défend et protège le château.

— Seigneur, il y a une très bonne garde de cinq cents arcs   4420
et arbalètes qui toujours sont prêtes à tirer. Si quelqu'un
voulait attaquer, elles ne cesseraient de tirer sans se lasser
car elles sont ordonnées en vertu de ce dispositif. Mais je
vous dirai de sa situation qu'il s'y trouve une reine, une très
grande dame, riche et pleine de sagesse, qui est de très haut   4425
rang. La reine avec son trésor qui est fourni en or et en
argent vint demeurer dans ce pays, elle s'y fit construire ce
château fort que vous pouvez voir ici, et elle amena avec
elle une dame qu'elle aime tant qu'elle l'appelle reine et fille.
Celle-ci a une autre fille qui ne dégrade pas sa parenté ni ne   4430
la déshonore car je ne crois pas qu'il y ait sous le ciel une

---

1. **Rentes** : revenus d'un bien. Allusion probable au droit de passage que
touche le nautonier dans cet épisode.

femme plus belle ni mieux éduquée. La grande salle est très bien protégée par art et par enchantement, comme vous le saurez prochainement s'il vous plaît que je vous le dise. Un
4435 savant en astronomie que la reine amena dans ce grand palais qui est là a fabriqué un ensemble d'engins extraordinaires dont vous n'avez pu voir jamais les semblables. Par la foi que je vous dois, sachez bien, grâce à moi, qu'un chevalier ne pourrait y entrer et y rester l'espace d'une
4440 demi-lieue vif et sain s'il était rempli de convoitise, ou avait en lui quelque vice de mensonge ou de cupidité. Aucun lâche ou traître n'y perdure, pas plus que les déloyaux et les parjures, ils meurent promptement sans pouvoir perdurer ni vivre. Mais il y a beaucoup d'écuyers venus de maintes
4445 terres qui servent à l'intérieur pour apprendre les armes. Ils sont bien plus de cinq cents, les uns barbus, les autres non, cent qui n'ont ni barbe ni moustache, et cent autres dont la barbe pousse, cent qui rasent et coupent leurs barbes chaque semaine et cent plus blancs que laine, cent enfin
4450 grisonnants. Il y a des dames âgées qui n'ont plus ni maris ni seigneurs mais qui ont été déshéritées très injustement de leurs terres et possessions depuis la mort de leurs maris, et des demoiselles orphelines vivant avec les deux reines qui les tiennent en grand honneur. Ce sont ces gens qui vont et
4455 viennent dans le palais et qui sont animés d'une espérance folle : que vienne un chevalier qui les prenne sous sa garde, qui rende aux dames leurs biens, donne des époux aux jeunes filles et fasse chevaliers les écuyers. Mais la mer sera transformée en glace avant que l'on trouve un tel chevalier
4460 qui puisse rester en ce lieu, car il lui faudrait être parfaitement généreux et vaillant, sans convoitise, beau et hardi, honnête et loyal, sans bassesse et sans défaut. Si un tel homme pouvait venir, il pourrait tenir le pays, il rendrait leurs terres aux dames, pacifierait les guerres mortelles,
4465 marierait les jeunes filles, adouberait les écuyers, et supprimerait sans retard les enchantements du palais. »

Ces informations plurent à monseigneur Gauvain et lui furent agréables.

« Mon hôte, fait-il, descendons, faites-moi porter sans attendre mes armes et mon cheval car je ne veux plus m'attarder ici. Je vais partir. 4470

— Seigneur, de quel côté ? Restez, que Dieu vous garde, aujourd'hui et demain, ou encore plus.

— Mon hôte, ce ne sera pas le moment. Que bénie soit votre demeure ! Je m'en irai, que Dieu m'aide, voir les dames là-haut et les prodiges qui y sont. 4475

— Taisez-vous, seigneur ! Vous ne ferez pas cette folie, plaise à Dieu, croyez-moi, restez.

— Taisez-vous, mon hôte ! Vous me prenez pour un lâche et un poltron. Que Dieu n'ait plus de part sur mon âme, si je demande le moindre conseil ! 4480

— Par ma foi, seigneur, je me tairai, car ce serait peine perdue. Quand y aller vous plaît si fort, allez-y, mais cela me chagrine. Il faut que je vous y conduise car aucun autre guide, sachez-le bien, ne vaudrait plus que moi. Mais je voudrais avoir de vous un don. 4485

— Mon hôte, quel don ? Je veux le savoir.

— Promettez-le moi d'abord.

— Bel hôte, je ferai votre volonté pourvu qu'il n'y ait point de honte[1]. » 4490

Il commande alors qu'on sorte de l'étable son destrier tout harnaché pour chevaucher, il a demandé ses armes, elles lui sont apportées. Il s'arme et monte à cheval, il s'en va. Le nautonier se prépare à monter sur un palefroi car il veut le conduire en sûreté là où il se rend contre sa volonté. 4495
Ils avancent jusqu'au pied de l'escalier qui était devant le

---

1. Par ma foi [...] honte : ce passage met en scène le motif du « don contraignant » : quelqu'un demande à quelqu'un d'autre de faire, en guise de don, une sorte de promesse en blanc, sans lui dire sur quoi elle porte exactement. Par la clause de « l'honneur », Gauvain se déliera de cette promesse qui consistait à ne pas s'asseoir sur le lit du palais.

palais. Ils trouvent assis tout seul sur une botte de joncs un homme avec une seule jambe qui avait une prothèse en argent incrusté de cuivre, très bien dorée et qui était ornée
4500 régulièrement de bandes d'or et de pierres précieuses. L'infirme n'avait pas les mains inactives car il tenait un petit couteau et s'appliquait à appointer un bâton de frêne. L'infirme ne s'adresse pas à ceux qui passent devant lui et eux ne lui ont pas dit un mot. Le nautonier tire à lui
4505 monseigneur Gauvain et lui dit :

« Seigneur, que vous semble de cet infirme ?

— Son échasse n'est pas en bois de tremble, fait monseigneur Gauvain, par ma foi, et ce que je vois est très beau.

— Au nom de Dieu, fait le nautonier, par la parole que je
4510 vous dois, beau cher seigneur, l'infirme est vaillant et riche. Celui qui l'a assis à la porte ne fut pas chiche envers lui. Je vous dis qu'il lui a assuré de très grandes et très belles rentes. Vous auriez déjà entendu des nouvelles qui vous auraient bien contrarié si je ne vous tenais pas compagnie
4515 et ne vous conduisais. »

Ainsi passent-ils tous les deux et les voici arrivés au palais dont l'entrée était très haute et les portes hautes et belles car tous les gonds et les gâches étaient d'or fin, d'après l'histoire. L'une des portes était en ivoire, bien sculptée au-dessus,
4520 l'autre porte était d'ébène ouvragée également. Chacune était enluminée[1] d'or et de pierre de grande vertu. Le pavement du palais était vert et vermeil, violet et bleu sombre, de toutes les couleurs, très bien ouvragé et bien poli.

Au milieu du palais il y avait un lit où il n'y avait pas le
4525 moindre bois ni rien qui ne soit en or, sauf les cordes qui étaient toutes en argent. Je ne dis aucun mensonge à propos du lit : à chaque entrelacement des cordes était suspendue une clochette. Dessus le lit était étendue une grande couverture en satin, à chacun des montants du lit était accrochée une

---

1. **Enluminée** : coloriée, éclairée.

escarboucle[1] qui jetait une lueur aussi grande que celle de quatre cierges bien embrasés. Le lit était posé sur des chiens grotesques qui fronçaient leurs joues et les grotesques reposaient sur quatre roues si rapides et mouvantes que d'un seul doigt on pouvait faire aller le lit d'un bout à l'autre si on le poussait légèrement. Ce lit fut tel, si on veut raconter la vérité, que jamais on n'en fit ni pour roi, ni pour comte, ni on n'en fera jamais. Le palais était entièrement recouvert de tentures et à son sujet je veux que l'on me croie, il n'y avait pas une once de craie. Les murs étaient de marbre, au-dessus il y avait des verrières si claires que si l'on faisait attention on pouvait voir par la verrière tous ceux qui entraient dans le palais et passaient par la porte. Le verre était peint des plus riches et des meilleures couleurs qu'on sache décrire et faire, mais je ne veux pas maintenant raconter ni détailler toutes les choses. Dans le palais il y avait bien trois cents fenêtres closes et cent ouvertes.

Monseigneur Gauvain regardait le palais avec attention en haut, en bas, çà et là. Quand il eut regardé partout, il a appelé le nautonier et lui a dit :

« Bel hôte, je ne vois ici aucune chose qui fasse craindre de devoir entrer dans le palais. Dites-moi donc ce que vous pensez quand vous me défendez si fort de venir voir. Je veux m'asseoir dans ce lit.

— Ah, beau seigneur, Dieu vous en garde, n'approchez pas de ce côté car si vous vous approchiez, vous mourriez de la pire mort dont un chevalier mourut jamais.

— Mon hôte, et que ferai-je donc ?

— Quoi, seigneur ? Je vous le dirai puisque je vous vois disposé à conserver votre vie. Quand vous vouliez venir ici, je vous demandais dans ma demeure un don, vous n'avez pas su lequel. Je veux maintenant vous demander le don

---

1. Une escarboucle : l'escarboucle est la pierre la plus précieuse car elle brille par sa propre lumière. En cela elle est supérieure au cristal qui a besoin des rayons du soleil pour resplendir.

que vous retourniez dans votre terre, vous raconterez à vos amis et aux gens de votre pays que vous avez trouvé un palais tel que jamais si beau ne fut regardé et que ni vous ni
4565 autre n'avez jamais connu.

— Je dirai donc que Dieu me hait et que je suis aussi déshonoré ! Cependant, mon hôte, il me semble que vous avez parlé pour mon bien, mais je n'abandonnerai pour rien le projet de m'asseoir sur le lit ni de voir les jeunes filles
4570 qu'hier au soir je vis accoudées aux fenêtres qui sont ici. »

Celui-ci, qui pour mieux frapper recule, dit : « Vous ne verrez aucune des jeunes filles dont vous parlez. Mais repartez comme vous êtes venu car il est absolument impossible que vos yeux les voient, tandis que parmi ces
4575 verrières elles vous voient bien en ce moment les jeunes filles, les reines et les dames, Dieu me garde, qui sont dans les chambres de l'autre côté.

— Par ma foi, fait monseigneur Gauvain, je m'assoirai au moins sur le lit si je ne vois pas les jeunes filles, car je ne
4580 pense pas ni ne crois qu'un tel lit n'a pas été fait pour qu'un homme noble ou une noble dame ne s'y étende, et j'irai m'asseoir par mon âme quoi qu'il doive m'en arriver. »

L'autre voit qu'il ne peut le retenir, il cesse de parler, mais il ne voulut pas rester dans le palais pour le voir s'asseoir
4585 sur le lit. Il part et dit : « Seigneur, je suis chagriné et accablé par votre mort, car jamais aucun chevalier ne s'assit sur ce lit sans mourir, c'est le Lit de la Merveille où personne ne dort, ne sommeille, ne se repose ou s'assoit et s'en relève sain et sauf. C'est un très grand malheur que
4590 vous, vous laissiez ici votre vie en gage sans rachat et sans rançon. Puisque ni par amitié ni par querelle je ne peux vous emmener d'ici, que Dieu ait pitié de votre âme, car mon cœur ne pourrait supporter que je vous voie mourir. »

Alors il sort du palais, et monseigneur Gauvain s'assoit
4595 sur le lit, armé comme il l'était, son écu au cou. Quand il s'assoit, les cordes poussent un gémissement et les clochettes tintent, et font retentir tout le palais. Toutes les

fenêtres s'ouvrent et les prodiges se révèlent, les enchantements apparaissent au grand jour, car par les fenêtres volè-
rent des flèches et des carreaux[1] d'arbalète, et plus de cinq   4600
cents frappèrent l'écu de monseigneur Gauvain sans qu'il
sache qui l'avait frappé. L'enchantement était tel qu'aucun
homme ne pouvait voir de quel côté les carreaux venaient
ni les archers qui les tiraient, et vous pouvez bien comprendre qu'il y eut un grand fracas quand les arbalètes et les arcs   4605
se détendirent. Monseigneur Gauvain aurait voulu ne pas
être là pour mille marcs en cet instant. Mais les fenêtres
sans attendre se refermèrent sans que personne ne les
pousse. Monseigneur Gauvain ôta les carreaux qui s'étaient
fichés dans son écu et qui l'avaient blessé en plusieurs   4610
endroits du corps, si bien que son sang coulait. Avant qu'il
les eût tous enlevés, une autre épreuve surgit : un rustre
avec un pieu frappa dans une porte, la porte s'ouvrit et un
lion affamé grand et robuste, cruel et plein de force, bondit
par la porte hors d'un antre et assaille monseigneur   4615
Gauvain avec rage et férocité. Comme s'il s'agissait de cire,
il plante tous ses ongles dans son écu et le fait tomber à
genoux. Mais lui saute aussitôt sur ses pieds et tire du fourreau sa bonne épée. Il le frappe si fort qu'il lui tranche la
tête et les deux pattes. Alors monseigneur Gauvain fut   4620
content, les pattes restent pendues par les ongles à son écu,
ceux-ci apparaissant à l'intérieur et celles-là pendant à
l'extérieur. Quand il eut tué le lion, il retourne s'asseoir au
milieu du lit.

---

1. **Carreaux :** sorte de flèches à fer en losange.

PASSAGES

Repères

1. Que rappelle l'association château et rivière infranchissable ? Le scénario cependant se répète-t-il ?
2. Quel conflit est réglé au début de la séquence ?
3. Notez les étapes qui conduisent à l'épreuve qualifiante. En quoi cette séquence est-elle une séquence de transition ?

Observations

4. Qu'est-ce qui transforme le combat en un spectacle ? L'enjeu n'est-il que ludique ?
5. La disparition de la « male damoiselle » (la Demoiselle odieuse) est-elle expliquée ? Par qui est-elle « remplacée » ?
6. En quoi consiste le droit de passage ? Est-il motivé ?
7. Comment le nautonier qualifie-t-il la région ? Dans quel univers est-on entré ? Quels en sont les premiers indices ?
8. Que nous apprend la longue description du château et de ses habitants ? Détaillez la nature des informations qui sont données. Quelle fonction a cette description par rapport au lecteur, par rapport à Gauvain ? Par quelle autre description est-elle complétée ? Qu'ajoute celle-ci ?
9. Le personnage de l'infirme : en quoi s'accorde-t-il au château ? à l'atmosphère dans laquelle baigne la séquence ?

Interprétations

10. Le nautonier est un personnage ambigu : est-il un adjuvant du héros ? Quelle est sa fonction par rapport à celui-ci ? À quel type de personnages son rôle de passeur l'associe-t-il ? Que peut-on penser du monde auquel appartient le château ?

11. Un château de femmes. À quels autres fait-il penser ? La présence majoritaire des femmes exclut-elle celle des hommes ? Qu'est-ce qui est suspendu dans ce château ? Quelles sont les qualités requises d'un éventuel « libérateur » ? Qu'attend-on de lui ?

12. Le « Lit de la Merveille ». Que peut symboliser le lit ? Quelle place prend-il au sein du système des objets qu'organise le récit ?

De la lecture à l'écriture

13. Les premiers romans, dits romans antiques, privilégient la description d'objets et d'édifices. Montrez comment, dans le même exercice, Chrétien utilise lui aussi l'hyperbole pour créer des architectures et des objets fabuleux. Que pouvez-vous en conclure sur l'esthétique médiévale ?

4625 Son hôte avec un visage joyeux revient aussitôt dans le palais, il le trouve assis sur le lit et lui dit : « Seigneur, je vous assure que vous n'avez désormais plus rien à craindre. Ôtez votre armure entièrement car les prodiges de ce palais sont abolis pour toujours par vous qui êtes venu ici, et des
4630 jeunes comme des vieux vous serez servi et honoré ici, Dieu en soit adoré ! »

Alors arrivent des jeunes gens en foule, tous très bien vêtus de tuniques. Ils se mettent tous à genoux et disent : « Très cher et doux seigneur, nous vous offrons nos services comme
4635 à celui que nous avons beaucoup attendu et désiré car vous avez trop tardé à venir à notre aide, c'est notre avis. »

Aussitôt l'un d'eux l'a pris, il commence à le désarmer, les autres conduisent à l'étable son cheval qui était dehors. Pendant qu'il enlevait ses armes, une jeune fille arriva, belle et
4640 avenante, avec un cercle d'or sur la tête, dont les cheveux étaient aussi blonds que l'or et même plus. Elle avait un visage blanc et par-dessus Nature l'avait enluminé d'une pure couleur vermeille. La jeune fille était parfaite, belle et bien faite, élancée et droite. Après elle vinrent des demoiselles ainsi
4645 élégantes et belles, puis un jeune homme tout seul qui portait une robe à son cou, ainsi qu'une tunique, un manteau et un gilet. Le manteau était fourré d'hermine et de zibeline noire comme mûre, et par-dessus l'étoffe était d'une écarlate[1] vermeille. Monseigneur Gauvain admire les jeunes filles qu'il
4650 voit venir et ne peut s'empêcher de se lever d'un bond à leur rencontre. Il dit : « Jeunes filles, soyez les bienvenues. » La première s'incline et dit : « Ma dame la reine, beau et cher seigneur, vous envoie son salut et nous commande à toutes de vous tenir pour notre seigneur légitime et de venir toutes vous
4655 servir. Je vous promets mon service, la première en toute loyauté, et ces jeunes filles qui viennent ici vous tiennent toutes pour leur seigneur, car elles vous avaient beaucoup

---

1. **Écarlate** : voir note 2 p. 100.

désiré. Elles sont maintenant heureuses de voir le meilleur de
tous les hommes vaillants. Seigneur, il n'y a rien d'autre à dire,
car nous sommes prêtes à vous servir. »   4660

À ces mots, elles se sont agenouillées toutes et elles
s'inclinent comme celles qui se destinent à le servir et
l'honorer. Il les fait aussitôt se relever puis se rasseoir, car il
a plaisir à les voir d'une part parce qu'elles sont belles et
plus encore parce qu'elles font de lui leur prince et leur   4665
seigneur. Il éprouve de la joie, plus grande qu'il n'en eut
jamais, de l'honneur que Dieu lui a fait. Alors la jeune fille
s'est avancée et lui a dit : « Ma dame vous envoie cette robe
à mettre avant qu'elle ne vous voie, car elle pense en femme
qui n'est pas dépourvue de courtoisie et d'intelligence que   4670
vous avez eu beaucoup de peine, de fatigue et de chaleur.
Enfilez-la et voyez si elle est à votre taille, car après la
chaleur les sages se protègent du froid car alors le sang se
trouble et s'engourdit. C'est pourquoi ma dame vous
envoie une robe d'hermine afin que le froid ne vous fasse   4675
pas mal. De même que l'eau devient de la glace, le sang se
fige et se coagule quand, après la chaleur, on frissonne. »

Monseigneur Gauvain répond comme l'homme le
meilleur du monde :

« Que Dieu en qui nul bien ne manque protège ma dame   4680
la reine et vous pour votre éloquence, votre courtoisie et
votre grâce. Je pense que la dame qui a de si courtoises
messagères est très sage. Elle sait bien ce qu'il faut et ce qui
convient à un chevalier quand elle m'envoie, qu'elle en soit
remerciée, une robe à me mettre. Remerciez-la beaucoup   4685
pour moi.

— Je le ferai, je vous l'accorde volontiers, fait la jeune
fille, et vous pourrez pendant ce temps vous habiller et
regarder l'état de ce pays par les fenêtres, et vous pourrez,
si cela vous plaît, monter à cette tour pour regarder les   4690
forêts, les plaines et les rivières jusqu'à ce que je revienne. »

Alors la jeune fille repart et monseigneur Gauvain revêt
la robe qui est très riche et il l'attache à son cou avec un

fermoir suspendu à l'encolure. Il a le désir d'aller voir ce qui
4695 était à l'extérieur de la tour. Il y va avec son hôte, ils
montent par un escalier en colimaçon à côté de la grande
salle voûtée jusqu'à ce qu'ils arrivent au sommet de la tour
et voient le pays alentour plus beau qu'on ne saurait le dire.
Monseigneur Gauvain admire les rivières, les plaines et les
4700 forêts pleines d'animaux. Il s'est retourné vers son hôte et
lui a dit :

« Mon hôte, par Dieu, il me plaît bien de rester ici pour
aller chasser et tirer à l'arc dans ces forêts là-devant nous.

— Seigneur, fait le nautonier, vous pouvez bien faire
4705 silence à ce propos, car j'ai souvent entendu dire de celui que
Dieu aimerait assez pour qu'il soit proclamé le seigneur de
ces lieux et leur légitime défenseur qu'il est établi et fixé qu'il
ne sortirait jamais de ces maisons, à tort ou à raison. C'est
pourquoi il ne faut pas que vous rêviez de chasser et de tirer
4710 à l'arc, car votre séjour est ici et vous n'en sortirez jamais.

— Mon hôte, taisez-vous, fait-il. Je deviendrai fou si je
vous en entends dire davantage. Sachez bien que je ne
pourrais vivre ici plus de sept jours comme sept cents ans si
je n'en sortais pas toutes les fois que j'en ai envie. »

4715 Ils sont alors redescendus et rentrés dans le palais. Il s'est
rassis sur le lit très en colère et soucieux, la mine triste
et sombre.

La jeune fille qui était venue auparavant revient. Quand
monseigneur Gauvain la voit, il s'est levé à sa rencontre,
4720 furieux comme il était, et l'a saluée aussitôt. Elle vit bien que
son ton et sa contenance avaient changé, il lui semble bien à le
voir qu'il est irrité par quelque chose, mais elle n'ose le lui
montrer et lui dit : « Seigneur, quand il vous plaira, ma dame
viendra vous voir, mais le souper est préparé, vous mangerez
4725 quand vous voudrez, soit là en bas, soit ici en haut. »

Monseigneur Gauvain répond : « Belle, je n'ai pas envie
de manger, que le malheur étreigne mon cœur si je mange
ou éprouve de la joie avant d'entendre des nouvelles dont
je puisse me réjouir, car j'ai bien besoin d'en entendre. »

La jeune fille toute troublée, est aussitôt repartie ; la reine 4730
l'appelle auprès d'elle et lui demande des nouvelles.

« Belle nièce, fait la reine, dans quel état et dans quelle
attitude avez-vous trouvé le chevalier que Dieu nous a donné ?

— Ah, dame, reine honorée, je suis morte de chagrin et
affreusement affligée car on ne peut tirer du noble et 4735
généreux seigneur aucune parole qui ne soit de chagrin ou
de colère, je ne sais pas pourquoi, je ne peux pas vous le
dire car il ne me l'a pas dit ni ne le sais et je n'ai pas osé le
lui demander. Mais je peux bien vous dire à son sujet que la
première fois aujourd'hui je l'ai trouvé si bien éduqué, si 4740
éloquent, si plein de bonnes manières, qu'on n'aurait pas
pu se rassasier d'écouter ses paroles ni de voir son beau
visage. Il a maintenant tant changé qu'il voudrait, je crois,
être mort car il n'entend rien qui ne le chagrine.

— Ma nièce, ne vous inquiétez pas car il sera vite apaisé 4745
dès qu'il me verra. Il n'aura pas si grand chagrin dans le
cœur que je ne l'en aie ôté et mis de la joie à la place. »

La reine alors s'est mise en route et s'est rendue dans le
palais, avec l'autre reine à qui cette visite plaît beaucoup.
Elles emmenèrent à leur suite deux cent cinquante 4750
demoiselles et au moins autant de jeunes hommes. Dès
que Gauvain vit la reine arriver en tenant l'autre par la
main, son cœur lui dit que c'est la reine dont il avait
entendu parler, car souvent le cœur devine. Mais il
pouvait le deviner en voyant les tresses blanches qui lui 4755
pendaient jusqu'aux hanches. Elle était vêtue d'une robe
de brocart[1] blanche à fleurs d'or finement brodées. Quand
monseigneur Gauvain l'aperçoit, il se hâte d'aller à sa
rencontre, il la salue et elle lui dit :

---

1. **Une robe de brocart :** une robe en soie rehaussée de dessins brochés de
fils d'or (voir note 4 page 200).

4760 « Seigneur, je suis après vous la dame de ce palais, je vous en laisse la seigneurie, vous l'avez bien disputée. Mais êtes-vous de la maison du roi Arthur ?

— Dame, oui, tout à fait.

— Qui êtes-vous ? je veux savoir : des chevaliers de la
4765 garde qui ont fait maintes prouesses ?

— Dame, non.

— Je vous crois. Qui êtes-vous ? Dites-le-moi. De ceux de la Table Ronde qui sont les plus réputés du monde ?

— Dame, dit-il, je n'oserais dire que j'appartiens aux
4770 plus réputés, ni que je fais partie des meilleurs, mais je ne crois pas être des pires. »

Et elle lui répond : « Beau seigneur, je vous entends prononcer des paroles courtoises, vous qui ne vous attribuez ni le prix du meilleur, ni le blâme du pire. Mais dites-moi au
4775 sujet du roi Lot, combien de fils il eut de sa femme.

— Dame, quatre.

— Nommez-les-moi.

— Dame, Gauvain était l'aîné, le second Agravain, l'orgueilleux aux rudes mains, Gaheriet et Guerehet sont
4780 les noms des deux suivants. »

La reine dit encore : « Seigneur, que Dieu m'aide, ce sont bien leurs noms, il me semble. Plût à Dieu que tous ensemble ils fussent ici avec vous ! Dites-moi donc, connaissez-vous le roi Urien ?
4785 — Dame, oui.

— A-t-il des fils à la cour ?

— Dame, oui, et de grande réputation. L'un est monseigneur Yvain, le courtois, le bien éduqué. Je suis plus content toute la journée quand j'ai pu le voir le matin, tant je le trouve sage et
4790 courtois. L'autre s'appelle aussi Yvain, il n'est pas son vrai frère, c'est pourquoi on l'appelle le Bâtard. Il a le dessus sur tous les chevaliers qui cherchent à le combattre. Tous les deux sont à la cour très vaillants, très sages et très courtois.

— Beau seigneur, fait-elle, le roi Arthur, comment va-t-il
4795 en ce moment ?

— Mieux qu'il ne l'a jamais été, il est plus en forme, plus vif et plus robuste.

— Par ma foi, seigneur, c'est normal car c'est un enfant que le roi Arthur, il a cent ans au plus et ne peut avoir davantage. Mais je veux encore savoir de vous, dites-moi 4800 seulement, quelles sont l'attitude et les manières d'être de la reine, si cela ne vous ennuie pas.

— Dame, pour dire vrai, elle est si courtoise, si belle et si sage, que Dieu ne fit de loi ni de langage en un endroit où l'on puisse trouver si belle dame. Depuis que Dieu eut formé la 4805 première femme de la côte d'Adam, il n'y eut de dame si renommée. Et elle doit l'être : comme un sage maître éduque les petits enfants, ma dame la reine éduque et enseigne tous les hommes. D'elle découle tout le bien, d'elle il naît et d'elle il prend son mouvement. Personne ne peut quitter ma dame 4810 affligé comme il est venu, car elle sait bien ce qui convient à chacun. Aucun homme n'accomplit une action belle et honorable que ma dame ne le lui ait appris. Aucun homme ne sera si mal en point qu'il quitte ma dame en colère.

— Vous en ferez autant, seigneur, avec moi. 4815

— Dame, fait-il, je vous crois bien car, avant de vous voir, peu m'importait ce que je pouvais faire car j'étais abattu et triste. Maintenant je suis si joyeux et content que je ne pourrais l'être plus.

— Seigneur, par Dieu qui me fit naître, fait la reine aux 4820 blanches tresses, vos joies seront encore redoublées et votre bonheur s'accroîtra toujours et il ne vous fera jamais défaut. Et puisque vous êtes bien et joyeux, le repas est prêt, nous mangerons quand il vous plaira et dans le lieu où il vous semblera bon. Si cela vous plaît vous mangerez ici, et s'il vous 4825 plaît, vous viendrez manger dans mes chambres en dessous.

— Dame, je ne veux pas échanger ce palais pour aucune chambre, car on m'a dit qu'aucun chevalier jamais n'y mangea ni ne s'y assit.

— Non, seigneur, qui ensuite en sortît ou, vivant, y 4830 demeurât le temps de parcourir une lieue ou même la moitié.

— Dame, j'y mangerai donc, si vous me le permettez.

— Je vous le permets, seigneur, bien volontiers. Vous serez le premier chevalier à y manger. »

4835 Alors la reine s'en va, elle laisse bien cent cinquante de ses suivantes parmi les plus belles qui mangèrent dans le palais avec lui, le servirent et parlèrent gentiment de tout ce dont il avait envie. Plus de cent écuyers le servirent à son repas, les uns avaient les cheveux tout blancs, les autres les avaient

4840 grisonnants et d'autres pas, d'autres n'avaient ni barbe ni moustache, et parmi ceux-ci deux se tenaient à genoux devant lui, l'un pour découper la viande, l'autre pour verser à boire. Monseigneur Gauvain fit asseoir son hôte à ses côtés, le repas fut long car il dura plus qu'un des jours

4845 proches de la Nativité. Il faisait nuit épaisse et noire et on avait allumé beaucoup de grosses torches avant que le repas soit terminé. Après le repas s'engagèrent beaucoup de conversations, s'organisèrent bien des danses et des rondes. Après manger, avant d'aller se coucher, tous s'efforcent de

4850 faire fête à leur seigneur qu'ils aiment beaucoup. Quand il voulut se coucher, il s'allongea sur le Lit de la Merveille. Une des jeunes filles lui mit sous la tête un oreiller qui lui procura un paisible sommeil.

Gauvain, le chevalier élu ?

Repères

1. Quel personnage est présent tout au long de l'épisode ? Quel rôle joue-t-il ?
2. Sur quoi s'ouvre et se referme la séquence ?

Observations

3. Comment qualifier l'épreuve qu'affronte Gauvain ? Quels en sont les moments ?
4. Rites d'hospitalité : quelle est la cause de cette munificence ? Montrez en détail que Chrétien fait le choix de l'hyperbole.
5. Qu'apprend Gauvain ? Comment comprendre le sens de cet interdit ? Comment réagit le héros ? Notez comment tout ce passage précise certains traits de caractère propres à ce personnage.
6. Quel est le pouvoir de la reine ? Se confirme-t-il ?
7. De quoi fait-elle parler Gauvain ? Est-ce seulement pour apprendre son identité ?
8. L'éloge des chevaliers de la Table Ronde culmine avec celui de Guenièvre. Notez les qualités qui lui sont attribuées. La reine du château est-elle si différente ? Commentez ce rapprochement entre les figures royales féminines.

Interprétations

9. Gauvain le chevalier « attendu et désiré » : de quoi libère-t-il les gens du château ? Sa mission est-elle claire ? Quel rapport cette épreuve entretient-elle avec celle de Perceval au château du graal ? Gauvain serait-il un anti-

Perceval ? Relevez les correspondances et les écarts entre les deux épisodes et les deux personnages.

10. Une « cité des dames » : quelles fonctions complémentaires les jeunes filles et la vieille reine remplissent-elles auprès de Gauvain ? Quel est leur but ? Qu'incarne, sous certains aspects, le château ?

De la lecture à l'écriture

11. Pour certains critiques, le château des reines est situé dans l'Autre Monde féerique. Discutez cette lecture en classant les indices qui la confirment ou l'infirment. Présentez une conclusion argumentée.

Le lendemain au réveil on lui avait fait préparer une robe d'hermine et de satin. Le nautonier vint au petit matin 4855 devant son lit, il le fit se lever, habiller et laver ses mains. À son lever se trouvait Clariant, la vaillante, la noble, l'avenante, la sage, aux belles paroles. Elle part ensuite dans la chambre où se tenait la reine, sa grand-mère, qui lui demande en l'embrassant : 4860

« Ma nièce[1], par la foi que vous me devez, notre seigneur est-il déjà levé ?

— Oui, ma dame, depuis un moment.

— Et où est-il, ma belle nièce ?

— Dame, il est allé dans la tourelle, je ne sais pas s'il en 4865 est redescendu.

— Nièce, je veux aller auprès de lui et, à Dieu plaise, il n'aura aujourd'hui que joie et plaisir. »

Aussitôt la reine se dresse, car elle désire aller auprès de lui. Elle finit par le voir en haut des fenêtres d'une tourelle 4870 d'où il regardait une jeune fille et un chevalier en armes venir sur le pré. Pendant qu'il était à regarder, voici que viennent de l'autre côté les deux reines côte à côte. Elles ont trouvé à deux fenêtres monseigneur Gauvain et son hôte.

« Seigneur, que ce jour vous soit bon ! font les deux reines, 4875 que cette journée soit pour vous joyeuse et heureuse, que vous l'accorde le Glorieux Père qui de sa fille fit sa mère !

— Que vous donne une grande joie, dame, Celui qui envoya Son Fils sur terre pour exalter la chrétienté ! Si vous le voulez bien, venez jusqu'à cette fenêtre et dites-moi qui 4880 peut être cette jeune fille qui vient par ici accompagnée d'un chevalier qui porte un écu écartelé[2].

— Je vous le dirai volontiers, fait la dame qui regarde les arrivants : c'est celle – puisse-t-elle brûler en enfer – qui hier au soir vint ici avec vous. Ne vous souciez plus d'elle car 4885

---

1. **Ma nièce** : nièce est souvent synonyme de « petite fille » qui ne s'emploie guère en ancien français.
2. **Écartelé** : terme d'héraldique désignant un écu partagé en quatre quartiers égaux.

elle est trop orgueilleuse et vile. Je vous prie de ne pas vous occuper non plus du chevalier qu'elle emmène, car il est, soyez-en sûr, un chevalier plus courageux que tout autre. Se battre avec lui n'est pas un jeu car il a, sous mes yeux, sur
4890 ce port conquis et tué maints chevaliers.

— Dame, fait-il, je veux aller parler à la demoiselle, je vous en demande l'autorisation.

— Seigneur, ne plaise à Dieu que je vous autorise à faire votre malheur ! Laissez aller à ses affaires la Demoiselle
4895 odieuse. Jamais, à Dieu ne plaise, pour une telle futilité vous ne sortirez du palais. Vous ne devez jamais en sortir, si vous ne voulez pas nous faire du tort.

— Hélas, reine généreuse, vous venez de me jeter dans le trouble. Je me considérerais bien mal payé si je ne sortais
4900 pas du palais, et sachez que je ne pourrais pas vivre en restant si longtemps prisonnier.

— Ah ! Dame, fait le nautonier, laissez-le faire ce qui lui plaît. Ne le retenez pas malgré lui car il pourrait en mourir de chagrin.

4905 — Je le laisserai partir, fait la reine, s'il jure de revenir cette nuit même, pourvu que Dieu le protège du mal.

— Dame, fait-il, ne craignez rien, je reviendrai si jamais je le peux. Mais je vous demande et réclame un don, s'il vous plaît et que vous en soyez d'accord : ne me demandez
4910 pas mon nom avant sept jours, si cela ne vous ennuie pas.

— Puisque cela vous convient, seigneur, je m'en abstiendrai, fait la reine, car je ne veux pas encourir votre hostilité. C'est la première chose que je vous aurais demandé, de me donner votre nom, si vous ne me l'aviez
4915 pas défendu. »

Ils descendent sur ces mots de la tourelle, et des écuyers viennent pour lui donner ses armes et l'armer. Ils ont sorti son cheval, il y monte tout armé. Il s'en est allé jusqu'au port en compagnie du nautonier. Ils entrent tous deux dans
4920 le bateau et rament si rapidement qu'ils arrivent sur l'autre rive.

Monseigneur Gauvain sort du bateau et l'autre chevalier dit à la jeune fille sans pitié : « Mon amie, ce chevalier qui vient en armes vers nous, dites-moi, le connaissez-vous ? » La jeune fille dit : « Non, mais je sais bien que c'est celui qui 4925 m'amena hier par ici. » Lui répond : « Que Dieu me garde, ce n'est pas un autre que je cherchais. J'ai eu très peur qu'il ne m'ait échappé car aucun chevalier né de femme n'a passé les bornes de Gauvoie qui, s'il advient que je le voie et le trouve devant moi, puisse se vanter ailleurs d'être revenu de 4930 ce pays. Celui-ci sera pris et fait prisonnier puisque Dieu me permet de le voir. »

Aussitôt le chevalier s'élance sans un mot de défi ou de menace, il éperonne son cheval et serre son écu. Monseigneur Gauvain se dirige vers lui et le frappe si fort 4935 qu'il le blesse au bras et au côté grièvement. Mais il n'était pas blessé à mort, car son haubert a si bien résisté que le fer n'a pu le traverser, sauf la pointe au sommet qui est entrée d'un bon doigt dans son flanc. Il tombe à terre et se relève. Il voit son sang, ce qui l'inquiète beaucoup, qui de son bras 4940 et de son flanc courait sur le blanc haubert. Il l'attaque pourtant l'épée à la main, mais il fut très vite épuisé et ne put plus se soutenir. Il dut s'avouer vaincu. Monseigneur Gauvain prend sa parole[1], puis le remet au nautonier qui l'attendait. La mauvaise jeune fille était descendue de son 4945 palefroi, il vint à elle et la salue. Il dit :

« Remontez, belle amie, je ne vous laisserai pas ici, mais vous emmènerai avec moi de l'autre côté de cette eau où je dois passer.

— Ah, ah, fait-elle, chevalier, vous vous faites hardi et 4950 fier ! Vous auriez eu davantage à combattre si mon ami n'avait été brisé par les anciennes blessures qu'il a reçues. Vos plaisanteries seraient bien tombées, vous ne seriez pas

---

1. **Gauvain prend sa parole** : le chevalier reconnaît clairement que Gauvain l'a vaincu. Gauvain prend acte de cette parole de capitulation.

maintenant si fanfaron mais vous seriez plus muet que si vous
4955 étiez échec et mat. Mais dites-moi la vérité : pensez-vous valoir
mieux que lui parce que vous l'avez battu ? Il arrive souvent,
vous le savez bien, que le faible abatte le fort. Mais si vous
laissiez ce port et veniez avec moi vers cet arbre, vous feriez
quelque chose que mon ami, que vous avez mis dans le bateau,
4960 faisait pour moi quand je le voulais. Je témoignerais alors qu'en
vérité vous valez mieux que lui et je ne vous mépriserais plus.

— Pour aller jusque là-bas, jeune fille, je ne manquerai
pas de faire votre volonté. »

Et elle dit : « À Dieu ne plaise que je vous voie en revenir ! »
4965 Alors ils se mettent en route, elle devant et lui derrière.

Les jeunes filles et les dames du palais s'arrachent les
cheveux, se griffent et déchirent leurs vêtements en disant :
« Ah, pauvres malheureuses, pourquoi vivons-nous encore
quand nous voyons aller à la mort et au malheur celui qui
4970 devait être notre seigneur ? La mauvaise jeune fille le guide,
elle l'emmène, la vaurienne, là d'où aucun chevalier ne
revient. Hélas ! comme nous sommes désespérées, nous qui
étions si bien nées que Dieu nous avait envoyé celui qui
était plein de si belles qualités, en qui rien ne manquait, ni
4975 audace ni aucune autre valeur. »

Ainsi celles-ci menaient grand deuil pour leur seigneur
qu'elles voyaient suivre la mauvaise jeune fille. Ils arrivent,
lui et elle, sous l'arbre et quand ils y furent, monseigneur
Gauvain l'appela : « Jeune fille, fait-il, dites-moi si je puis
4980 maintenant être quitte. S'il vous plaît que j'en fasse
davantage plutôt que de perdre votre grâce, je le ferai si
jamais je le peux. »

La jeune fille lui dit ensuite : « Voyez-vous ce gué profond
dont les rives sont si hautes ? Mon ami avait l'habitude d'y
4985 passer quand je le voulais et il allait me cueillir des fleurs que
vous voyez sur ces arbres et dans ces prés.

— Jeune fille, comment passait-il ? Je ne sais pas où est le
gué, l'eau est très profonde, je le crains, et la rive très haute
partout si bien qu'on ne pourrait y descendre.

— Vous n'oseriez pas y aller, fait la jeune fille, je le sais 4990
bien. Je n'ai jamais pensé que vous auriez assez de courage
pour passer. C'est le Gué Périlleux, que personne, à moins
d'avoir un courage supérieur, n'ose passer à aucun prix. »

Aussitôt monseigneur Gauvain mène son cheval jusqu'à la
rive. Il voit en aval l'eau profonde et la rive qui s'élève toute 4995
droite, mais la rivière était étroite. Quand monseigneur
Gauvain la voit, il se dit que son cheval avait sauté par-dessus
de plus grands fossés. En outre on lui avait raconté, et il
l'avait entendu dire en plusieurs endroits, que l'homme qui,
au Gué Périlleux, pourrait passer l'eau profonde aurait toute 5000
la gloire du monde. Il s'éloigne alors de la rive, puis revient au
grand galop pour sauter de l'autre côté, mais il rate son coup
car il n'a pas bien pris son élan, et il est tombé au milieu du
gué. Cependant son cheval a tant nagé qu'il a touché terre des
quatre pieds, s'est redressé pour bondir et il se lance si bien 5005
qu'il saute sur la rive qui était très haute. Quand il est arrivé
sur la terre ferme, il reste debout sur ses pieds, immobile car
il ne peut plus remuer. Monseigneur Gauvain dut absolument
descendre de cheval tant il l'a trouvé vidé de ses forces. Il est
descendu aussitôt et décide de lui ôter la selle. Il l'a ôtée et l'a 5010
mise sur le côté pour la sécher. Quand le tapis de selle fut
enlevé, il fait tomber l'eau que le cheval avait sur le dos, les
flancs et les pattes. Il remet la selle et remonte en avançant au
pas jusqu'à ce qu'il voit un chevalier qui chassait à l'épervier[1].

Dans le champ devant le chevalier, il y avait trois petits 5015
chiens pour la chasse aux oiseaux. Le chevalier était plus beau
qu'on ne pourrait l'exprimer en paroles. Quand monseigneur
Gauvain s'approche, il le salue et lui dit : « Beau seigneur, que
Dieu qui vous fit plus beau que toute autre créature vous
donne joie et bonne chance ! » Celui-ci lui répondit 5020
promptement :

---

1. **Chassait à l'épervier** : l'épervier, qui est un oiseau rapace, était dressé et
utilisé pour la chasse au vol d'autres oiseaux.

« C'est toi le bon et le beau, mais dis-moi si cela ne te déplaît, comment as-tu laissé la mauvaise jeune fille seule de l'autre côté ? Où est passée sa compagnie ?

5025 — Seigneur, fait-il, un chevalier qui portait un écu écartelé la menait quand je l'ai rencontrée.

— Et qu'en as-tu fait ?

— Je l'ai vaincu aux armes.

— Qu'est devenu le chevalier ?

5030 — Un nautonier l'a emmené en disant qu'il devait l'avoir.

— Certes, beau frère, il vous a dit vrai. Et la jeune fille a été mon amie, mais pas au sens où elle aurait jamais voulu m'aimer ni daigné m'appeler son ami, car je la ravis à son ami avec qui elle avait coutume de se déplacer, je le tuai puis 5035 je l'emmenai, elle, en mettant tous mes soins à la servir. Mais mon service ne servit à rien car dès qu'elle le put, elle chercha une occasion de me quitter et fit son ami de celui à qui tu l'as ravie aujourd'hui. Ce n'est pas un chevalier pour rire, il est au contraire très vaillant, que Dieu m'aide, mais 5040 il ne fut jamais tel qu'il osât venir dans l'endroit où il pensait me trouver. Tu as aujourd'hui accompli un acte qu'aucun chevalier n'ose faire, et parce que tu l'as osé, tu as conquis la gloire et la réputation du monde entier par ta grande prouesse. Quand tu as sauté par-dessus le Gué 5045 Périlleux, tu fis preuve d'une très grande audace, et sache vraiment que jamais auparavant un chevalier ne s'était sorti de l'épreuve.

— Seigneur, fait-il, elle m'a donc menti, la demoiselle, en me disant et en faisant passer pour vrai que son ami pour 5050 son amour y passait une fois par jour.

— Elle a dit cela, la perverse ? Ah ! elle aurait dû s'y noyer car elle est possédée du démon pour vous avoir dit si grand mensonge ! Elle vous hait, je ne peux le nier, si elle voulait vous faire noyer dans l'eau bruyante et profonde, la 5055 diabolique que Dieu confonde ! Mais maintenant tu me donneras ta parole, tu me jureras, et moi à toi, que si tu veux me demander quelque chose, pour ma joie ou ma

peine, je ne te cacherai en rien la vérité, si je la sais, et toi de
même tu me diras sans le moindre mensonge tout ce que je
voudrai savoir, si tu peux m'en dire la vérité. »   5060

Ils se sont fait ce serment. Et monseigneur Gauvain
commence à demander le premier :

« Seigneur, fait-il, je vous demande quelle est la cité que
je vois là et comment elle s'appelle.

— Mon frère, je te dirai la vérité au sujet de la cité. Elle   5065
est à moi librement et je n'en suis redevable à personne. Je
ne la tiens que de Dieu, et elle s'appelle Orcaneles.

— Et vous ?

— Guiromelant.

— Seigneur, vous êtes très vaillant et de grande valeur, je   5070
l'ai bien entendu dire, et le seigneur d'une très grande terre.
Et comment s'appelle la jeune fille de qui on ne parle jamais
en bien ni près d'ici ni au loin, comme vous en témoignez
vous-même ?

— Je puis bien attester qu'il vaut mieux s'en tenir éloigné   5075
car elle est trop méchante et méprisante. Elle s'appelle
l'Orgueilleuse de Logres où elle est née et d'où elle fut
apportée enfant.

— Et son ami, comment s'appelle-t-il, celui qui est allé,
bon gré mal gré, dans la prison du nautonier ?   5080

— Ami, sachez que c'est un chevalier extraordinaire, et
qu'il s'appelle l'Orgueilleux de la Roche à l'Étroite Voie, et
qu'il garde les passages de Gauvoie.

— Et comment s'appelle le château qui est si noble et
beau, là d'où je suis venu aujourd'hui et où j'ai mangé et bu   5085
hier au soir ? »

À ces mots Guiromelant s'est retourné comme en proie à
un chagrin et il commence à partir. L'autre se mit à
l'appeler : « Seigneur, seigneur, parlez-moi, rappelez-vous
votre parole ! » Le Guiromelant s'arrête, tourne la tête de   5090
biais vers lui et dit :

« Soit honnie et maudite l'heure où je te vis et te donnai
ma parole ! Va-t-en, je te déclare libéré de ta parole et moi

de la mienne, car je pensais te demander des nouvelles de
5095 cet endroit même, et tu en sais autant de la lune que de ce
château, je crois.

— Seigneur, fait-il, j'y ai couché cette nuit, en vérité, dans
le Lit de la Merveille qui n'est comparable à aucun lit et
dont personne ne vit son semblable.

5100 — Par Dieu ! fait-il, je m'étonne beaucoup des nouvelles
que tu me donnes. Il m'est bien plaisant et agréable
d'entendre tes mensonges, car j'écouterais parler un conteur
comme je le fais avec toi. Tu es un jongleur, je le vois bien, et
je croyais que tu étais un chevalier et que tu avais fait là des
5105 actes de bravoure. Apprends-moi néanmoins si tu y as
accompli quelque prouesse et ce que tu y vis. »

Monseigneur Gauvain lui dit : « Seigneur, je m'assis sur le
lit, et dans le palais s'éleva une grande tempête, je n'ai aucun
désir de vous mentir, quand les cordes du lit se sont mises à
5110 crier et les clochettes qui pendaient aux cordes du lit à
retentir. Les fenêtres qui étaient fermées se sont ouvertes
d'elles-mêmes, carreaux d'arbalètes et flèches acérées ont
frappé mon écu. Y sont restés plantés les ongles d'un lion
féroce et hérissé qui avait été longuement enchaîné dans une
5115 chambre. On m'amena le lion et il frappa si fort mon écu
qu'il y resta attaché par les ongles et ne put les en retirer. Si
vous croyez qu'il n'y paraît pas, voyez les ongles qui sont
encore ici car je lui tranchai, Dieu merci, la tête et les pattes
d'un coup. Que vous semble-t-il de ces signes ? »

5120 Le Guiromelant à ces paroles met pied à terre aussitôt,
s'agenouille et les mains jointes le prie de lui pardonner les
stupidités qu'il a dites. « Je vous en tiens quitte, fait-il, mais
remontez à cheval. » Il remonte en éprouvant beaucoup de
honte pour sa folie et dit :

5125 « Seigneur, que Dieu me garde, je ne pensais pas qu'il
existât nulle part, ni près ni loin, d'ici à cent ans, un homme
qui obtiendrait l'honneur qui vous est advenu. Parlez-moi
de la reine aux cheveux blancs, dites-moi si vous l'avez vue
et si vous lui avez demandé qui elle est et d'où elle est venue.

— Je n'y ai pas pensé, fait-il, mais je l'ai vue et je lui ai parlé. 5130
— Moi, fait-il, je vais vous le dire : c'est la mère du roi Arthur.
— Foi que je dois à Dieu et à Sa puissance, il y a longtemps, bien soixante ans et même plus, que le roi Arthur, à mon avis, n'a plus de mère.
— C'est pourtant vrai, seigneur, elle est sa mère. Quand 5135 Uterpendragon, son père, fut porté en terre, la reine Ygerne vint dans ce pays en apportant tout son trésor, et fit bâtir ce château fort sur ce rocher et le palais si beau et riche comme je vous l'ai entendu dire. Vous avez vu, je suis sûr, l'autre reine, l'autre dame, la grande, la belle qui fut l'épouse du 5140 roi Lot et la mère de celui à qui je souhaite d'aller aujourd'hui à sa perte, la mère de Gauvain.
— Gauvain, vraiment, seigneur, je le connais bien et j'ose bien vous dire que ce Gauvain n'a plus de mère au moins depuis vingt ans. 5145
— Ah ! seigneur, n'en doutez pas, il l'a. À la suite de sa propre mère elle est venue, enceinte d'un enfant vivant, la très belle, la grande demoiselle qui est mon amie et la sœur, je ne vous le cacherai pas, de celui à qui Dieu donne une très grande honte car, pour vrai, il ne garderait pas sa tête si je 5150 le tenais comme je vous tiens ici même et que j'en étais vainqueur, car je la lui trancherais à l'instant. Sa sœur ne pourrait m'empêcher de lui arracher le cœur du ventre avec mes mains tant je le hais.
— Vous n'aimez pas comme moi, fait monseigneur Gauvain, 5155 par mon âme ! Si j'aimais une jeune fille ou une dame, pour son amour j'aimerais et je servirais tout son lignage.
— Vous avez raison, je suis d'accord. Mais quand je me souviens de Gauvain, comment son père tua le mien, je ne peux lui vouloir aucun bien. Lui-même de ses mains tua un 5160 de mes cousins germains, un chevalier vaillant et courageux. Mais je n'ai jamais pu trouver l'occasion de tirer vengeance de lui d'aucune manière. Mais rendez-moi un service. Allez dans ce château, portez cet anneau à mon amie, donnez-le-lui. Je veux que vous y alliez de ma part, dites-lui que j'ai une 5165

telle confiance en son amour que je crois qu'elle préférerait que son frère Gauvain soit mort d'une mort cruelle plutôt que je ne sois blessé au plus petit doigt de mon pied. Vous saluerez mon amie pour moi et vous lui donnerez cet anneau
5170 de ma part, moi qui suis son ami. »

Monseigneur Gauvain a mis alors l'anneau à son plus petit doigt et dit : « Seigneur, par la foi que je vous dois, vous avez une amie courtoise et sage, elle est de très haut parage[1] et elle est belle, noble et généreuse si elle accepte
5175 pour vous de se comporter comme vous me l'avez dit. »

Celui-ci dit : « Seigneur, vous me faites une grande bonté, je vous assure, si vous portez mon anneau en présent à ma chère amie, car je l'aime d'un grand amour. Je vous récompenserai en vous disant le nom de ce château que vous m'avez
5180 demandé. Le château, si vous l'ignorez, s'appelle la Roche de Champguin. On y teint maint bon drap vermeil et rouge sang, on y teint mainte écarlate, on y vend et on y achète beaucoup. Je vous ai dit maintenant ce qu'il vous plaisait, sans vous mentir d'un mot, et vous, vous m'avez répondu très bien. Me
5185 demanderez-vous encore quelque chose ?

— Non, seigneur, sinon mon congé. »

Celui-ci dit : « Seigneur, dites-moi votre nom, si vous voulez bien, avant que je vous laisse me quitter. »

Monseigneur Gauvain lui dit : « Seigneur, que le Seigneur
5190 Dieu m'aide, mon nom ne vous sera pas caché. Je suis celui que vous haïssez tant, je suis Gauvain.

— Tu es Gauvain ?

— Certainement, le neveu du roi Arthur.

— Par ma foi, tu es très audacieux et très fou de me dire ton
5195 nom quand tu sais que je te hais mortellement. Je suis bien ennuyé et contrarié de ne pas avoir mon heaume lacé et mon écu au bras, car si j'avais été armé comme tu l'es, sois bien sûr que je t'aurais tranché la tête à l'instant et que je ne t'aurais

---

1. **De très haut parage** : de très haut rang.

épargné pour aucune raison. Mais si tu voulais attendre, j'irais prendre mes armes, je viendrais me battre avec toi, et 5200 j'amènerais trois ou quatre hommes pour regarder notre combat. Si tu le veux, il peut en aller autrement. Nous attendrons sept jours, au septième jour nous viendrons sur cette place tout armés. Toi, fais appeler le roi, la reine et tous leurs gens, moi, je ramènerai ici ma troupe venue de tout mon 5205 royaume. Notre bataille ne sera pas faite furtivement mais tous ceux qui seront venus la verront.

— Seigneur, fait monseigneur Gauvain, je m'en serais volontiers tenu à moins si cela avait été possible et s'il vous avait plu. Il n'y aurait eu aucun combat car je ne vous ai 5210 causé aucun tort. Très volontiers je vous rendrai droit par l'intermédiaire de vos amis et des miens de telle sorte que soient respectées la raison et la justice. »

L'autre dit : « Je ne peux voir quelle raison il peut y avoir si tu n'oses pas te battre contre moi. J'ai présenté deux 5215 possibilités. Tu feras celle que tu voudras. Ou j'irai chercher mes armes, ou tu convoqueras dans ta terre tous ceux que tu peux dans un délai de sept jours, car à Pentecôte[1] la cour du roi Arthur sera en Orcanie[2], j'en ai bien entendu la nouvelle, et il n'y a d'ici que deux journées de marche. Ton 5220 messager pourra y trouver le roi et ses gens équipés. Envoies-en un, tu agiras sagement, car "un jour de retard vaut cent sous". »

Et lui répond : « Que Dieu me sauve, la cour sera là-bas, sans aucun doute. Vous savez la vérité. Je vous promets 5225 solennellement que j'y enverrai quelqu'un demain ou avant que je ferme les yeux.

— Gauvain, fait-il, je veux te mener au meilleur pont du monde. Cette eau est si rapide et profonde qu'aucun être vivant ne peut la passer et sauter sur l'autre rive. » 5230

---

1. **À Pentecôte** : fête religieuse chrétienne qui rapelle la venue de l'Esprit Saint sur les apôtres. Cette fête a lieu quarante jours après Pâques.
2. **En Orcanie** : résidence d'Arthur.

Monseigneur Gauvain répond : « Je ne chercherai ni gué ni pont quel que soit le danger. Plutôt que la demoiselle perfide me l'impute à lâcheté, je tiendrai ma promesse envers elle et j'irai tout droit à elle. »

5235 Il éperonne alors son cheval et celui-ci saute de l'autre côté de l'eau lestement sans aucun problème. Quand la demoiselle le voit repasser de son côté, elle qui l'avait tant maltraité par ses discours, elle a attaché son cheval à un arbre par les rênes et elle est venue à pied vers lui. Son cœur et sa disposition

5240 d'esprit ont changé, car elle le salue très humblement et dit qu'elle est venue lui demander pardon en femme coupable car à cause d'elle il a enduré une rude épreuve.

« Beau seigneur, fait-elle, écoute-moi donc ! Pourquoi ai-je été si orgueilleuse envers tous les chevaliers du monde qui

5245 m'ont emmenée avec eux, je veux te le dire, si cela ne t'ennuie pas. Ce chevalier, que Dieu confonde, qui vous a parlé de l'autre côté de l'eau, plaça à tort son amour en moi. Il m'a aimée et je l'ai haï car il me fit grand tort en tuant, je ne le cacherai pas, celui qui était mon ami. J'ai été depuis si sotte

5250 que je ne faisais pas attention à qui je contrariais mais au contraire je le faisais à dessein parce que je voulais en trouver un que je rende si furieux qu'il s'irrite et se mette en colère au point de me mettre en pièces car j'aurais voulu depuis longtemps être morte. Beau seigneur, fais justice de moi par

5255 un châtiment qui ôte à toute jeune fille qui entendra parler de moi l'audace d'insulter un chevalier.

— Belle, fait-il, que m'importe à moi de faire justice de vous ? Ne plaise au Fils de notre Seigneur Dieu que vous receviez le moindre mal de moi ! Montez à cheval, ne tardez

5260 pas, nous irons jusqu'à ce château fort. Voici le nautonier qui nous attend au port pour passer de l'autre côté.

— Je ferai entièrement votre volonté, seigneur », fait la jeune fille.

Elle s'est alors mise en selle sur le petit palefroi chevelu,

5265 ils sont arrivés auprès du nautonier qui les emmène de l'autre côté sans fatigue ni peine.

D'une épreuve à l'autre

Repères

1. Quel personnage réapparaît ? Que laisse présager de la suite du récit ce retour ?

2. L'interdiction de sortir du château est levée : comment comprendre ce changement par rapport à la construction du récit ?

3. Notez la manière dont le récit est à plusieurs reprises relancé.

Observations

4. Gauvain ne donne pas son nom à la reine : qu'est-ce que son anonymat continue de permettre ?

5. Une fois qu'il est sorti du château, quel scénario se répète ? Notez-en les phases.

6. Quelle fonction les lamentations des demoiselles du château remplissent-elles ? À l'adresse de qui ?

7. Comment la « male demoiselle » excite-t-elle le courage de Gauvain ?

8. Gauvain a entendu parler du « Gué Périlleux » : cette épreuve est-elle originale ? Que signifie-t-elle ? Répondez à partir de citations précises.

9. L'histoire de Guiromelant et de l'Orgueilleuse de Logres. De qui l'apprend-on ? Qu'apporte ce double point de vue ? Le narrateur ne fait aucun commentaire : que nous fait cependant entendre Chrétien à travers les paroles de la jeune fille ?

10. En quoi le dialogue de Guiromelant et de Gauvain rappelle-t-il celui de Perceval et de sa cousine ?

11. Quelle est la cause de la haine de Guiromelant pour Gauvain ? De quel engrenage est-il prisonnier ? Est-ce le cas de Gauvain ?

Interprétations

12. La question du nom : on se rappelle que Perceval ne devine le sien qu'après le château du graal. Comment Chrétien joue-t-il du nom toujours (re)connu de Gauvain ? Comment la réception de son nom traduit-elle l'ambivalence de sa réputation ?

13. À quelle catégorie de chevaliers appartient Guiromelant ? En cette fin du roman (?), quelle possibilité de réconciliation s'ouvre précisément avec Gauvain ?

De la lecture à l'écriture

14. Le parcours de l'Orgueilleuse de Logres se termine dans cette séquence. Dressez le portrait et la fonction narrative de ce personnage. Montrez comment Chrétien utilise et dépasse ce type de la « male pucelle » pour en faire un élément de sa réflexion sur la condition des femmes.

Les dames et les jeunes filles qui avaient manifesté beaucoup de chagrin pour lui le voient venir. Tous les écuyers du palais étaient fous d'inquiétude pour lui. Ils manifestent une joie telle maintenant que jamais on n'en 5270 montra de semblable. Devant le palais la reine s'était assise pour l'attendre, elle avait demandé à ses suivantes de se tenir par la main pour danser et commencer les réjouissances. Celles-ci commencent à son arrivée, elles chantent, font des rondes et dansent tandis qu'il vient et 5275 descend de cheval au milieu d'elles. Les dames, les demoiselles et les deux reines l'embrassent, elles parlent avec lui joyeusement et le font désarmer, en lui faisant fête, jambes, bras, pieds et tête. On accueille très joyeusement celle qu'il a amenée, et tous et toutes la servirent pour lui 5280 plaire à lui car pour elle on n'aurait rien fait. Ils s'en vont joyeusement dans le palais, ils se sont assis un peu partout à l'intérieur et monseigneur Gauvain a pris sa sœur et l'a assise à côté de lui sur le Lit de la Merveille. Il lui dit tout bas et en secret : 5285

« Demoiselle, je vous apporte de l'autre côté de ce port un anneau d'or, dont l'émeraude jette des reflets verts. Un chevalier vous l'envoie par amour et vous salue, en disant que vous êtes son amante.

— Seigneur, fait-elle, je le crois bien, mais si je l'aime d'une 5290 quelconque façon, c'est de loin que je suis son amie, car jamais je ne le vis ni lui moi, si ce n'est par-delà cette eau. Mais il m'a, qu'il en soit remercié, donné son amour depuis longtemps, bien qu'il ne soit jamais venu de ce côté. Ses messagers m'ont tant prié que je lui ai accordé mon amour, je n'en mentirai pas. 5295 Je ne suis pas encore plus que cela son amie.

— Ah, belle, il s'est vanté que vous préféreriez que soit mort monseigneur Gauvain qui est votre frère de sang plutôt qu'il ait lui-même mal à son orteil.

— Eh bien, seigneur, je suis très étonnée qu'il ait dit une 5300 telle bêtise. Par Dieu, je ne pensais pas qu'il était si mal éduqué. Il a été mal avisé de me faire savoir cette pensée.

Hélas, il ne sait pas que je suis née, mon frère, et il ne m'a jamais vue. Le Guiromelant a parlé à tort car, par mon âme, 5305 je ne voudrais pas plus son malheur que le mien. »

Pendant qu'ils parlaient tous deux, les dames prêtaient l'oreille et la vieille reine assise à côté de sa fille lui dit :

« Belle fille, que pensez-vous de ce seigneur qui est assis à côté de votre fille et de ma nièce ? Il lui a parlé en secret 5310 pendant longtemps, je ne sais de quoi, mais cela me plaît bien, et il n'est pas juste que cela nous déplaise, car le désir de rester auprès de la plus belle et de la meilleure qui soit dans ce palais vient de sa grande noblesse, et il a raison. Plaise à Dieu qu'il l'épouse et qu'elle lui plaise comme 5315 Lavine à Énée[1] !

— Ma dame, fait l'autre reine, que Dieu lui donne de mettre dans son cœur un sentiment qui les lie comme frère et sœur et qu'il l'aime tant et elle lui qu'ils soient tous deux un seul être. »

5320 La dame veut dire par sa prière qu'il l'aime et la prenne pour femme, car elle ne reconnaît pas son fils. Ils étaient bien comme frère et sœur, il n'y aura pas d'autre amour entre eux quand chacun saura de l'autre qu'elle est sa sœur et qu'il est son frère. Leur mère en éprouvera une autre joie 5325 que celle qu'elle attend.

Monseigneur Gauvain a parlé longtemps à sa sœur la belle, puis il se lève et appelle un écuyer qu'il vit à sa droite, celui qui lui sembla être le plus diligent, le plus vaillant, le plus serviable, le plus sage et réfléchi de tous les écuyers de 5330 la salle. Il descend dans une chambre, l'écuyer seul derrière lui. Quand ils sont parvenus en bas, il lui dit :

« Jeune homme, je te crois très vaillant, très sage et instruit. Si je te dis un secret, je te demande instamment de

---

1. **Comme Lavine à Énée** : c'est peut-être moins une allusion aux personnages de l'*Énéide* de Virgile qu'à sa version médiévale anonyme, l'*Eneas*, un des premiers « romans » en langue d'oïl antérieur à l'œuvre de Chrétien de Troyes.

le cacher pour ton intérêt. Je veux t'envoyer dans un
endroit où on t'accueillera avec beaucoup de joie.   5335

— Seigneur, je préférerais qu'on m'arrache la langue de
la gorge plutôt qu'une seule parole sorte de ma bouche sur
ce que vous voudriez garder secret.

— Frère, fait-il, tu iras donc droit à la cour d'Arthur, car
je m'appelle Gauvain, je suis son neveu. La route n'est ni   5340
longue ni difficile, car le roi a établi sa cour dans la cité
d'Orcanie pour la Pentecôte. Si le trajet te coûte quelque
chose jusque-là, compte sur moi. Quand tu seras arrivé
devant le roi, tu le trouveras de très mauvaise humeur, et
quand tu le salueras de ma part, il éprouvera une grande   5345
joie et tous, en entendant la nouvelle, seront contents. Tu
diras au roi, au nom de la foi qu'il me doit, parce qu'il est
mon suzerain et que je suis son vassal, qu'il ne néglige pour
aucune raison de se trouver au cinquième jour de la fête
sous cette tour, installé en contrebas de la prairie, et qu'il 5350
amène tous ceux qui seront venus à sa cour, grands et
humbles, car je me suis engagé à combattre un chevalier qui
nous estime bien peu lui et moi. C'est le Guiromelant, en
vérité, qui me hait mortellement. Tu diras de même à la
reine qu'elle vienne au nom de la foi qui nous lie elle et moi, 5355
elle qui est ma dame et mon amie, et elle ne le refusera pas
dès qu'elle aura le message. Qu'elle amène les dames et les
jeunes filles qui seront à sa cour ce jour-là par amour pour
moi. Mais je crains que tu n'aies pas un assez bon cheval de
chasse qui te porte jusque-là. »   5360

Lui répond qu'il en a un, grand, rapide, robuste et
vigoureux, qu'il prendra comme le sien propre et auquel il
ne manque ni selle ni bride.

« Par ma foi, fait monseigneur Gauvain, écuyer, tu es
bien équipé. Va donc et que le seigneur des rois t'accorde de 5365
bien aller et de revenir et de filer tout droit. » Il envoie ainsi
l'écuyer, il l'accompagne jusqu'à l'eau et demande au
nautonier de le transporter de l'autre côté. Le nautonier le
fit passer sans difficultés car il avait suffisamment de

5370 rameurs. L'écuyer est passé sur l'autre rive et poursuit sa route directement vers la cité d'Orcanie, car celui qui sait demander son chemin peut aller par le monde entier.

Monseigneur Gauvain retourne vers le palais où il séjourne au milieu de la joie et des plaisirs et où tous et
5375 toutes l'aiment. La reine prépara des étuves[1] et fit chauffer cinq cents cuves de bain. Elle y fit entrer tous les écuyers pour qu'ils s'y baignent à l'eau chaude. Elle leur fit tailler des robes qu'ils mirent à la sortie du bain. Les draps étaient tissés d'or et les doublures étaient d'hermine. Dans l'église
5380 jusqu'après matines[2], les écuyers veillèrent debout sans jamais s'agenouiller.

Au matin, monseigneur Gauvain de ses propres mains chaussa l'éperon droit à chacun et ceignit à chacun son épée, puis leur donna l'accolade. Il eut alors une compagnie
5385 d'au moins cinq cents nouveaux chevaliers.

De son côté le jeune homme avait tant cheminé qu'il était parvenu à la cité d'Orcanie où le roi tenait une cour qui convenait à ce jour. Les infirmes et les galeux qui regardent le jeune homme disent : « Celui-là est pressé par la
5390 nécessité, je pense qu'il apporte de loin des nouvelles extraordinaires à la cour. Il trouvera le roi muet et sourd, quoi qu'il dise, car il est plein de chagrin et de colère. Et qui pourra lui donner conseil lorsqu'il aura appris le contenu du message ? Allons ! font-ils, que nous importe de parler
5395 du conseil du roi ? Nous devrions bien être dans l'accablement, le chagrin et le désespoir, puisque nous

---

1. **Étuves** : chambres closes destinées à prendre des bains de vapeur et d'eau chaude.
2. **Matines** : offices nocturnes avant le lever du jour. Avant l'adoubement, les futurs chevaliers prient toute la nuit. À noter que cela n'a pas été le cas pour Perceval. Le roman représente des stades historiques différents de la cérémonie de l'adoubement, plus ou moins laïcs ou religieux.

avons perdu celui qui au nom de Dieu nous habillait tous, et de qui nous venait tout bien, par aumône et par charité. »

Ainsi à travers toute la cité les pauvres gens qui l'aimaient beaucoup regrettaient monseigneur Gauvain. L'écuyer 5400 passe outre jusqu'à ce qu'il trouve le roi siégeant dans son palais. Autour de lui sont assis cent comtes palatins[1], cent ducs et cent rois. Le roi était morne et pensif. Quand il vit l'assemblée de ses barons et n'y vit pas son neveu, il s'est évanoui de désespoir. On se précipite pour le relever, c'est à 5405 qui y parvient le premier car tous accourent pour le soutenir. Ma dame Laure était assise dans une galerie, elle entend le chagrin qu'on manifeste dans la salle. Elle descend de la galerie, se précipite vers la reine tout éperdue. Quand la reine la voit, elle lui demande ce qu'elle a. 5410

Fin du roman de Chrétien de Troyes.

---

1. **Cent comtes palatins :** cent comtes rattachés au palais, les plus hauts nobles de l'entourage du roi.

Les deux cours

Repères

1. Dans cet épisode interrompu, qu'est-ce qui se conclut, se poursuit ou s'amorce ?
2. Quelle est la cause commune des états d'esprit opposés de la cour des reines et de la cour d'Arthur ?

Observations

3. Quel type d'amour lie Guiromelant et Clarissant ?
4. Quelle scène rappelle la conversation des reines ? Quels personnages sont à nouveau rapprochés ? Comment se nouent amour entre frère et sœur et amour entre époux : avec quel fantasme joue Chrétien ?
5. Comment Gauvain tient-il son rôle de seigneur ?
6. De quoi témoignent les miséreux du royaume arthurien ? Cette « cour des miracles » n'introduit-elle pas à la brillante cour d'Arthur ? Quel rapport entretient l'une avec l'autre ?
7. La cour et le roi sont-ils en accord ? Quelle autre scène semble ici se réécrire ?

Interprétations

8. Gauvain n'est-il pas devenu l'incarnation du chevalier idéal – du prodomme – tel que le définit la fiction arthurienne ? Que doit provoquer son message à la cour d'Arthur ? Que peut-on penser qu'il lui reste à faire ?
9. Avec quels personnages du roman Arthur, désespéré par l'absence de son neveu, peut-il être mis en rapport ?

De la lecture à l'écriture

10. Roman inachevé ? R. Dragonetti a soutenu le contraire. Essayez de défendre ce point de vue paradoxal.

Gauvain : la gloire retrouvée

Les aventures de Gauvain s'organisent en deux moments contraires selon le schéma dégradation/correction. Du destrier récupéré aux épreuves réussies du Lit de la merveille et du Gué Périlleux, la stature de Gauvain ne cesse de grandir. Dans une sorte d'usurpation de ce que devait être (?) Perceval, Gauvain ne devient-il pas, en effet, ce chevalier « large et preu, san coveitise, bel et hardi, franc et leal », élu de Dieu pour vaincre la magie du château des reines et en forcer les portes. Pourtant le lit fait signe vers l'union amoureuse et les jeunes filles aux fenêtres sont un appât décisif pour Gauvain. Où est la vérité de cette apothéose ? La reine-mère n'a-t-elle pas voulu interdire magiquement l'accès à son palais pour se retirer – protéger ? – du monde ? Sa retraite correspond à celle de la Veuve Dame meurtrie par la même violence anarchique de la fin du règne d'Uterpendragon. Aux emblèmes masculins du Château du graal fait écho une omniprésence féminine qui est réconciliation-union. Rêve peut-être d'un pouvoir qui reposerait sur d'autres forces. Mais le héros, quoique séduit, refuse de perdre sa liberté : la solution n'est pas là, dans le seul abandon aux mères. Le Gué Périlleux, qui consacre le meilleur chevalier du monde, lui fait retrouver un adversaire à qui se mesurer : la vraie vie reprend. Maître du monde féminin et du monde masculin, Gauvain est-il un héros total ?

Amour et haine

Sur fond de vendetta le couple amour-haine relance la dynamique du récit. Amoureux de la sœur, Guiromelant est ennemi du frère. Tout dans ce personnage est double : meurtrier de l'ami de l'Orgueilleuse pour satisfaire son désir d'elle, le voici qui noue un « amour de loin » sur le modèle de la poésie troubadouresque avec Clarissant. Réitérant l'accusation de Guingambresil, Guiromelant fait se retourner le récit sur lui-même : reviendrait-on au moment où Gauvain partait pour un combat judiciaire qui n'eut jamais lieu ? Personnage en qui miroitent tous les autres (des chevaliers orgueilleux à la cousine voire l'ermite) Guiromelant connaît les noms des châtelaines. Il occupe toutes les places dans un récit où le lecteur se perd. L'amour pour Clarissant n'engage-t-il pas l'ouverture du château des reines au monde de l'autre rive ? Ainsi se briserait le refuge qu'elles ont construit ou se réconcilieraient les espaces et les temps (il y a plusieurs générations dans le château), les hommes et les femmes, sous l'égide d'Arthur ? Mais Chrétien n'a pas écrit cette utopie ou ce happy end.

L'infini du récit

Le récit de Gauvain pouvait-il finir ? Figure de passeur entre les mondes, et entre les cours, toujours au service de la pondération et de la justice, héros second, Gauvain est celui qui achève apparemment l'aventure qui concernait en profondeur l'autre héros : déjà dans le *Chevalier de la Charrette*, dont Chrétien confia la fin à Godefroi de Leigni. Dans les deux romans le premier héros, quand s'interrompt Chrétien, est prisonnier : Lancelot l'est véritablement, Perceval symboliquement. Ressortira-t-il de la forêt de l'ermite et pour quel accomplissement ? En revanche personne ne saurait retenir Gauvain, ni château enchanté, ni gué infranchissable, ni défi, ni interdit. L'épouse dont rêve pour lui la reine-mère est sa sœur. Si s'exprime là la tentation de l'inceste que l'on a cru déceler dans l'histoire familiale de Perceval, le lien fraternel empêche ici toute installation, c'est-à-dire mariage, du héros. Mais Arthur mourra de son absence s'il ne lui redonne la joie. Car il est la force vive d'un univers qui sans lui ne peut survivre. Comme les aventures de Gauvain, l'interprétation du roman est infinie. Chrétien ne cesse de nous faire revenir sur nos pas pour repartir avec une réplique, un autre personnage qui nous rappelle quelque chose, fantasme qui s'évanouit à peine formé…

Comment lire l'œuvre

Structure de l'œuvre

Le Conte du Graal est un roman double qui met en scène deux héros et deux parcours héroïques selon une technique déjà exploitée par Chrétien de Troyes dans *Le Chevalier de la charrette*. Dans ces deux romans, c'est Gauvain qui remplit le rôle du double – ou du révélateur ? – du personnage principal. Alors que dans *Le Chevalier de la charrette*, Gauvain suit véritablement Lancelot puis délivre Guenièvre pendant que celui-ci est emprisonné, dans *Le Conte du Graal*, Perceval et Gauvain sont deux protagonistes à part entière et dominent chacun une partie du récit. Les rapports structurels et la signification de cette dualité sont difficiles à établir. On a voulu y voir une faiblesse ou le raccord malheureux de deux romans. On cherche davantage désormais à comprendre la complémentarité et les correspondances entre les deux parties envisagées comme un diptyque, ou une structure en miroir : au déplacement linéaire et obstiné de Perceval répond une première errance apparemment hasardeuse de Gauvain qui change sans cesse de projet et de destination, au gré de ses rencontres. Mais Perceval, dans le même temps où se déroulent les aventures de Gauvain, vit, nous dit-on, cinq années d'errance. À cette occasion un autre procédé romanesque, qui sera particulièrement exploité dans les grands cycles en prose du XIIIᵉ siècle, est utilisé, celui de l'entrelacement. Le narrateur abandonne un personnage pour s'intéresser à un autre, dont les actions sont censées se dérouler en parallèle, sinon tout à fait en synchronie (les aventures de Gauvain ne durent que quelques jours, tandis que lorsque l'on revient à Perceval, il s'est passé cinq ans. Doit-on comprendre que la séquence de l'ermite se déroule après les dernières aventures, pour nous, de

Gauvain et que toute la partie « Gauvain » correspond à l'errance de Perceval ?). Or les personnages ainsi croisés sur le plan narratif se rencontrent généralement à un moment ou à un autre sur le plan diégétique. Ainsi Gauvain se liant d'amitié avec Perceval et l'intronisant à la cour d'Arthur se place bien en position d'un personnage dont on va/peut faire le récit. Libre à nous de penser que la fin du roman aurait aussi réuni les deux héros : les *Continuations* et les romans du *graal* du XIIIᵉ siècle ont exploité différentes solutions. Gauvain, d'ailleurs, dans ces textes, assiste lui aussi au cortège du graal, voire est pris un temps pour le chevalier attendu (*Première continuation* ; *Perlesvaus*...).

Enfin, l'inachèvement du roman ne le transforme pas à lui seul en matrice de récits à venir. Chrétien multiplie des programmes narratifs qu'il ne suit pas : ainsi les deux quêtes décidées par Gauvain (délivrer une demoiselle assiégée ; trouver la lance qui saigne) ne reçoivent même pas un début de réalisation, la Demoiselle hideuse qui surgit à la cour d'Arthur envoie les chevaliers dans différentes directions. Ces missions seront reprises dans l'immense tradition romanesque arthurienne du XIIIᵉ siècle. Les objets qui circulent, si nombreux dans un récit dont le titre désigne l'un d'eux, sont sujets soit à réinterprétation, soit abandonnés à un futur qui ne vient pas : ainsi la fameuse lance du cortège – dans les versions christianisées du XIIIᵉ, lance de Longin qui perça le flanc du Christ en croix – resurgit comme une lance qui doit détruire le royaume de Logres (c'est-à-dire d'Arthur) dans la partie « Gauvain » ; l'épée offerte par le Roi Pêcheur à Perceval (qui fait de lui un « chevalier aux deux épées » : motif récurrent au XIIIᵉ siècle) doit, d'après sa cousine, se briser et être reforgée par un certain Trébuchet. Nous ne saurons ce qu'il en advient que dans les *Continuations* !

Personnages (Blanchefleur, comme l'Infirme à l'Échasse d'Argent...), prédictions (celles par exemple de l'écuyer monstrueux à Gauvain...), quêtes : c'est tout un matériau narratif qui est préparé et suspendu, mis en attente ou en réserve. Une grande partie de la littérature du XIIIᵉ puisera dans ces données mais, en tant que tel, *Le Conte du Graal* est un roman déceptif, dont la cohérence saisie par endroits (premier parcours de Perceval) échappe à d'autres (partie « Gauvain »). On peut penser que le parcours de Perceval s'achève chez l'ermite, même si le narrateur prétend reprendre plus tard le personnage, mais que signifierait l'achèvement des aventures de Gauvain ? Pourrait-il être le seigneur du château des reines alors qu'il refuse énergiquement d'y être enfermé ? Éternel chevalier de la cour et non maître d'un domaine, Gauvain est à l'image du roman d'aventures, où chaque résolution de conflit est grosse d'un nouveau départ, de nouveaux combats. Comme lui, il ne saurait s'arrêter, une fois engagé dans la forêt des histoires. Tout l'effort des *Continuations* se portera sur les réponses et les clôtures du graal : Perceval deviendra roi du graal, tandis que Gauvain, dans une autre tradition romanesque contemporaine en vers et non en prose, comme le *Lancelot-graal*, restera le héros d'aventures diverses toujours reprises pour sa gloire ou pour sa honte. Certes, Chrétien a initié le mythe du graal, mais il a aussi dans un même roman dessiné les deux faces complémentaires du récit médiéval : celle du « conte », à la trajectoire linéaire et finie ; celle du « roman », à la structure arborescente et infinie.

Les personnages

Le schéma actanciel semble impropre à classer les actions et les personnages du roman. Même dans la partie « Perceval » où l'on décèle davantage un scénario de conte, les personnages qui gravitent autour du héros résistent à une répartition entre adjuvants et opposants tant leurs actions s'avèrent ambivalentes. Gornemant du Goort qui éduque et adoube Perceval sera le responsable involontaire de son échec au château du graal, en lui interdisant de trop parler. Sa cousine, en lui révélant les conséquences de ses manquements, l'aide-t-elle ou non ? Perceval prend acte et passe outre. Paradoxalement, la Demoiselle hideuse, en le maudissant, lui fait prendre conscience d'une mission et d'un but et il décide de faire « tot el » – « tout autre chose » – que les autres chevaliers.

Structure du roman : séquences

Narration					
Perceval I – Vers la chevalerie : parcours linéaire	*Forêt : départ* Séparation d'avec la mère	*Demoiselle à la tente* Agression	*Cour d'Arthur* • Chevalier vermeil • Prédiction sur Perceval, rencontre ratée avec le roi	*Gornemant de Gorre* • Éducation chevaleresque • Adoubement	*Blanchefleur* • Éducation érotique ? • Premières victoires chevaleresques
Rupture 1	*Château du graal :* Silence : échec	*Révélations de la cousine* • Le nom • Mort de la mère • Le graal et le Roi Pêcheur • Conséquences de l'échec : la terre « gaste »			
II – Réparations : retours	*Combat contre l'Orgueilleux de la lande* Demoiselle à la tente justifiée	*Gouttes de sang sur la neige* Prise de conscience amoureuse	*Prédictions réalisées* Keu blessé	*Rencontre avec Gauvain* Intégration triomphale à la cour d'Arthur	
Rupture 2	*La Demoiselle hideuse* • Perceval maudit • Programme d'aventures pour les chevaliers arthuriens	*Dispersion de la cour* • Perceval part en quête du graal : départ • Gauvain défié par Guingambresil : départ			
Gauvain I – Un parcours erratique	*Tintagel* Un tournoi pour une enfant. Victoire.	*La chasse perdue* Rencontre entre des ennemis qui s'ignorent ; hospitalité à Escavalon.	*Escavalon* Commune en révolte. Suspens du combat judiciaire. Départ pour la quête de la lance qui saigne.	*Errance de Perceval* (5 ans) Non racontée.	

Narration	Structure du roman : séquences			
Perceval	Vendredi saint L'ermite-oncle dans la forêt *Fin des révélations* sur la famille, sur le graal			
Gauvain II – Un parcours orienté ? De l'humiliation au triomphe	*Les bornes de Galvoie* • La jeune fille et le chevalier blessé • L'Orgueilleuse au miroir • Réussite de la 1re épreuve • Échec : Gauvain perd son cheval pour un roussin	*Château des dames* • Combat victorieux • Réussite de l'épreuve du Lit merveilleux • Gauvain maître et prisonnier du château	*Sortie du château* • Gué Périlleux • Révélations de Guiromelant : les reines du château sont la mère d'Arthur et la mère de Gauvain	*Retour au château* • Adoubement par Gauvain • Envoi d'un message à Arthur
Cour d'Arthur	Tristesse à la cour à cause de l'absence de Gauvain Arrivée de son messager…	*fin du roman*		

Questions sur la structure :

1. Comment la partie « Perceval » est-elle structurée par le retour des personnages ? Quelle signification lui accorder ?

2. Quel effet sur le lecteur provoque le changement de héros ou plus exactement de focalisation (Perceval continue son errance sans qu'on nous la raconte) ? Peut-on comprendre le choix du moment où il se produit ?

3. On a parlé de « récurrence des motifs en symétrie inverse » : qu'en pensez-vous ? Pouvez-vous donner des exemples ?

Les personnages autour de Gauvain sont plus encore frappés d'ambiguïté. Son pire ennemi, le jeune roi d'Escavalon, lui offre l'hospitalité et un délai pour leur combat ; la Demoiselle orgueilleuse qui s'attache à ses pas pour l'injurier paraît entièrement hostile et négative, c'est pourtant elle qui l'oriente vers les épreuves qualifiantes et glorieuses : château des reines, Gué Périlleux.

Les personnages principaux : un duo contrasté

Perceval

Perceval, qui ne « devinera » son nom qu'au tiers du roman, est donné comme un personnage « nice » – « naïf » autant que « niais » –, en un mot vierge de toute expérience et de tout savoir sur lui ou sur le monde. Il croit longtemps s'appeler « beau fils », du nom affectueux que lui donne sa mère, et lorsqu'il devine son nom (« Perceval » : « perce le val », « père ce val » ?), il y accole son lieu d'origine, le pays de Galles. Or être Gallois, c'est être « plus fou [= stupide] que les bêtes qui paissent » (p. 33). Cet être fruste, maintenu dans l'ignorance de son lignage, est à la fois le terreau où peut germer une chevalerie d'élite – ce qui lui est prédit et, d'une certaine façon, sera – et un personnage qui demeure énigmatique, d'abord obsédé par le désir d'être chevalier et sourd à toute autre sollicitation, puis se découvrant héritier d'une famille et d'un lourd passé dont il n'apprend que des bribes et acteur d'un mystère qui le dépasse et pour lequel rien ne l'a préparé. Personnage d'une parole en excès (début) ou en défaut (graal), on l'a qualifié d'« Œdipe inversé » (Lévi-Strauss), il devient coupable malgré lui, maudit (cousine et Demoiselle hideuse) et en cela héros tragique. C'est aussi un personnage profondément solitaire, qui ne s'attache à personne et à aucun lieu même s'il promet toujours de *revenir*. Une fois chevalier, le seul projet qui l'anime est de retrouver sa mère, puis le château du graal. Mais les chemins lui en restent interdits. Il sombre alors, tout en accomplissant les gestes du guerrier, dans une inconscience, une absence à soi, supérieures à la « niceté » joyeuse, ouverte à la vie, du début. Dans le dernier épisode, Perceval se réveillant à la conscience *via* la religion pour assumer ses fautes et s'en repentir (mort de sa mère, vie guerrière) semble toucher au terme d'un parcours identitaire personnel, auprès d'un oncle-ermite, substitut ultime du père, au sein de la forêt originellement maternelle.

Gauvain

À l'inverse, Gauvain est un personnage connu, neveu du roi Arthur et modèle de la chevalerie courtoise. Il fait partie du personnel romanesque arthurien, présent dans tous les récits de Chrétien de Troyes. Il n'intervient qu'au moment où il s'agit d'intégrer officiellement et pacifiquement Perceval à la cour, les autres chevaliers ayant échoué à tirer celui-ci de sa rêverie amoureuse. Sa première qualité est donc celle de la communication. C'est un personnage de la parole et de la courtoisie, cet ensemble de règles de savoir-vivre qui constitue, à tous les degrés des relations humaines, l'éthique du guerrier. Chevalier de haute valeur – il vainc au combat tous ses adversaires –, Gauvain est aussi le protecteur sans faille des femmes et un seigneur charitable envers les pauvres (« les pauvres gens qui l'aimaient bien regrettaient le seigneur Gauvain ») : il a autrefois condamné Greoreas à manger avec les chiens pour le punir d'un viol ; il se soumet patiemment aux insultes et aux quolibets de l'Orgueilleuse jusqu'à ce qu'elle avoue haïr les hommes après qu'un chevalier a tué son ami pour l'enlever. Gauvain représente cet ordre arthurien qui cherche à étendre les valeurs du droit sur les forces brutes qui hantent la chevalerie : accusé injustement d'avoir tué le vieux roi d'Escavalon, il retient son frère Agravain et se soumet à la demande d'un combat judiciaire. Personnage du mouvement, personnage galant, il apprécie et sert chaque femme sans se fixer auprès d'aucune. Il ne saurait devenir maître du château des reines où la présence féminine l'a attiré et, non sans ironie de la part de l'auteur, les reines rêvent de le retenir par un mariage impossible avec celle qu'elles ignorent être sa sœur. C'est donc un personnage toujours disponible pour de nouvelles aventures, sentimentales ou guerrières, dont le parcours ne peut se clore de façon individuelle. En un sens Gauvain ne s'appartient pas, ses traits sont toujours déjà fixés et n'évoluent pas. Sa fonction est de parcourir l'espace pour y diffuser les valeurs et la paix arthuriennes. Loin d'être un simple faire-valoir de Perceval, il représente le versant collectif de la mission dévolue à la chevalerie qu'interroge le roman. C'est pourquoi sa réussite (il adoube les guerriers du château et sans doute mariera Clarissant et Guiromelant) est plus « mondaine » – plus politique et morale – que spirituelle. Il n'appartient pas à l'ordre d'un graal christianisé qui, dans les récits du XIIIe siècle, entrera en contradiction avec l'ordre arthurien au point de le détruire (*Queste del Saint graal*).

Les personnages secondaires

De nombreux personnages gravitent autour des deux héros, ils sont différents dans les deux parties. On a déjà noté le caractère ambivalent de leur action, en particulier vis-à-vis de Perceval. On peut cependant les regrouper en trois catégories : le personnel romanesque arthurien, les personnages masculins et les personnages féminins. Leur rôle dramatique prime sur une personnalité et une identité propres même lorsqu'ils possèdent un nom. Ils balisent la progression des héros et organisent un système d'échos à l'intérieur d'une même partie ou entre les deux : Orgueilleux de la lande et Orgueilleuse de Logres ; Demoiselle hideuse et écuyer monstrueux ; demoiselle tenant un chevalier mort/blessé dans ses bras (cousine de Perceval, amie de Greoreas) ; Blanchefleur et Clarissant rapprochées dans l'admiration semblable que suscite le couple qu'elles forment respectivement avec Perceval et Gauvain...

Arthur et Keu

Le roi Arthur, annoncé comme « celui qui fait les chevaliers », est une figure apparemment paradoxale. C'est un roi abîmé dans ses pensées, triste et surtout impuissant : devant l'agression grossière et le défi du Chevalier vermeil ; face à l'absence prolongée de son neveu. Gornemant de Goort doute qu'il s'intéresse encore à faire des chevaliers. Même si l'on évoque sa victoire sur le roi Rion des Îles, il apparaît dans le roman absolument passif. Cette évolution du personnage appartient à Chrétien de Troyes : chez lui Arthur ne combat plus directement, il représente un royaume où règnent la paix et le droit restaurés sur l'anarchie qui suivit le règne de son père Uterpendragon (événements rappelés par la mère de Perceval), un royaume où les guerriers doivent se plier à une éthique (voir les leçons de Gornemant), se mettre au service des faibles et maîtriser la violence dont leur fonction est porteuse. Arthur est la clé de voûte de cet univers idéal qui se voudrait définitif et intemporel. Son rôle pacificateur et civilisateur est sans cesse remis en question par de nouveaux défis, de nouveaux ennemis, qui, en même temps, le fragilisent et le légitiment. Aussi accueille-t-il à sa cour tous les chevaliers qui s'y présentent, y compris ceux vaincus par les siens et repentis de leurs actes (*cf.* Perceval). Mais il ne peut agir lui-même et seuls ses chevaliers, dans un constant mouvement de départ et de retour, protègent non seulement les frontières mais le maintien des valeurs du monde arthurien (*cf.* Gauvain).

Keu est un des personnages les plus anciens de la tradition arthurienne, donné parfois pour le frère de lait d'Arthur et toujours pour son sénéchal. Il est l'homme du sarcasme, de la parole méchante, blessante ou ironique. Il est aussi un révélateur : ses provocations font réagir son entourage. En proposant à Perceval de s'emparer des armes du Chevalier vermeil, il signe l'entrée en chevalerie du jeune homme qui deviendra en effet un Chevalier vermeil. Cette moquerie, immédiatement suivie d'effets parce qu'elle n'est pas comprise pour ce qu'elle est, est contrebalancée et confirmée, sur le mode sérieux, par les prédictions de la jeune fille et du fou. Comme toujours, la plaisanterie douteuse de Keu se retourne contre lui, mais le parcours héroïque de Perceval est amorcé et un futur du récit s'engage : les prédictions se réaliseront doublement à la deuxième apparition de Perceval à la cour d'Arthur. Keu occupe la même fonction ambivalente au seuil de plusieurs romans de Chrétien de Troyes (*Le Chevalier au lion, Le Chevalier de la charrette*). Il est un personnage essentiel au lancement de l'action. En même temps, dans la configuration structurelle des personnages, il forme un trio avec Arthur et Gauvain. Il est le pendant obligé de Gauvain, l'homme à la parole policée et « courtoise », conciliatrice : son altercation avec celui-ci dans notre roman le prouve. Entre les trois principaux protagonistes de la cour s'instaure un jeu en rapport avec le sens de ces romans : Keu et Gauvain déplacent sur le plan du discours le conflit entre la violence et le contrôle de soi, les armes et la diplomatie qu'arbitre Arthur.

Les personnages masculins

On ne s'arrêtera pas sur les figures à peine esquissées des chevaliers arthuriens, ni même du Roi Pêcheur et de l'ermite, car quelle que soit leur importance dans le dispositif dramatique, ils se confondent avec leurs fonctions : organiser l'épreuve qualifiante du héros ; donner la réponse aux mystères.

Dans la partie « Perceval », Gornemant de Goort est le « prodomme » par excellence que sa mère recommandait à Perceval : à la fois chevalier accompli aux armes, respectueux de l'Église et représentant d'une conception morale du métier des armes où la loyauté – envers la parole donnée, envers l'adversaire qui demande grâce – est la plus haute valeur. L'éloge de Philippe d'Alsace dans le prologue dessine cette figure du « preudome » accompli qu'est Gornemant. Sur le plan du récit cependant, les conseils donnés à Perceval s'avéreront à double tranchant, et Gornemant prépare aussi bien la réussite de Perceval aux armes, sa mansuétude et sa justice au combat, qui le rendent digne d'appartenir à la cour d'Arthur, que son échec au château du graal. En l'adoubant, c'est-à-dire en le faisant entrer dans l'ordre de la chevalerie, il demande aussi au jeune homme d'oublier les paroles de sa mère et troque les vêtements qu'elle lui a donnés pour ceux qu'il lui donne.

Il remplit le rôle qui était celui du père de Perceval (*cf.* paroles de la mère), mais dans la rivalité secrète avec la mère. En un sens, il appartient à cette caste guerrière qu'elle hait, et le mutisme de Perceval au château du graal sera interprété par l'ermite comme une conséquence de l'abandon de sa mère.

Les autres personnages masculins, Anguingueron, Clamadeu, l'Orgueilleux de la lande ou – dans la partie « Gauvain » – Guingambresil, Greoreas et même Guiromelant, sont d'abord des adversaires des héros et représentent à divers degrés le contraire de l'idéal qu'ils poursuivent : force brutale, violence envers les femmes. Au-delà de l'accusation agressive de Guingambresil envers Gauvain, le jeune roi d'Escavalon sait respecter une parole d'hospitalité. À l'inverse Greoreas, sauvé par Gauvain et justement puni par lui pour un viol, se retourne contre celui-ci et envoie son neveu sur ses traces. Animés d'une haine irréconciliable pour qui les a lésés ou humiliés, ils sont les représentants de ces « anges dont les gens se plaignent, et qui tuent tout ce qu'ils atteignent » (p. 38). Guiromelant, reconnaissant la valeur de Gauvain, amoureux de la sœur de celui-ci, retrouve toute sa haine en apprenant le nom de son interlocuteur.

Après avoir sauvagement tué le Chevalier vermeil, Perceval se conduira selon le droit chevaleresque, comme Gauvain. Les autres chevaliers leur permettent non seulement de prouver leur valeur guerrière, comme les héros épiques, mais de démontrer qu'il est une autre manière d'être chevalier. C'est là la leçon différente du roman au regard de la chanson de geste.

Les personnages féminins

Que leur beauté soit ou non longuement décrite – comme celle de Blanchefleur l'est –, les personnages féminins, même anonymes, occupent une fonction de premier plan dans la construction du sens du roman. Un des trois devoirs du chevalier, énoncé par la mère de Perceval et répété par Gornemant, est le respect et la défense des dames et demoiselles. Or, toutes les femmes du roman sont victimes de la violence masculine : de la Demoiselle à la tente sottement agressée par Perceval et maltraitée par son ami jaloux à Blanchefleur assiégée dans son château et menacée d'un mariage forcé, en passant par les jeunes filles qui déplorent la mort de leur ami et/ou ont été entraînées contre leur gré. L'ombre du viol plane sur tout le roman et les aveux de l'Orgueilleuse de Logres sont à la fois éclairants et émouvants. Les femmes sont plus des objets sexuels qu'amoureux : l'amour entre Blanchefleur et Perceval ne fait que s'ébaucher et ne constitue pas un thème majeur du roman (contrairement aux autres romans de Chrétien), la brève idylle entre Gauvain et la demoiselle d'Escavalon relève d'un marivaudage sans lendemain. Les femmes, comme la cousine de Perceval et la Demoiselle hideuse – ou peut-être la nièce du Roi Pêcheur qui offre l'épée, voire la porteuse du graal –, sont parfois détentrices d'un savoir que les hommes ignorent. Mais elles n'ont pas le pouvoir de l'exprimer : la mère de Perceval, les mères d'Arthur et de Gauvain n'ont pu survivre qu'en s'éloignant du monde, au cœur d'une forêt profonde pour l'une, dans un château, de l'autre côté de l'eau protégé par des forces magiques, pour les secondes. Peut-être Guenièvre, peu présente au plan diégétique, mais objet d'un éloge vibrant de la part de Gauvain, offre-t-elle une position intermédiaire : épouse d'Arthur, elle n'est pas à l'abri des agressions d'un Chevalier vermeil qui répand sur elle le vin d'une coupe (elle est enlevée dans *Le Chevalier de la charrette*), mais elle tient une place centrale et rayonnante dans ce monde arthurien : source de tout bien et origine du droit et de l'honneur, elle remplit à la perfection le rôle protecteur et éducatif dévolu à la reine. Modèle de beauté et de sagesse, elle permet que bonté et amour participent de la fonction royale.

Au roi idéal qu'est Arthur s'accorde ainsi une reine idéale qu'est Guenièvre selon un nécessaire partage et équilibre entre le masculin et le féminin qui n'existe qu'avec eux mais auquel tend l'action des héros plongés dans les turbulences du monde *réel*.

Le merveilleux

Tzvetan Todorov, dans son *Introduction à la littérature fantastique* (Seuil, 1970) a montré comment, pour des œuvres du XVIIIᵉ et du XIXᵉ siècle, le merveilleux se distingue du fantastique. Alors que celui-ci est le surgissement d'un fait, d'un personnage, étranges dans un univers familier et déclenche par le choc de son apparition un malaise, voire la peur du personnage/narrateur (et par ricochet du lecteur), le merveilleux à proprement parler n'est pas en lui-même étrange car il appartient à un ordre de réalité différent de l'ordre de l'expérience commune – généralement celui de la féerie, de la « légende » ou du conte – accepté par le lecteur en tant que tel. Dans la fiction qui le met en scène, il est alors un élément recevable quoique appartenant au surnaturel. Trace d'anciennes croyances et de souvenirs mythiques (en particulier d'un autre monde prêt à surgir et se tenant « au-delà de l'eau »), le merveilleux est très présent dans les récits médiévaux. Marie de France, à peu près contemporaine de Chrétien de Troyes, a rassemblé de courts récits « féeriques » appelés *Lais* qui exploitent une telle matière merveilleuse et chevaleresque.

Étymologiquement, la « merveille » est une chose « vue » qui suscite une admiration teintée d'étonnement, souvent de fascination, parfois de crainte. Les classifications de la critique moderne doivent donc être assouplies pour saisir le sens du merveilleux médiéval. « Se merveiller » renvoie ainsi quelquefois à la seule perception d'une beauté, d'une majesté ou d'une force supérieures. Le terme contribue alors à une description ou à un jugement hyperboliques.

Le matériau merveilleux d'un auteur comme Chrétien est composite : il puise à des sources païennes, en particulier celtiques et antiques, et à des sources chrétiennes. Pour l'historien

Jacques Le Goff (*L'Imaginaire médiéval*, Gallimard, 1985), le merveilleux chrétien qui se cristallise dans le miracle lutte, au cours des XIIe et XIIIe, contre le merveilleux païen, s'efforçant de faire triompher un surnaturel dont la source unique est Dieu. *Le Conte du graal* reflète à sa manière cette concurrence.

Si Chrétien participe en effet d'une *poétique de la merveille* commune à la littérature de son temps, le sens de celle-ci, sa portée – onirique, symbolique, ironique – restent indécidables, son usage ambigu, depuis la « fausse » merveille des chevaliers apparus au jeune Perceval jusqu'à « l'apparition » du château du graal. Et si le Lit de la Merveille semble magique, il est, comme l'ensemble des dispositifs de défense du château des reines, l'œuvre d'un « clerc saiges d'astronomie » (p. 206, l. 4435). Maître de son art, Chrétien utilise-t-il dans son roman le merveilleux comme un simple matériel poétique ou comme un moyen de dire une vérité sur l'homme (mort, sexualité...) et sur le monde ? Ou plutôt comme une *manière* de questionner ?

La merveille à l'œuvre dans le monde

Flèches tirées par des archers invisibles, laideur extrême, animale et chimérique, d'une demoiselle messagère d'aventures ou d'un écuyer agressif, font signe d'un univers inconnu, menaçant. La biche blanche disparue à peine entr'aperçue peut être l'annonciatrice de l'entre-deux-mondes dans lequel pénètre peu à peu Gauvain. Sa couleur, en effet, est traditionnellement celle de l'univers féerique autant que de la mort. Gauvain la voit sans pouvoir l'atteindre parce que son cheval se déferre. Il reste au seuil de l'Autre Monde : mais n'est-ce pas ce qui le sauve ?

Les objets sont particulièrement aptes à produire l'effet de la merveille. Le cortège du graal, avec sa série d'objets hétéroclites, cristallise par l'énigme qu'il compose une scène merveilleuse par excellence. La focalisation sur le personnage et ses réactions en fait un spectacle étrange auréolé de mystère et surtout énigmatique. Pourtant la lance qui saigne est le seul élément à proprement parler merveilleux et elle suscite la curiosité du héros. Mais la mise en valeur progressive du graal, simple plat, par le narrateur, et surtout la relation inexpliquée des objets qui défilent dans un silence impressionnant et une lumière extraordinaire évoquent progressivement une dramaturgie ésotérique. Habilement Chrétien projette *a posteriori* sur la scène l'éclat de la merveille quand au petit matin tout a disparu comme dans un rêve.

Ambiguïtés : personnages et châteaux

Chrétien, en effet, n'écrit pas un conte merveilleux, un « conte » du graal. Il joue des limites et des frontières, il suggère. Que faire par exemple du Chevalier vermeil ? Un ennemi d'Arthur représentant d'un clan opposé ou, signalé par sa couleur rouge, un guerrier de l'Autre Monde, issu de contes irlandais, provocateur et insolent auquel personne ne s'affronte et qui souille la reine, figure de la souveraineté ? Arthur reste étonnamment impuissant à punir l'affront qu'il subit. Perceval, en le tuant, par ignorance, ne s'empare-t-il pas des forces maléfiques dont il était porteur et qui, au cours de sa longue errance, agiront contre lui ? La force prise à l'Autre est dangereuse, il faut en payer le prix. Perceval restera néanmoins le Chevalier vermeil. Les châteaux marqués du sceau de la féerie demeurent ambigus : le héros y pénètre sans pouvoir y rester – Perceval, au château du graal – ou en s'y retrouvant enfermé – Gauvain, au château des reines. La beauté et le luxe de ces châteaux et de leurs hôtes sont des pièges et des leurres à l'instar des « fées de la fontaine » dont le blanche nudité attire le chevalier des *Lais*. Gauvain, à défaut du graal, avance aux frontières de ces pays étranges où il doit vaincre l'épouvante et l'horreur d'une merveille qui souvent prend l'apparence de la beauté et du luxe (le Lit de la Merveille). L'Autre Monde, en effet, a à voir avec la mort (stérilité de la terre gaste du Roi Pêcheur ; vieilles reines disparues) et a besoin des forces vives de la jeunesse humaine pour se régénérer (schéma mythique récurrent des mythologies) : guéri, le Roi Pêcheur retrouverait sa vigueur et sa *vitalité* ; le seigneur du château des reines – c'est-à-dire le vainqueur de l'épreuve du Lit – adoubera les hommes et mariera les femmes, relançant le mouvement du temps. Aussi toute une série de personnages-relais balisent le parcours du chevalier pour l'attendre et l'*appeler* : femmes éplorées et mystérieusement savantes et informées, Orgueilleuse au miroir, jeunes beautés aux fenêtres, autant de femmes-fées dont la nature demeure indécise mais dont l'apparence est dangereusement *séduisante*.

Le roman, lieu d'une rationalisation ?

Les héros cependant ne s'arrêtent qu'un moment. Par étourderie et « niceté » – Perceval ; par volonté et détermination – Gauvain. Ils passent et traversent cet Autre Monde qui menaçait peut-être de les engloutir. Leur action se situe dans le monde humain et le roman met en scène le merveilleux pour le vaincre et s'en détourner. Vers quel autre sens ? Rejetant les séductions du merveilleux païen, le roman (de) (C/c)hrétien se tourne en partie vers le merveilleux chrétien. C'est du moins ce vers quoi nous oriente la dernière scène de Perceval. L'ermite explique le sens des objets du château du graal en les christianisant : le graal est calice, l'hostie seule peut soutenir spirituellement la vie défaillante d'un vieux roi, car il n'y a qu'un Autre Monde auquel on accède par la communion et la prière. Il n'y a qu'un mystère, celui de l'incarnation, de la mort et de la résurrection du Christ. L'échec est donc signe de péché, la réparation viendra du repentir et de la pénitence La lance cependant échappe un temps à l'explication : resurgie sous l'espèce d'une lance menaçant le royaume arthurien – et donc possédée par des forces maléfiques innommées –, elle doit être retrouvée par Gauvain. Or ce héros reste résolument dans l'ordre du monde *terrestre*. Le château des reines reste lui aussi, dans l'inachèvement du récit, en attente d'une explication ou d'une résolution. Ainsi s'ouvrent deux voies aux romans du XIIIe siècle : rassembler tous les éléments dans la clarté d'une explication univoque du monde au risque de faire disparaître les « enchantements de Bretagne » (c'est le but que se propose la *Queste del Saint graal*), ou, de cerf blanc en échiquier magique, égarer longtemps le héros avant qu'il retrouve le chemin du château du graal et de la Loi divine (*Deuxième Continuation*).

Correspondances

L'épreuve merveilleuse et qualifiante
- Chrétien de Troyes, *Le Chevalier de la charrette*.
- Renaut de Beaujeu, *Le Bel Inconnu*.

—**1**————————————————————————

Dans *Le Chevalier de la charrette*, Chrétien de Troyes soumet son héros Lancelot à l'épreuve du « lit », quoique de manière plus ambiguë, car on ne sait pas à ce moment du récit quel signe positif elle représente pour un chevalier déshonoré d'être monté dans une charrette réservée aux malfaiteurs. Cette scène sera reprise dans le *Lancelot en prose* :

Dès qu'il eut enlevé ses chausses,
dans le lit qui était plus long et plus élevé
d'une demi-aune que les deux autres,
il se couche sous un drap de satin jaune,
étoilé d'or, mis en couverture de lit.
La doublure n'en était pas
de peti-gris râpé, mais de zibeline.
Elle eût été vraiment digne d'un roi,
la couverture qu'il avait sur lui.
Le lit n'était pas fait de chaume,
ni de paille ni de vieilles nattes !
À minuit, des lattes du toit
une lance jaillit comme la foudre,
le fer pointé en bas dans la visée de coudre
par les flancs le chevalier

à la couverture, aux draps blancs
et au lit, là où il était couché !
Sur la lance il y avait une banderole
tout embrasée de feu.
Le feu prend à la couverture,
aux draps et au lit, en bloc,
et le fer de la lance frôle
au côté le chevalier,
lui écorchant un peu la peau,
sans vraiment le blesser.
Le chevalier s'est dressé,
il éteint le feu et saisit la lance,
il la jette au milieu de la salle,
sans pour autant quitter son lit.
Il s'est recouché et il a dormi
tout aussi tranquillement
qu'il avait commencé de le faire.

Traduction Ch. Mela, Le Livre de Poche,
« Lettres gothiques », 1992, pp. 75-77.

Renaut de Beaujeu, *Le Bel Inconnu*. Ce roman du XIIIᵉ siècle s'inscrit explicitement dans l'héritage de Chrétien de Troyes : Guinglain, qui ignore son nom et son origine, se révélera être le fils de Gauvain. Amant d'une fée, il conquiert cependant une héritière qu'il délivre du sortilège qui l'avait métamorphosée en guivre :

Et voici que la guivre s'élança et l'embrassa sur la bouche, puis après l'avoir embrassé s'en retourna. Et l'Inconnu se prépare ; pour la frapper, il a déjà tiré son épée. Mais la guivre s'est arrêtée ; en signe de soumission, elle s'est inclinée devant lui, puis s'en est allée. Et lui s'est retenu de la frapper : sa générosité lui interdit de la frapper, puisqu'elle reconnaît son autorité. Ainsi s'en est allée la guivre : elle est entrée dans l'armoire, qui s'est refermée. Il n'y a plus eu de tapage, plus rien de mal n'est arrivé : simplement, la salle est restée dans l'obscurité.

Le jeune homme était inquiet de ce baiser. Il s'assit près de la table. "Seigneur Dieu, se disait-il, que va-t-il m'arriver à cause du Cruel

Baiser que je viens de recevoir ? J'ai reçu là un atroce baiser, me voici trahi ; le diable, que j'ai embrassé contre mon gré, m'a ensorcelé. Je ne donne pas bien cher de ma vie, maintenant !".

C'est alors qu'il entendit une voix qui lui révélait ses origines et son lignage. La voix ne murmurait pas, elle criait : "Fils de monseigneur Gauvain, je savais bien que nul chevalier n'aurait pu ni opérer cette délivrance, ni supporter ce baiser et la cruelle et dangereuse aventure qui l'a précédé. Aucun chevalier au monde n'aurait été assez vaillant, assez fort et indomptable pour avoir cette audace et ce courage – à part Gauvain, ton père et toi-même. Personne ne pouvait délivrer cette haute dame de grand mérite du terrible péril où elle se trouvait : par ta vaillance, tu l'as sauvée !

"Le roi Arthur s'est trompé quand il t'a appelé le Bel Inconnu : ton vrai nom de baptême est Guinglain. Je peux te raconter tout ce qui te concerne : ton père, c'est monseigneur Gauvain et je te dirai aussi qui est ta mère, tu es le fils de la fée Blanchemal. C'est moi qui t'ai donné ton armure et ton épée, puis elle t'envoya au roi Arthur qui te confia la mission de secourir cette demoiselle. Tu es bien venu à bout de cette tâche." Son discours fini, la voix s'est tue. Et lui reste là, très heureux de ce que la voix lui avait dit : elle lui a révélé, par ce discours, qui est son père et quel est son propre nom.

Traduction M. Perret, I. Weil, Champion, 1991, p. 63.

L'homme et la fée : rencontre

- Marie de France, *Lai de Lanval*.
- Coudrette, *Roman de Mélusine*.
- Marcel Aymé, *La Vouivre*.

3

Deux figures de fées se partagent l'imaginaire médiéval : Morgane, qui entraîne l'homme vers son royaume ; Mélusine, qui vient le rejoindre dans son monde. Procurant au mortel amour, richesse et pouvoir, la fée lui impose le respect d'un interdit : secret sur leur union, interdiction de la voir certains jours, etc.

La fée pardonne son indiscrétion à Lanval : il préfère partir
à jamais dans l'Autre Monde avec elle.

Les amis de Lanval
viennent lui parler
de la jeune fille qui arrive
et qui, si Dieu le veut, le fera libérer :
"Seigneur compagnon, il en vient une
qui n'est ni rousse ni brune,
qui est la plus belle du monde,
la plus belle de toutes les femmes !"
À ces mots, Lanval relève la tête,
reconnaît son amie et soupire.
Le sang lui monte au visage
et il se hâte de parler :
"Ma foi, c'est mon amie !
Peu me chaut maintenant qu'on me tue,
si elle n'a pas pitié de moi,
car j'ai bonheur de la voir !"
La jeune fille entre dans la salle du château :
on n'y a jamais vu si belle femme.
Elle met pied à terre devant le roi
et tous la voient bien.
Elle laisse même tomber son manteau
pour qu'on la voie mieux encore.
Le roi, très courtois,
se lève bien vite pour l'accueillir
et tout le monde s'empresse de lui faire honneur
et de la servir.
Quand on l'a bien contemplée
et qu'on a fait l'éloge de sa beauté,
elle déclare
sans vouloir s'attarder :
"Arthur, écoute-moi,
ainsi que tous les barons que je vois ici !
J'ai aimé un de tes vassaux :
le voici, c'est Lanval !
On l'a accusé devant ta cour
et je ne veux pas qu'il soit victime

de ses paroles. Sache bien
que le tort est du côté de la reine :
jamais il n'a sollicité son amour.
Quant à sa vantardise,
s'il peut en être justifié par ma présence,
alors que tes barons le libèrent !"
Le roi accepte de se soumettre
au jugement que prononceront
ses barons dans les règles.
Tous, sans exception, jugent
que Lanval s'est bien justifié.
Ils décident donc de le libérer.
La jeune fille s'en va
sans que le roi puisse la retenir ;
tous s'empressent à la servir.
Au sortir de la salle, on avait placé
un grand perron de marbre gris
qui aidait les chevaliers alourdis par leurs armes
à monter à cheval en quittant la cour du roi.
Lanval est monté sur la pierre
et quand la jeune fille franchit la porte,
d'un bond, il saute derrière elle
sur le palefroi.
Il s'en va avec elle en Avalon,
comme nous le racontent les Bretons.
C'est dans cette île merveilleuse
que le jeune homme a été enlevé.
On n'en a plus jamais entendu parler
et mon conte s'arrête là.

> Marie de France, *Lai de Lanval* (XIIe siècle), vers 601-664,
> traduction L. Harf, Le Livre de Poche,
> « Lettres gothiques », 1990.

4

Mélusine disparaît après que Raymondin a transgressé l'interdit :

Adieu, Raymondin, je t'ai aimé d'amour parfait ; plus jamais je ne te verrai. Adieu mon cœur et mon amour, adieu toute ma joie, adieu tous mes plaisirs en ce monde, adieu mon gracieux amant, mon bien le plus précieux, adieu mon tendre aimé, adieu douce créature, adieu mon amour et ma joie, adieu tout ce que j'aimais au monde, adieu le meilleur, le plus beau, adieu noble chevalier, le meilleur, le plus doux, adieu mon gracieux époux, adieu mon doux amour, mon mari, adieu, adieu, mon doux seigneur ! Adieu à la joie, à la liesse, à la vie pleine de douceur, adieu au bonheur, à la tendresse, adieu à tous ! Adieu Lusignan, mon beau château que j'ai bâti ! Adieu à tout ce qui charme la vie d'une dame : la musique, les fêtes, les louanges et les honneurs ! Adieu cher ami de mon cœur : que Dieu t'aide et te protège !

Sur ces mots, elle saute dans le vide. Devant tous les barons, elle quitte la fenêtre, après ces paroles, et s'envole aussitôt. À l'ébahissement général, elle s'est transformée en une immense serpente, et la fée devenue serpente à la queue burelée d'argent et d'azur. Tandis que Raymond se désespère, elle fait trois fois le tour de la forteresse, poussant à chaque tour un cri prodigieux, un cri étrange, douloureux et pitoyable. Je n'écris que la vérité, je ne voudrais certes pas mentir ! Puis elle s'en va à vive allure, emportée par le vent, s'envole dans le ciel. Elle disparaît.

Coudrette, *Le Roman de Mélusine* (XVᵉ siècle),
traduction L. Harf, GF Flammarion, 1993, p. 106.

Une version folklorique moderne :

Il marchait depuis quelques minutes, et il vit, presque sans émoi, déboucher une vipère sur un croisement de sentiers. Plus longue et plus fine que celle du pré, elle rampait sans hâte, le col dressé, l'allure provocante. Elle tourna vers lui sa tête plate, comme pour le toiser, et Arsène, en découvrant sous la mâchoire de la bête un coin de peau tendre et molle, sentit renaître en lui une indignation panique. Il n'eut d'ailleurs pas le temps de s'y laisser aller. Derrière la vipère apparut une fille jeune, d'un corps robuste, d'une démarche fière. Vêtue d'une robe de lin blanc arrêtée au bas du genou, elle allait pieds nus et bras nus, la taille cambrée, à grands pas. Son profil bronzé avait un relief et une beauté un peu mâles. Sur ses cheveux très noirs relevés en couronne, était posée une double torsade en argent, figurant un mince serpent dont la tête, dressée, tenait en sa mâchoire une grosse pierre ovale, d'un rouge limpide. D'après les portraits qu'on lui en avait tracés et qu'il avait crus jusqu'alors de fantaisie, Arsène reconnut la Vouivre.

La Vouivre, Marcel Aymé, 1945.

Merlin entre Dieu et Diable, existence et néant

- Robert de Boron, *Merlin.*
- Italo Calvino, *Le Chevalier inexistant.*

 6

Personnage fondateur du royaume arthurien, Merlin est un curieux syncrétisme de l'antéchrist et du mage antique. Fruit d'un démon et d'une mortelle, prophète du graal, créateur de la Table Ronde, sans apparence fixe, connaissant le passé et l'avenir, il doit à la pureté de sa mère de n'être pas damné.

Merlin n'ignorait pas que le roi s'était mis à sa recherche sans délai. Après avoir parlé à Blaise, il se rendit dans une ville où il savait que les messagers étaient à sa recherche. Il entra dans la ville sous les traits d'un bûcheron, une grosse cognée au cou, chaussé de gros souliers, vêtu d'une courte tunique en lambeaux, les cheveux longs et ébouriffés, une longue barbe : il avait tout à fait l'air d'un homme sauvage. Il pénétra dans une maison où étaient les messagers ; en le voyant, ils le regardèrent avec surprise.

— Voilà, se dirent-ils entre eux, un homme peu engageant !

— Vous ne faites pas bien, leur dit-il en s'approchant d'eux, la besogne de votre maître qui vous a donné l'ordre d'aller chercher le devin nommé Merlin.

— Qui diable a renseigné ce rustre et de quoi se mêle-t-il ?

— Si j'avais été chargé de le rechercher, répondit-il, je l'aurais plus vite trouvé que vous.

Ils l'entourent alors et lui demandent s'il savait où il était et si par hasard il l'avait vu.

— Je l'ai vu, je connais sa demeure, il sait que vous êtes à sa recherche, mais vous ne le trouverez pas sans son consentement. Il m'a recommandé de vous dire que vous perdez votre temps à le rechercher, car si vous le trouviez, il ne vous suivrait pas. Dites à ceux qui ont affirmé à votre maître que le bon devin était en ce pays qu'ils ne lui ont pas menti ; et quand vous serez de retour, dites-lui qu'il ne prendra pas ce château qu'il assiège avant la mort d'Engis. Quant à ceux qui vous ont donné l'ordre d'aller chercher Merlin, ils n'étaient que cinq au camp de l'armée, et à votre arrivée là-bas, vous n'en trouverez que trois. À ces trois et à votre maître dites que s'ils venaient dans cette ville et fouillaient ces forêts, ils trouveraient Merlin. Mais si le roi n'y vient pas lui-même, personne ne pourra le lui amener d'ici.

Cet avertissement une fois donné aux messagers, Merlin disparaît et ils le perdent de vue.

Robert de Boron, *Merlin* (XIIIᵉ siècle),
traduction A. Micha, GF Flammarion, 1994, pp. 83-84.

Parodiant la littérature médiévale – chanson de geste, roman courtois et quête du graal –, Italo Calvino invente, pour réfléchir avec humour sur la condition humaine, un chevalier qui n'est qu'une armure vide.

— Et vous, là, si soigneux de votre mise..., lança Charlemagne : à mesure que la guerre se prolongeait, il trouvait de moins en moins souvent chez ses paladins pareil souci de toilette.

— Je suis, la voix montait, métallique, du fond du heaume bien bouclé, comme si, au lieu du larynx, les lames d'acier elles-mêmes eussent vibré, avec un léger prolongement en écho, "Agilulfe Edme Bertrandinet des Guildivernes et autres de Carpentras et Syra, chevalier de Sélimpie Citérieure et de Fez !"

— Haaa..., fit Charlemagne, et sa lèvre inférieure, arrondie en avant, émit un léger trompetis, comme pour dire : S'il fallait que je me souvienne de tous les noms, ce serait gai ! Mais aussitôt il fronça les sourcils : "Et pourquoi ne relevez-vous pas la visière, qu'on voie votre visage ?"

Le chevalier ne bougea point ; sa dextre, prise dans le gantelet de fer bien ajusté, serra plus fort le troussequin de la selle, tandis que l'autre bras, qui portait l'écu, parut agité d'un frisson.

— Hé ! paladin, c'est à vous que je parle ! insista Charlemagne. Pourquoi diantre ne montrez-vous pas votre visage au roi ?

La voix sortit, nette, de la ventaille du heaume.

— C'est que je n'existe pas, Majesté.

— Eh bien ! vrai ! s'écria l'empereur. Voici que nous avons en renfort un chevalier inexistant ! Faites voir un peu.

Agilulfe parut hésiter un instant ; puis, d'une main sûre, mais lente, il releva sa visière. Le heaume était vide. Dans l'armure blanche au beau plumail iridescent, personne.

> *Le Chevalier inexistant*, 1959,
> traduction M. Javion, Seuil, 1962, coll. « Points », p. 14.

Merveilleux chrétien

- Gautier de Coincy, in *Vierge et Merveille*.
- Prosper Mérimée, *La Vénus d'Ille*.

—8

Dans la floraison des récits de miracles, les textes consacrés à la Vierge Marie tiennent une grande place surtout à partir du XIIIe siècle grâce à l'œuvre en prose et en vers de Gautier de Coincy. On y retrouve, christianisé et orienté vers la conversion ou le repentir, un certain nombre de motifs folkloriques dont celui de l'anneau mis au doigt d'une statue qui ne veut plus le rendre. On reconnaît le thème de la *Vénus d'Ille* de Mérimée :

L'anneau qu'il portait, il le poussa droit au doigt rectiligne de la statue. Tout soudain la statue replia son doigt si brutalement que personne n'aurait pu en retirer l'anneau sans le couper. L'enfant, épouvanté, hurla de peur. Tout le monde sur la grande place y accourut et le petit raconta en détail ce qu'il avait dit et fait à la statue. Et chacun de se signer, émerveillé. On lui dit, loua et conseilla de laisser le siècle sans plus attendre et d'entrer en religion, de servir Dieu toute sa vie et ma dame sainte Marie, qui lui montrait bien par son doigt qu'il devait l'aimer d'amour à l'exclusion de toute autre amie. Mais il n'eut pas la sagesse de lui tenir son engagement.

Gautier de Coincy, XIIIe siècle, traduction E.P. Kunstmann, in *Vierge et Merveille*, 10/18, 1981, p. 89.

9

Le marié, qui avait disparu un instant avant de se mettre à table, était pâle et d'un sérieux de glace. Il buvait à chaque instant du vieux vin de Collioure presque aussi fort que l'eau-de-vie. J'étais à côté de lui.

[...] Il me poussa le genou, et très bas il me dit :

— Quand on se lèvera de table..., que je puisse vous dire deux mots.

Son ton solennel me surprit. Je le regardai plus attentivement, et je remarquai l'étrange altération de ses traits.

— Vous sentez-vous indisposé ? lui demandai-je.

— Non.

Et il se remit à boire...

[...] À minuit, M. Alphonse me tira dans l'embrasure d'une fenêtre, et me dit en détournant les yeux :

— Vous allez vous moquer de moi... Mais je ne sais ce que j'ai... je suis ensorcelé ! Le diable m'emporte !...

[...] il avait la voix entrecoupée. Je le crus tout à fait ivre.

— Vous savez bien, mon anneau ? poursuivit-il après un silence.

— Eh bien ! on l'a pris ?

— Non.

— En ce cas, vous l'avez ?

— Non... je... je ne puis l'ôter du doigt de cette diable de Vénus.

— Bon ! vous n'avez pas tiré assez fort.

— Si fait... Mais la Vénus... elle a serré le doigt.

Il me regardait fixement d'un air hagard, s'appuyant à l'espagnolette pour ne pas tomber.

— Quel conte ! lui dis-je. Vous avez trop enfoncé l'anneau. Demain vous l'aurez avec des tenailles. Mais prenez garde de gâter la statue.

— Non, vous dis-je. Le doigt de la Vénus est retiré, reployé ; elle serre la main, m'entendez-vous ?... C'est ma femme, apparemment, puisque je lui ai donné mon anneau... Elle ne veut plus le rendre.

J'éprouvai un frisson subit, et j'eus un instant la chair de poule.

Prosper Mérimée, *La Vénus d'Ille*, 1837.

Parole et silence

Perceval se réveille un matin dans un château étonnamment silencieux à la recherche d'un interlocuteur à qui poser les questions qui brûlaient ses lèvres au cours de la soirée précédente, mais personne ne lui répond. La veille, le cortège du graal s'était déroulé dans un silence impressionnant sur fond de conversations mondaines. Le Roi Pêcheur, en hôte courtois, sait parler « d'un et d'el » (« de choses et d'autres ») avec ses invités. Mais au moment de l'étrange défilé, seule la voix narrative semble engager un dialogue avec la voix intérieure du personnage, hésitant, intimidé, pris entre curiosité et interdit. De ce creux de silence jaillit la faute de n'avoir pas parlé *à temps*.

Le Conte du Graal peut être lu comme un roman de la parole et du silence, toujours l'une et l'autre en excès ou en défaut, en avance ou en retard, déphasés, inadaptés. La première personne coupable de ce mauvais usage de la parole n'est-elle pas la mère de Perceval, qui s'est tue trop longtemps sur l'histoire familiale et qui soudain parle trop, trop vite, pour que son fils l'*entende* ? Mais, à un autre moment du roman, que signifie l'accusation que Keu porte à Gauvain de bien savoir vendre ses paroles pour éviter le combat ? Ainsi le « péché de langue » affecte-t-il tous les personnages, faisant écho à la valeur magique de la parole doublement héritée des mythologies celtique et germanique – le roi Arthur reste privé de parole après le défi agressif du Chevalier vermeil – et de la puissance du Verbe divin – les noms de Dieu enseignés par l'ermite ; il se reformule différemment dans la partie « Gauvain » et la partie « Perceval », interrogeant, sur le plan mythique comme sur le plan de la communauté humaine, le bon usage de la communication.

Paroles du « nice », paroles du « courtois » :
le procès de la communication

Le jeune Perceval n'est qu'un Gallois stupide à la folle parole, spontanée, irrespectueuse de celle des autres. Impatient d'obtenir ce qu'il désire – connaissance ou objet –, il questionne sans écouter. Mais ce faisant, il est un révélateur, un « éveilleur ». Sa curiosité passionnée lance le récit, ses questionnements s'offrent en résonance au bruit des armes qui rivalisait avec le chant des oiseaux au fond de la forêt ; il réveille sa mère de son trop long mutisme, fait surgir en cascade la parole des autres : Arthur, la jeune fille et le fou, Keu... La jeune suivante se met soudain à prédire qu'il sera le meilleur chevalier du monde. Prédiction aussitôt réprimée mais qui engage le futur du récit. La parole est acte, elle se situe du côté de la vie, de l'action, de l'avenir.

Gornemant, dans cette perspective, joue un rôle ambigu puisque ses conseils de retenue – il ne faut pas trop parler – tarissent cette (re)mise en circulation de la parole. Perceval devient, à son tour, muet, comme sa mère... L'ermite lui dira que « le péché lui trancha la langue ». Autrement dit, la culpabilité a partie liée avec le mutisme, le secret refoulé ou oublié et non l'inverse. L'usage policé de la parole (Gornemant éduque le jeune homme en bridant sa parole) irait-il à l'encontre de la force, magique et archaïque, de la parole ? Une seule question, en effet, aurait dénoué les malheurs qui accablent le monde du Roi Pêcheur, victime lui-même d'une fatalité ou coupable d'une faute inavouable ? Dans le mouvement de balancier que Chrétien de Troyes opère entre les représentations mythiques et chrétiennes, il n'est pas étonnant que Perceval retrouve mémoire et conscience le jour du Vendredi saint et la parole – fût-elle de pénitence – le jour de Pâques, jour de résurrection, du triomphe de la vie sur la mort, jour où les plus hauts mystères sont révélés.

Reste le procès de la parole de politesse, celle des conventions sociales et de la courtoisie. Pendant tout le roman cette parole est battue en brèche, mise en question. Gauvain en est le représentant après que Gornemant s'en est fait le précepteur. Aux propos intempestifs et brutaux de Keu se mesure une telle parole qui s'efforce de dénouer les conflits à la place des armes. Gauvain saura ainsi rallier Perceval à la cour d'Arthur, il saura temporiser face au défi de Guingambresil, empêchant son frère Agravain d'affronter sur-le-champ celui qui insulte la famille. Mais Keu instille le doute sur la valeur et le courage d'un chevalier qui privilégie la parole sur le geste guerrier. Dans la deuxième partie du roman, la sincérité du discours courtois fait, à son tour, l'objet d'un soupçon : n'est-il pas une manière de masquer les vrais enjeux, les désirs du corps aussi ? L'Orgueilleuse à travers ses paroles moqueuses dénonce une politesse qui n'est que vernis, le masque hypocrite d'une entreprise de séduction. Relayant les propos de Keu, elle met en question la valeur morale d'une telle parole dont Gauvain est le parangon.

Il y a donc un envers de la parole courtoise comme il y a un envers de la parole insultante. Le positif et le négatif s'inversent constamment : la Demoiselle hideuse, en maudissant Perceval, provoque chez lui le désir de proclamer une « autre » aventure – « il redit tot el » – que celles choisies par ses compagnons, ce sera la quête du graal ; de même sa cousine, sous le feu de ses reproches, avait provoqué chez le jeune homme la révélation à lui-même de son nom, jamais jusqu'alors prononcé par quiconque. D'une malédiction à l'autre la personnalité de Perceval se construit en miroir de la prédiction laudative de la Suivante rieuse.

Scènes de silence : esthétique et dramaturgie

Avant tout dialogue, Perceval pleure quand il assiste à l'office dans la chapelle de l'ermite. Chrétien joue admirablement de l'alternance des paroles et du silence. Les scènes les plus fortes émotivement sont des scènes de silence. Elles préparent et encadrent les scènes d'action et de débat, elles cristallisent, enfin, l'appel à l'interprétation. Ainsi la description d'Arthur, pensif et accablé au milieu du bruit de la cour, dresse un portrait paradoxal du roi « qui fait les chevaliers ». Le mutisme du roi provoque la colère du jeune homme et son mépris. La tension dramatique se résout dans l'effet comique du bonnet arraché de la tête du roi par le cheval, mais c'est dire aussi, par les gestes et l'image, l'impuissance du roi, son humiliation : le pouvoir d'Arthur ne serait-il qu'un leurre ?

On retrouve le même traitement ironique dans l'arrivée de Perceval au château de Blanchefleur. Après l'accueil chaleureux réservé au jeune homme, tous se figent dans un silence gêné. Les barons, en chuchotant, commentent entre eux l'attitude timide du jeune chevalier. Dans ce moment d'attente se dit pour la première fois l'admiration pour la beauté physique de Perceval et le rêve aussitôt esquissé d'un couple idéal qui réunirait deux êtres parfaitement beaux. Avant même tout discours amoureux se construit une idylle qu'aucun mot, aucun geste n'engage. Or ce silence du jeune homme, non seulement contraste avec ses maladroites entreprises auprès de la Demoiselle de la tente et avec la galanterie naturelle de Gauvain, mais annonce aussi que ce couple, esthétiquement idéal, restera un espoir de couple, comme reste suspendue la conversation initiale.

Le thème amoureux, en effet, ne fait que s'ébaucher dans *Le Conte du Graal*. L'autre grande scène qui en trace les linéaments est celle des « gouttes de sang sur la neige ». Peu importe qu'une neige à la Pentecôte soit invraisemblable. Ce qui compte ici est l'effet esthétique du contraste des couleurs, réitérant sous une autre forme la description de Blanchefleur, mais aussi le réseau complexe des analogies où le rouge et le blanc redisent, à l'occasion d'un oiseau blessé, le sang et la brillance de la lance du graal. Or le tableau, avec le personnage, à nouveau se fige, arrêtant l'action, le temps, les paroles. Le jeune homme, pour la première fois, fait retour sur une expérience vécue. Pour la première fois aussi il voit des signes dans la réalité qui l'entoure, il dépasse les éléments épars d'un spectacle pour les reconstruire en une image mentale différente, en l'occur-rence amoureuse. Pour les médiévaux, en effet, l'amour est contemplation d'une image intérieure, *phantasme*. Une telle méditation ne peut s'effectuer que dans le silence d'un retrait du monde. La scène, avec les défis successifs des che-valiers, exemplifie ce processus. Seul Gauvain, comprenant qu'il s'agit d'amour, fera revenir à lui et aux autres le che-valier pensif. Gauvain, pourtant, ne connaît pas cette pro-fondeur de l'amour ; pour lui, celui-ci n'est que conversation tendre, discours agréable et raffiné.

Mais la scène qui allie paroles et silences est, par excellence, celle du graal. De fait, ce sont les acteurs du cortège qui sont silencieux, appelant, en passant et repassant, le spectateur privilégié qu'est Perceval à rompre son propre silence. Cette dramaturgie se constitue cependant sur un paradoxe : elle a pour enjeu de provoquer une parole qui fera disparaître le secret qu'elle désigne. Autour du « graal » se nouent, en effet, les différents rapports qu'entretiennent la parole et le silence avec le savoir : selon le point de vue adopté, le graal est un secret, c'est-à-dire un savoir caché et retenu, un mys-tère, c'est-à-dire un savoir interdit, ou une énigme, c'est-à-dire un savoir impossible. Il appelle donc soit l'aveu, soit la révélation ou l'initiation, soit la résolution. Le discours de l'ermite le constitue en secret de famille sur lequel se greffe le mystère chrétien de l'eucharistie. Mais il n'élucide pas tous les éléments dont la réunion demeure énigmatique, ni ne résout toutes les questions qu'aurait dû poser Perceval (sur la lance qui saigne ou sur la personne que l'on sert avec le graal). Aucune parole interne au récit, qu'elle appartienne aux personnages ou au narrateur, ne répond entièrement aux questions. Tout discours s'édifie donc à la faveur d'une part de silence.

Silence et parole à la recherche d'un équilibre

Gornemant apprend à Perceval à ne pas parler à tort et à tra-vers, à ne pas être trop « noveliers » : il ne lui demande pas de se taire. L'erreur est du côté du jeune homme incapable d'adapter son attitude aux circonstances. Chaque épisode met en débat la pertinence de la parole sans l'exclure car cette dernière est une arme à la fois dangereuse et bénéfique. Keu ou l'Orgueilleuse poussent à leurs limites la parole provocatrice et insultante. Ils y risquent leur peau : Keu sera blessé, la demoiselle haïe de tous. Elle se révélera être un personnage désespéré qui secrètement recherche la mort. Mais la parole conciliatrice de Gauvain, dénoncée parfois comme parole vide et conventionnelle, fait aussi reculer la violence de ses adversaires, parvient après bien des rebuffades à faire parler l'Orgueilleuse de son malheur et à la réconcilier avec les autres en l'emmenant au château des reines. Si Perceval a tué sa mère en s'arrachant au manoir de son enfance, les prières de celle-ci ont empêché qu'il s'éloigne à jamais de Dieu. Le silence accablé de Gauvain au château des reines lorsqu'il apprend qu'il en est prisonnier est une réponse à l'interdit dont il est frappé. La reine-mère le fera sortir de sa réserve et de sa tristesse par ses paroles apaisantes car, comme Guenièvre, elle possède le don de réconforter les affligés par ses mots et de leur rendre la joie. Mais il ne sera plus question de cet interdit, comme si la métamorphose d'un Gauvain beau parleur en personnage muet et prostré était la crise nécessaire pour rompre le maléfice et réinstaurer la libre circulation entre l'intérieur et l'extérieur du château. La parole devrait-elle passer par l'épreuve du silence pour être pleinement positive ? Rien n'est aussi clairement démontré. Cependant, on l'a vu, après un long silence, la mère de Perceval, en parlant, ouvre les voies du monde à son fils ; la Demoiselle orgueilleuse avoue son lourd secret et se libère de sa haine... À la parole débridée d'un Perceval « nice » répond, après des années de silence et d'amnésie, la confession qui le délivre et lui découvre le secret du graal. Car l'oncle-ermite est sans doute le personnage qui concilie le mieux parole et silence, lui qui enseigne à l'oreille d'un héros réconcilié avec lui-même une prière *indicible*, à lui réservée, et à jamais inconnue pour nous, les lecteurs.

La parole principale, enfin, tantôt présente, tantôt absente, se diffractant en de multiples points de vue, ne serait-elle pas cette voix narrative qui entretient à plaisir le *suspense* et attise la curiosité du lecteur par un subtil mélange de choses dites et de choses tues. Voix aussi d'un auteur qui a su (ou dû) suspendre son roman au bord d'une réplique : « Quand la reine la voit, elle lui demande ce qu'elle a (...) ».

Correspondances

Lyrique et secret d'amour
- Gace Brulé, « Au renouvel de la douçour d'esté ».
- Adam de la Halle, *Chanson.*
- Anonyme, *La Châtelaine de Vergy.*

1

La question de la parole amoureuse, prise entre aveu, requête et secret, est au centre de la poétique de la *fin'amor*. Le poète (« troubadour » de langue d'oc ou « trouvère » de langue d'oïl) est face à un dilemme : il doit faire connaître son amour à la dame mais des rivaux jaloux et médisants, les « losangiers », s'emparent de son discours et l'imitent pour le disqualifier auprès de la dame. Le mutisme devient alors, paradoxalement, le signe le plus fort de l'amour vrai :

« Douce Dame, les faux amants, avec leurs langues trompeuses,
ont tant porté d'accusations contre moi, ils m'ont fait tant de mal,
pendant ma longue attente, j'ai failli y trouver la mort.
Que Dieu donne à ces médisants leur juste récompense !
Pourtant, malgré eux, je vous ai fait don de mon cœur,
plein d'un amour qui jamais ne s'en éloignera.
Devenu près de vous pareil à de l'or fin,
sa loyauté n'a pas d'égal de par le monde. »

Gace Brulé, « Au renouvel de la douçour d'esté » (XIIᵉ siècle),
strophe V, traduction E. Baumgartner,
Poèmes d'amour des XIIᵉ et XIIIᵉ siècles, 10/18, 1983, p. 33.

2

« Quand je vous vois, je suis muet
Et je sens ma force défaillir
Au point que je ne peux même pas
Vous saluer ou avoir une attitude
Qui cache mon cœur.
Mon corps se met à trembler
Et j'ai la langue liée
Comme si j'étais l'objet
D'un enchantement. »

Adam de la Halle (XIIIe siècle),
Chanson XI, strophe V, traduction P.-Y. Badel,
Le Livre de Poche, « Lettres gothiques », 1995, p. 65.

Construit sur la thématique lyrique du secret d'amour, le court récit de *La Châtelaine de Vergy*, XIIIe siècle, raconte comment l'aveu extorqué à un chevalier de sa liaison conduira tous les personnages à la mort :

« Le chevalier, en cette angoisse, ne sait s'il doit révéler la vérité ou mentir, et quitter le pays. Comme il se demande laquelle de ces deux choses il doit choisir, l'eau du cœur lui monte aux yeux à cause de l'angoisse qui l'étreint, et lui descend le long du visage. Le duc pense qu'il y a quelque chose que le chevalier n'ose lui avouer. Aussitôt il lui dit :

"Je vois bien que vous n'avez pas autant confiance en moi que vous devriez. Croyez-vous que, si vous me disiez votre secret en privé, je le répéterais à qui que ce soit ? Je me laisserais plutôt, vraiment, arracher les dents l'une après l'autre !"

"Ah, seigneur, pitié !", dit-il. "Je ne sais ce que je pourrais dire, ni ce que je deviendrais ; mais j'aimerais mieux mourir que de perdre ce que je perdrais si je vous avais dit la vérité. Car si elle savait que je l'avais révélée à qui que ce soit... !"

Alors le duc dit :

"Je vous promets sur mon corps et sur mon âme, et sur l'amour et sur la fidélité que je vous dois comme votre seigneur que jamais de ma vie il n'en sera dit mot à âme qui vive, et que je n'en montrerai pas le moindre signe."

Et l'autre lui répond en pleurant :

"Seigneur, voici ce que j'ai à dire. J'aime votre nièce de Vergy, et elle m'aime aussi : on ne peut s'aimer davantage." »

La Châtelaine de Vergy, traduction R. Stuip, 10/18, 1985, pp. 84-85.

Histoire d'une travestie

- Heldris de Cornouailles, *Roman de Silence.*
- Jacques Roubaud, *Le Chevalier Silence.*

4

Le roi d'Angleterre ayant décidé qu'aucune femme ne pourrait plus hériter, le seigneur de Cornouailles décide d'élever sa fille comme si elle était un garçon et de lui faire croire à elle-même qu'elle l'est. On la/le baptise « Silence », d'un nom symbolique qui dit l'impossibilité de nommer son sexe et donc son identité profonde. Dans un autre contexte culturel et pour d'autres sens, Tahar Ben Jelloun inventera une héroïne considérée comme un garçon (*L'Enfant de sable*).

Nature, lorsque l'enfant a douze ans, lui reproche de falsifier son sexe. L'enfant ne comprend pas.

« En te conduisant comme tu le fais, tu m'outrages grandement. Tu ne dois pas te promener dans la forêt, lancer des traits, tirer des flèches, chasser à l'arc. Abandonne tout cela, dit Nature. Va dans ta chambre faire de la couture : c'est la loi de nature ! Tu n'es pas Silencius ! » Et l'enfant répond : « Je n'ai jamais entendu rien de tel ! Silencius ! Qui suis-je donc ? Mon nom est Silencius, il me semble, ou bien alors je suis autre que je n'étais. Mais je sais bien, sur ma tête, que je ne puis être autre ! C'est donc bien Silencius que je suis, sans aucun doute, ou alors je ne suis personne ! »

Heldris de Cornouailles, *Roman de Silence* (XIIIe siècle), éd. L. Thorpe, Cambridge, 1972, traduction M. Gally.

5

Réécriture parodique.

Dans *Le Chevalier Silence*, Jacques Roubaud mêle à plaisir de multiples références à la littérature médiévale : roman arthurien (le frère de lait de Silence est un enfant trouvé, Walllwein, qui s'avérera être le fils de Gauvain comme dans *Le Bel Inconnu*), roman idyllique (les amours enfantines deviennent amours adultes), le *Roman de Renart* et bien sûr le roman d'Heldris de Cornouaille, dont l'auteur présent, un conteur gallois de l'an mille, prétend donner la version authentique. Silence disparaîtra en voulant passer de l'autre côté de la terre, dans un épisode à la Edgar Poe :

« En cette année une grave décision s'annonce. Walllwein va avoir quinze ans. Walllwein a quinze ans maintenant. C'est un jour de juin. Walllwein et Silence sont devant leurs parents. Je suis là également ; j'écoute, je note en ma mémoire. "Mes enfants", commence Morgannww d'une voix grave.

Et il lit la lettre qui accompagnait le berceau de Walllwein. Il révèle à Walllwein le vrai nom de son père (qu'il faut vous taire encore, même si, versé dans les contes de Bretagne, de la Table Ronde et du roi Arthur, vous l'avez déjà deviné). Il lui dit que c'est le moment pour lui de partir, de réclamer son héritage, de connaître sa parenté, et de tenter l'aventure suprême : devenir chevalier à la Table Ronde. J'explique ce qu'elle est ; je parle rapidement de Lancelot du Lac, de Perceval notre compatriote (gallois lui aussi, mais d'un autre royaume), de la reine Guenièvre, de Tristan, de quelques autres héros et choses encore. Le silence se fait. »

Jacques Roubaud,
Le Chevalier Silence, 1997, éd. Gallimard,
« Haute Enfance », 1997, p. 54.

Le roman de Perceval, roman d'éducation ?

Certains critiques (A. Micha, J. Dufournet...) ont vu dans la première partie du récit un roman d'apprentissage. D'autres ont contesté ou nuancé cette lecture, par exemple Pierre Gallais qui préfère à « éducation » le terme et la notion d'« initiation » qui ne serait pas achevée par l'enseignement de l'ermite. (*Perceval et l'initiation. Essais sur le dernier roman de Chrétien de Troyes, ses correspondances orientales et sa signification symbolique*, éd. du Sirac, 1972). Il faut rappeler que *Le Conte du Graal* a été commandé à Chrétien de Troyes par Philippe de Flandre, qui dirigea un temps l'éducation du jeune Philippe-Auguste. Il semble cependant difficile de considérer le roman comme un « miroir du prince », ces traités d'éducation, appelés encore *Chastoiements* ou *Enseignements* qui fleurissent tout au long du Moyen Âge. Bien des éléments, en effet, échappent à cette seule perspective et on peut en outre se demander en quoi le jeune Perceval, somme toute plus en échec que victorieux, pouvait devenir un modèle moral et politique pour un futur roi. Cependant on ne peut refuser toute valeur exemplaire à un récit où un jeune sauvage devient, par certains aspects, un chevalier accompli. Si l'on pense qu'il s'agit là d'une façon de réfléchir sur le sens de l'ordre de chevalerie, la partie « Gauvain » peut aussi devenir exemplaire dans la mesure où, si le deuxième héros n'évolue pas, ses aventures mettent à l'épreuve la définition d'une chevalerie morale et mesurée dont il est le produit.

Un roman éducatif en action ?

Le jeune Perceval est le personnage vierge par excellence, vide de tout *a priori* comme de toute connaissance. Lié de façon privilégiée à la nature – c'est ainsi que l'on peut comprendre le début du récit et sa joie en accord avec celle de la nature printanière, mais aussi son côté « homme des bois » et son attachement à la forêt –, il n'a subi aucune influence de la « norreture » (l'éducation, la culture) pour le dire en terme médiéval. Mais cette même nature profonde qui est en lui le pousse instinctivement vers le métier des armes dont sa mère a voulu l'éloigner. À peine voit-il des chevaliers et découvre-t-il à demi qui ils sont qu'il veut partir pour devenir comme eux. Ainsi donc son éducation doit-elle être d'abord guerrière et chevaleresque. Cependant sa mère, pressée par ce départ soudain, désigne trois modes de conduite à tenir : porter secours aux femmes en détresse et les respecter jusque dans le service amoureux ; fréquenter les hommes d'honneur « prodommes » et les écouter ; s'arrêter pour prier dans les églises et les abbayes. D'entrée de jeu, le métier des armes ne se donne pas comme une fin en soi et une compétence à acquérir mais comme une situation dans le monde qui comporte des devoirs, une manière d'être particulière : « Je veux mon cher fils vous apprendre une leçon qu'il vous faut très bien saisir. S'il vous plaît de la retenir, elle pourrait vous être bénéfique. » Si Chrétien a voulu écrire un roman qui éduque un jeune prince, c'est dans ces conseils liminaires de la mère de Perceval que ce projet se devine. D'une certaine manière, en outre, ce sont eux qui seront difficiles à appliquer. Car l'éducation des armes va toute seule. D'abord Perceval possède l'habileté et la force de tuer du chasseur : c'est ainsi qu'il vainc sans combat le Chevalier vermeil. Si maladroit soit-il dans son nouvel équipement, Gornemant reconnaît en lui de remarquables aptitudes au maniement des armes. « Dès le début il se mit à porter si parfaitement la lance et l'écu qu'il semblait avoir toujours vécu dans les tournois et les guerres. »

Les progrès sont donc rapides et l'on peut à peine parler d'apprentissage. Le combat contre Anguingueron marque une première étape dans sa carrière de chevalier qui se poursuivra de succès en succès jusqu'à ces sombres années d'errance après la malédiction de la Laide Demoiselle où, oublieux de lui-même et de Dieu, il n'en combat pas moins victorieusement tous ceux qu'il rencontre. Ainsi donc la valeur guerrière est innée, elle n'a besoin que de quelques corrections : se battre à l'épée, guider son destrier, revêtir ses armes mais aussi savoir épargner la vie d'un adversaire vaincu. Est-ce en cela que Perceval devient le meilleur chevalier du monde ? Mais Gauvain, qui est déjà largement éduqué, l'est tout autant.

Il faut donc déplacer l'attention vers les qualités qui ne concernent pas directement les armes et semblent plus difficiles à acquérir. En ce point le roman se distingue aussi de la chanson de geste.

Des progrès sont notables : Perceval corrige sa muflerie première envers la Demoiselle à la tente qu'il avait plongée dans le malheur ; en prenant la défense de Blanchefleur, il répond parfaitement à la prescription maternelle, délivrant la jeune châtelaine d'ennemis particulièrement odieux. Mais en quoi la substitution des conseils de Gornemant à ceux de la mère l'a-t-elle fait progresser dans la voie de la « prodommie », d'une valeur à la fois guerrière, morale et spirituelle ? La parole de Gornemant conduit Perceval à l'échec : celui-ci ne la « comprend » pas plus que celle de sa mère sur les jeunes filles qui avait conduit à la scène tragi-comique de la Demoiselle à la tente. L'apprentissage amoureux, de fait, s'ébauche à peine : Perceval, certes, polit son langage peu à peu, adopte les formules conventionnelles (ainsi à son retour à la cour d'Arthur où il revoit la Demoiselle rieuse), mais il reste d'abord muet devant Blanchefleur puis ne se résout pas à l'épouser, quoique le souvenir d'elle devant les gouttes de sang soit l'amorce d'une pensée véritablement amoureuse. Le plan religieux, le plus discret au début du roman, serait-il alors le plus essentiel et d'une certaine façon le plus achevé ?

Une éducation impossible

L'éducation amoureuse est donc inachevée – et l'une des possibilités des *Continuations* sera aussi de réunir Perceval et Blanchefleur –, l'éducation guerrière en est à peine une, vu les capacités innées du jeune homme et la brièveté de l'apprentissage. Reste l'éducation religieuse. La mère la place en troisième position mais résume rapidement les éléments essentiels du christianisme : la mort du Christ sur la croix. La première église que Perceval croit voir est une tente de chevalier. Il ne semble pas en rencontrer d'autre par la suite. La question se pose de savoir dans quelle mesure le jeune homme est chrétien. Certes il a entendu parler par sa mère des anges, des diables et de Dieu puisqu'il confond tour à tour les premiers chevaliers avec eux mais c'est là une connaissance bien schématique, en deçà des mystères chrétiens.

Gornemant lie l'ordre de chevalerie dans lequel on entre avec l'adoubement à Dieu qui l'aurait créé : « il dit qu'il lui a conféré avec l'épée l'ordre le plus haut que Dieu a créé et commandé, c'est l'ordre de chevalerie ». Il réitère à la fin les conseils de la mère d'aller prier dans les églises. Le jeune homme lui fait remarquer qu'il s'accorde bien ainsi avec sa mère. L'éducation de Gornemant se réduit donc au maniement des armes et à la malheureuse injonction de moins parler. Rien de nouveau n'est ajouté à la formation du jeune homme. Celle-ci piétinerait-elle ? Le discours didactique traditionnel semble conduire à l'échec (le silence au lieu d'une parole mesurée) ou à de minimes évolutions. L'essentiel devrait-il passer par autre chose que le discours, par une expérience propre et non les paroles d'autrui ? Le silence de Perceval devant le spectacle du graal prouverait que la lettre de la loi est respectée à l'excès mais que l'esprit n'en est pas saisi, intégré. N'oublions pas que le jeune homme, au départ, n'« entend » pas les paroles (mère, Chevalier vermeil, Arthur...) qu'on lui adresse. Cette particularité reste longtemps la sienne : lorsque sa cousine dévoile un coin du mystère et lui apprend à la fois l'importance de ce qu'il a vécu au château du graal, l'importance de sa faute et la mort de sa mère, ces paroles semblent encore glisser sur lui. « Laissons les morts avec les morts », lui dit-il, « et partons ». Il a l'intuition, par un processus mystérieux et comme magique, de son nom. Personne pourtant ne l'a jamais nommé ainsi.

Il devine ce nom dont le surnom est aussitôt changé par sa cousine, le « nice » devient le « chaitis », le malheureux, le malchanceux. L'évolution de Perceval ne passe donc pas par les voies habituelles. C'est une fois son nom révélé à lui-même qu'il engage un processus de retour, vers la cour arthurienne, vers les personnages qu'il a lésés volontairement ou non, vers une intériorisation de l'amour. Plus aucun conseiller ne se présente, et Gauvain ne jouera surtout pas ce rôle mais celui du pair et du complice, en un mot de l'ami.

Un autre mouvement peut alors s'amorcer, un choc véritable, un vrai retour sur l'essentiel non perçu encore, non « entendu » : les malédictions de la Laide Demoiselle qui ne peut que répéter les propos de la cousine provoquent un sursaut, font émerger une différence : « Perceval, quant à lui, dit tout autre chose (...) ».

Ce ne sont pas des discours éducatifs qui l'ont transformé mais l'insulte violente. Au milieu des aventures promises aux chevaliers, une quête différente lui est dévolue par lui-même. La demoiselle ne l'a engagé à rien. Elle s'est au contraire détournée de lui. Perceval à ce moment assume un destin singulier.

Éducation ou initiation : vers une chevalerie célestielle

Laide Demoiselle, lance qui saigne, malédictions... la religion encore paraît bien loin. Elle demeure le terme oublié, tu. On apprendra de lui-même que l'errance de Perceval s'est faite dans l'oubli du religieux : « Monseigneur, fait-il, il y a bien cinq ans que je ne sus plus où j'étais, ni n'aimai ni ne crus en Dieu et je n'accomplis plus que du mal. » Ce « mal », c'est donc l'accomplissement de ce que Gornemant lui enseigna, le métier des armes, et sa morale qui exige que l'on fasse grâce aux vaincus. Le « mal » serait donc le fruit d'une éducation demeurée partielle, qui ne met pas Dieu en son centre. Les pénitents s'étonnent de voir Perceval en armes le jour du Vendredi saint. L'un d'entre eux, chevalier ce jour-là à pied, « en robe de laine et déchaussé », lui redit l'essentiel de ce qui fonde la foi chrétienne – la mort du Christ et sa résurrection –, dont sa mère, à son départ, lui avait aussi parlé. Et Perceval, cette fois, n'interroge pas sur le nom des armes mais sur la raison de la présence dans la forêt de ce groupe d'hommes et de femmes. Le mot « confession » lui donne les larmes aux yeux et le pousse à rechercher l'ermite qu'ils lui indiquent. Le progrès intérieur de Perceval se traduit par ses larmes. Pour la première fois, il entend ce qu'on lui dit de la religion. Les révélations de l'ermite suivront car elles pénètrent désormais un esprit prêt à les recevoir. L'ordre de se rendre tous les jours dans une église prend une résonance véritable. Aussi l'ermite enseigne-t-il au chevalier une prière secrète doublée de l'interdit de la divulguer.

Cette dernière scène tend à signifier que l'éducation religieuse plusieurs fois évoquée sans être suivie d'effet est ce qui sauve Perceval, en fait un être pleinement adulte. C'est dire aussi que l'éducation n'est que parole vaine sans l'expérience de la mort, de la perte, de l'échec. L'éducation n'est donc pas le fruit de discours, de règles à apprendre mais doit se combiner à un parcours, à des épreuves. De la mère à l'ermite, en passant par Gornemant, la même leçon est répétée mais elle n'est comprise et acceptée qu'à la fin.

S'il y a un roman d'éducation, c'est à ce niveau supérieur qu'il se tient. Les conseils ne peuvent être féconds qu'après la traversée de l'oubli. En ce sens le roman de Gauvain qui se poursuit aussitôt après cet épisode, s'il ne peut être roman de l'éducation d'un être accompli dans son rôle et sa fonction, montre comment, dans les vicissitudes du monde, l'éducation reçue, les codes sociaux sont mis à l'épreuve, battus en brèche par la violence mais finalement triomphants grâce à la constance d'un Gauvain. Le roman tout entier se constituerait alors, sous la séduction de la fiction, comme un « miroir du chevalier », un conte écrit pour instruire une classe guerrière appelée à intérioriser un code qui donne sa véritable noblesse à l'ordre de chevalerie. Le récit de Perceval montre comment peu à peu on l'acquiert, le récit de Gauvain comment on le maintient contre ceux qui veulent réinstaurer la loi meurtrière du plus fort. La religion, cependant, qui permet de fonder une telle éthique chevaleresque, se joue plus volontiers sur le mode mythique et semble à nouveau déserter le devant de la scène, dans la partie « Gauvain », laissant le chevalier affronter la mort sous les couleurs de la féerie.

Correspondances

Enfances de chevaliers : la voix du sang
- *Les Enfances Vivien.*
- *Lancelot en prose.*

—**1**—————————————————————————

Le Moyen Âge a parlé dans différents ouvrages de l'éducation. Le thème des « Enfances du héros » dans les romans et les chansons de geste tantôt ouvre à des scènes comiques où c'est la « nature » de l'enfant qui parle et où l'on ne parvient pas à lui inculquer une éducation qui n'y correspond pas (ainsi Vivien), tantôt est l'occasion de développer une définition de la chevalerie : c'est ce que fera la Dame du Lac dans le *Lancelot en prose*.

Les Enfances Vivien, cette chanson de geste tardive, appartiennent au cycle de *Guillaume d'Orange*. Vivien, jeune chevalier, neveu de Guillaume, mourra en héros guerrier martyr dans la bataille de l'Archant qui oppose sarrasins et chrétiens. Enfant, Vivien est échangé contre son père par les sarrasins, des pirates le vendent comme esclave et il est adopté par un couple de marchands.

« Vivien, mon fils, dit Godefroy, l'homme de bien,
Si tu pouvais grandir et t'éduquer au point
D'être capable de fréquenter pour moi les marchés,
De vendre et d'acheter mes belles étoffes,
Tu saurais tout sur le poivre et le blé,
Et sur le bon usage des mesures,

Tu saurais être au change le gardien des monnaies,
Tu serais riche toute ta vie durant,
Tout mon trésor sera alors à toi. »
Vivien répond : « Vos propos sont absurdes.
Donnez-moi donc plutôt, s'il vous plaît, un destrier,
Et faites-moi mener deux chiens de chasse,
Apportez-moi, s'il vous plaît, un épervier,
J'aimerais aller me divertir dans la montagne. »
« Cher fils, dit-il, bénie soit l'heure de ta naissance !
Apprends plutôt tout sur l'avoine et le blé
Et sur le bon usage des mesures ;
Tu serais, pour le change, le gardien des monnaies,
Tu aurais une cotte de bure d'outre-mer,
De bonne bottes par-dessus tes souliers,
Pour être bien protégé contre le vent. »
Vivien répond : « Vos propos sont absurdes !
Je serai bientôt adoubé chevalier,
Et je prendrai des villes, des châteaux et des places fortes !
Les Païens sont morts si je viens à les rencontrer ! »
À ces mots, Godefroy a éclaté de rire.

Les Enfances Vivien (début XIIIe siècle), traduction D. Boutet,
Le Livre de Poche, « Lettres gothiques », 1996, pp. 251-253.

— 2

Lancelot a été enlevé à sa mère par la Dame du Lac qui
l'élève jusqu'à ses dix-huit ans :

Le conte dit ici que Lancelot est resté sous la tutelle de la Dame du
Lac jusqu'à dix-huit ans. C'était un beau valet qui n'avait pas son
pareil, si sage qu'il ne méritait blâme ni réprimande, quoi qu'il fît.
Parvenu à l'âge de dix-huit ans, il était étonnamment grand et bien
bâti. La Dame du Lac voit bien qu'il est désormais temps, et normal,
qu'il reçoive l'ordre de chevalerie : si elle remettait à plus tard, ce
serait péché et déception, car elle savait parfaitement par les sorti-
lèges qu'elle avait pratiqués qu'il s'élèverait à des honneurs hors de
pair. Si elle avait pu différer le moment de son entrée en chevalerie,
elle l'eût fait volontiers : elle aura bien du mal à se séparer de lui,

ayant mis en lui toute l'affection que met une mère à élever un enfant. Mais si elle l'empêchait d'être chevalier sans tenir compte de l'âge requis, elle commettrait un péché mortel, aussi grave que celui de trahison, en lui interdisant tout ce à quoi il pourrait légitimement prétendre.

Lancelot en prose (XIIIe siècle),
traduction A. Micha, 10/18, 1983, pp. 84-85.

Traités d'éducation

- Dhuoda, *Manuel pour mon fils.*
- Raymond Lulle, *Doctrine d'enfant.*

—3—

De très nombreux traités, depuis le haut Moyen Âge jusqu'au XVe siècle, accordent une place à l'éducation, le plus souvent morale et religieuse, qu'il faut donner aux enfants. Les exemples sont multiples mais celui de Dhuoda est intéressant par son ancienneté et parce qu'il est écrit par une femme de haute noblesse, épouse du duc de Septimanie (sud-ouest de la France), au IXe siècle, pour son fils :

« Prête l'oreille au pauvre qui demande avec importunité. Il est écrit : "Ne désespère pas le pauvre qui appelle au secours." Son cœur s'afflige et sa bouche crie ; il veut qu'on lui donne ce qui fait absolument défaut. Tu dois te représenter, crois-moi, que, si toi-même tu te trouvais réduit à une telle indigence, à un pareil sort, tu souhaiterais, tout comme lui, qu'on te fasse cette aumône. [...]
Il est juste que celui qui reçoit gratuitement le bien d'autrui dispense gratuitement le sien autant qu'il peut. C'est pourquoi je t'invite à procurer toi-même nourriture et boisson aux indigents, ainsi que le vêtement s'ils sont nus. Que chacun, sur les biens qu'il reconnaît posséder, donne avec le sourire. Car il est écrit : "Partage ton pain avec celui qui a faim, fais entrer dans ta maison les indigents et les vagabonds. Quand tu vois un homme nu, habille-le." »

Dhuoda, *Manuel pour mon fils*, éd. P. Riché,
traduction B. de Vrégille et Cl. Mondésert,
éd. du Cerf, 1975, p. 257.

4

Le Catalan Raymond Lulle, que l'on nomma le « docteur illuminé », fut l'un des plus grands écrivains de l'Espagne médiévale. Son œuvre est immense et concerne tous les grands domaines (science, théologie, politique...). Missionnaire, il fut lapidé à Tunis. Sa *Doctrina Pueril* a été très vite traduite en plusieurs langues, dont le français. Il s'y adresserait à son fils :

« Aie un cœur courageux pour ne te repentir d'aucun de tes actes, ne sois pas prodigue pour ne pas être pauvre ; réfrène ta langue pour ne pas être repris ; écoute pour apprendre ; demande pour trouver ; rends ce qui t'a été confié pour te montrer loyal ; modère tes élans pour ne pas agir de façon irréfléchie ; pense à la mort pour ne pas être orgueilleux. Aie la vérité à la bouche pour ne pas te déshonorer. Aime la chasteté pour ne pas être ignoble ; aie de la crainte pour vivre en paix ; aie de la hardiesse pour être vaillant.

Mon bien-aimé fils, nombreuses sont les bonnes coutumes que tu peux avoir si tu veux, elles te suivront si tu les possèdes et t'aideront selon tes besoins, elles ne pourront t'être enlevées ni volées et jusqu'à la mort, elles seront avec toi et présenteront ton âme à Dieu. »

Raymond Lulle, *Doctrine d'enfant* (XIIIᵉ siècle), éd. A. Llinarés, traduction M. Gally, Klincksieck, 1969, chap. 93, p. 213.

« Continuations »

La *Première Continuation* reprend exactement la suite du roman interrompu de Chrétien :

« Le roi était sombre et soucieux ; se voyant entouré des grands de son royaume alors que son neveu manquait à l'appel, il ressentit un tel chagrin qu'il s'évanouit. Chacun fut empressé à le relever, et tous se précipitèrent pour le soutenir. Ma dame Lore, assise à une galerie, s'aperçut de l'émoi qui régnait dans la grand-salle. Elle descendit et courut tout éperdue chez la reine qui, l'apercevant, lui demanda ce qu'elle avait et qui l'avait mise dans un tel état.
— Ah ! Noble reine comblée d'honneurs, rien ne saurait me rasséréner, car j'ai aperçu un messager dans la grand-salle et croyez-moi, jamais je n'ai vu un tel trouble s'emparer d'autant de chevaliers, d'autant de gens. À mon avis, ce sont les nouvelles qu'il a apportées qui ont plongé la cour dans l'abattement. Le roi lui-même est tombé sans connaissance. L'aventure pourrait bien être de telle nature que Dieu en soit blâmé de tous ; et il en sera ainsi, c'est inévitable.
La reine devient blême et tombe évanouie sur le pavement. Vous auriez dû voir la consternation ! »

Traduction Van Coolput, Le Livre de Poche,
« Lettres gothiques », 1993, p. 47.

La *Seconde Continuation* choisit de rompre avec le roman de Chrétien et de revenir à Perceval :

« J'abandonne ici le récit de ces deux personnages et nous allons vous dire à la suite la vérité sur Perceval. »

Traduction M. Gally. Ed. W. Roach, vol. IV,
The Second Continuation, Philadelphie, 1971.

Wolfram von Eschenbach amplifie non seulement la thématique du *Conte du graal* (voir Genèse de l'œuvre) mais en diffère stylistiquement : la description du cortège occupe plusieurs pages dans une surabondance d'effets qu'on pourrait qualifier de « baroques », liés à une sorte d'ordonnance arithmétique (six vases, douze demoiselles, etc.) qui accentue le caractère rituel et hiératique de la cérémonie.

« Écoutez encore ceci : cent pages reçurent l'ordre de venir prendre avec respect devant le Graal du pain et de le mettre dans des serviettes blanches. Ils s'éloignèrent ensuite tous ensemble et se dispersèrent entre les tables. On m'a assuré – et je le dis à mon tour sous la foi de votre serment, si bien que vous mentez avec moi si je ne dis pas la vérité – qu'on trouvait prêts devant le Graal tous les mets qu'on désirait manger : mets chauds et froids, plats connus et plats inconnus, viande d'animaux domestiques ou gibier. Peut-être l'un ou l'autre objectera-t-il qu'on n'a jamais rien vu de pareil. Il a grand tort : le Graal était la fleur de toute félicité, une corne d'abondance de tous les délices de ce monde, si bien qu'on pouvait presque le comparer aux splendeurs du Paradis. [...]
Parzival remarqua fort bien toutes ces richesses et ces grandes merveilles, pourtant sa bonne éducation le fit renoncer à interroger son hôte. Il pensait : "Gurnemanz, dont la loyauté n'a point de faille, m'a conseillé de ne pas poser de questions inutiles. Peut-être resterai-je ici aussi longtemps que je suis resté chez lui. J'apprendrai sans doute, sans poser de question, ce qu'il en est de ces chevaliers." [...]
L'histoire dit que Parzival regarda à maintes reprises la porteuse du Graal, l'esprit absorbé : il avait en effet le manteau de la reine sur ses épaules. Avec mesure, ces sept dames allèrent se placer auprès des dix-huit autres demoiselles. Elles laissèrent la plus auguste prendre place au milieu d'elles, si bien qu'à ce qu'on m'a dit de chaque côté de la reine se tenaient douze dames et que la demoiselle sous sa couronne rayonnait de beauté. »

Wolfram von Eschenbach, *Scènes du graal.*
traduction D. Poirion, Stock « Moyen Âge », 1989.

Le désespoir : Julien Gracq

Perceval, accueilli avec espoir par le Roi Pêcheur, n'a pas parlé. La scène du graal n'est donnée ici qu'à travers la description qu'en fait le chevalier Kaylet à Kundry (personnage féminin inexistant chez Chrétien) :

KUNDRY

D'une voix terrible.
Regarde le chevalier !

KAYLET

Se protégeant les yeux toujours et regardant à la dérobée.
Il s'agenouille...

KUNDRY

Tombant à genoux et joignant les mains.
Que dit-il ?

KAYLET

Mais... rien... Il ne dit rien.

KUNDRY

Elle se dresse.
Écoute !..., arrache-toi les oreilles, imbécile. Écoute !... qu'a-t-il dit ?

KAYLET

Étonné.
Mais non, rien Kundry... je t'assure... Il n'a pas parlé...
Kundry s'affaisse.
Qu'est-ce qu'il y a ?... Qu'est-ce qu'il y a ?
Kaylet dégringole en hâte de la fenêtre et s'empresse autour de Kundry.
Qu'est-ce que tu as, Kundry ? Il faut que j'appelle ?

KUNDRY

N'appelle pas. Personne ne peut plus répondre, puisque lui n'a pas répondu.

KAYLET

Mais moi je suis là, Kundry... Parle-moi... Tu es malade, je t'assure !

KUNDRY

Il y a longtemps, Kaylet, et je le serai longtemps encore. C'est une maladie qui ne se guérit pas.

KAYLET

Mais si, tu guériras, et le roi aussi ! (*Un temps. Kaylet immobile prête l'oreille*). On dirait que l'office est fini... C'est drôle... Je n'entends plus rien... (*Un temps*). Voilà le roi !
Les portes de la salle du graal s'ouvrent. Les lumières se sont éteintes. Entre la litière d'Amfortas, escortée de torches. Le roi fait un signe, la litière s'arrête près de Kundry.

KUNDRY

D'une voix blanche.
Il est parti, n'est-ce pas ?

AMFORTAS

Oui, Kundry. (*Il lui prend la main*). Je ne te console pas. Tu as raison de pleurer... Perceval était digne que tu l'aimes... Moi aussi, j'ai un lourd chagrin.

Julien Gracq, *Le Roi Pêcheur*, éd. José Corti, 1949.

L'humour : Florence Delay et Jacques Roubaud

Les auteurs ont voulu tenter une adaptation du roman au théâtre sur le modèle de celle du *Roland Furieux* par le metteur en scène Luca Ronconi. Ces scènes sont choisies et redécoupées, créant une œuvre à la fois semblable et différente, toujours animée d'un esprit ludique. On reconnaît ici la rencontre de Gauvain et de la Demoiselle orgueilleuse :

DEMOISELLE MOQUEUSE : Mesure, mesure.

GAUVAIN : Pourquoi riez-vous ?

DEMOISELLE MOQUEUSE : Vous étiez tellement drôle en train de porter ce grand cadavre, on aurait dit un cheval de trait.

GAUVAIN : Pourquoi m'avez-vous crié mesure ? Je suis sûr que vous ne le savez même pas.

DEMOISELLE MOQUEUSE : Bien au contraire chevalier je le sais fort bien car je lis dans votre pensée.

GAUVAIN : Et qu'y lisez-vous ?

DEMOISELLE MOQUEUSE : Que vous étiez bien pressé de quitter votre fardeau pour pouvoir en prendre un autre.

GAUVAIN : Lequel ?

DEMOISELLE MOQUEUSE : Moi que vous auriez portée sur votre cheval.

GAUVAIN : Ce n'est pas une si mauvaise idée.

DEMOISELLE MOQUEUSE : Elle ne serait pas si mauvaise si vous étiez à cheval.

GAUVAIN : Qu'à cela ne tienne je m'en vais chercher Gringalet.

DEMOISELLE MOQUEUSE : Allez allez.

GAUVAIN : On m'a encore enlevé Gringalet, pourquoi riez-vous encore ?

DEMOISELLE MOQUEUSE : Je ris de voir un chevalier à pied, comment est-ce que cela s'appelle, mais maintenant tu ne pourras plus me porter sur ton cheval, je ne suis pas de ces petites folles dont vous vous divertissez et que vous juchez sur vos montures quand vous allez à vos chevaleries, moi ce n'est pas ainsi qu'on m'emporte.

Florence Delay, Jacques Roubaud,
graal-théâtre, éd. Gallimard, 1977.

Jugements critiques

« L'invention de cette brillance, d'un objet qui captive les regards, crée dans le roman une situation nouvelle : le récit gravite désormais autour de cette présence énigmatique qui signe une absence au monde ; car le château du Graal, ainsi que Jean Frappier a su dire, surgit lui-même telle une apparition, comme de nulle part. Mais la vision du Cortège assigne au sujet qu'elle fascine une place où advenir. La Porteuse du Graal ne rappelle-t-elle pas Ériu, la Souveraineté d'Irlande, comme une promesse de royauté pour le héros ? La hideur de la vieille, voire du reptile (Mélusine, Sibylle et la vouivre de Snowdon), et la merveille de la pucelle interrogent pareillement celui qu'elle révulse ou qu'elle séduit. Mais pour que le sujet reconnaisse cette place, qui lui est propre et où l'attend, à l'image du roi mutilé, la rétorsion du Coup Douloureux, il faut que soit rétabli dans la sienne, comme en vis-à-vis, un Autre sans lequel rien ne prendrait sens (et que « guérit » cette fois la répétition, sur nouveaux frais, du Coup Douloureux, d'après le récit plus tardif du *Chevalier aux deux épées*). Qui est-il ? C'est trop vite dit, puisque toute la question est de savoir qui est le père ! »

Charles Méla, *Précis de littérature médiévale*, PUF, 1983.

« Paradoxalement on pourrait dire que c'est en défaisant l'histoire que le romancier a fait resurgir le mythe. Il défait l'histoire des reliques, Graal ou lance de Longin, pour permettre au signe mystique de reprendre force sous l'objet religieux. Il défait, cela va sans dire, la signification sociale et culturelle des objets, pour leur rendre une *senefiance* plus profonde, transcendant la définition sociale de l'époque. Ce faisant il ne nous ramène pas à un mythe celtique, à partir des bribes thématiques des contes dont il s'inspire. Le mythe est en avant, et non pas dans le passé ; il se nourrit, bien sûr, des récits riches en merveilles, en situations étranges, en images fantasmatiques comme des rêves. Mais justement l'esthétique de la *semblance* permet de faire figurer par les aventures merveilleuses d'un héros le mystère du destin humain, l'énigme de la naissance et de la mort, le paradoxe du désir sensuel conduisant à la contemplation du divin. »

D. Poirion, *Résurgences*, PUF, 1986.

« [...] dans le cycle du Graal, le problème à résoudre est celui du "gaste pays", c'est-à-dire de l'été révoqué ; or, tous les mythes américains du premier type, c'est à dire "œdipien", se rapportent à un hiver éternel que le héros révoque quand il résout les énigmes, déterminant ainsi la venue de l'été. En simplifiant beaucoup, Perceval apparaît donc comme un Œdipe inversé [...] »

Claude Lévi-Strauss, *Anthropologie structurale II*,
Plon, 1973, p. 34.

Compléments notionnels

Lexique des termes de civilisation

Adouber

Armer chevalier, faire chevalier. L'adoubement est une cérémonie à laquelle l'Église conféra assez tôt un caractère sacré. C'est cependant un autre chevalier, aîné ou seigneur, qui adoube le nouveau guerrier.

Aventure

Étymologiquement, ce qui va / peut / doit arriver. Dans les romans, ce terme désigne une épreuve, parfois merveilleuse, que rencontre le chevalier et par laquelle il mesure sa valeur.

Bliaut

Sorte de tunique que portent les dames ou les chevaliers sous ou sur le haubert.

Chausses

Vêtement masculin en étoffe ou en mailles de métal qui protège les pieds et les jambes, parfois le corps de la taille aux pieds.

Chevalier

Guerrier à cheval. À partir du XIIe siècle les chevaliers tendent à se confondre avec les nobles. La chevalerie en vient à désigner les qualités (vaillance, loyauté...) et le code chevaleresque que doit avoir ou suivre tout noble adoubé.

Combat judiciaire

Combat singulier destiné à déterminer une culpabilité selon le principe que Dieu est toujours du côté du droit et que le vainqueur est donc l'innocent.

Courtois / courtoisie

Qui concerne la vie de « cour ». La courtoisie devient un art de vivre, un ensemble de qualités sociales et plus spécialement une représentation de l'amour et des relations entre les sexes où l'homme respecte la dame et se met à son service.

Dame

Épouse du seigneur, femme de haut rang.

Demoiselle

De naissance noble. Désigne comme « pucelle » la femme non mariée.

Destrier

Cheval de bataille que l'écuyer armé conduit de la main droite.

Écu

Bouclier oblong, muni d'une bosse ou « boucle », fait de bois, de métal ou de cuir, souvent orné ou peint.

Écuyer
Serviteur du chevalier, chargé de s'occuper des armes et du cheval, il est souvent un jeune noble qui fait l'apprentissage de la chevalerie.

Ermite
Religieux retiré dans un lieu désert et vivant de manière austère.

Fief
À l'origine désigne un salaire. Les services militaires étant souvent payés en terre, le terme passe de « service » à « terre ».

Franc
Libre donc noble. En tant que qualité native, le terme renvoie à « générosité », « loyauté ».

Gaste
Dévastée, désolée, et par suite, en parlant d'une terre, stérile. Un des termes clés des romans arthuriens.

Haubert
Tunique de mailles d'acier tressées.

Heaume
Casque.

Joute
Combat à la lance.

Lignage
Ensemble de ceux qui sont liés par le sang.

Mantel
Vêtement élégant, de cérémonie ou d'apparat, d'une belle étoffe.

Merci
« Crier merci » est implorer sa grâce au vainqueur, demander sa pitié.

Palefroi
Cheval de promenade ou de voyage.

Prodhomme
Homme, généralement noble, qui se distingue par la droiture, la loyauté, la sagesse. De « valeureux au combat », le terme s'est enrichi de plus en plus de connotations morales, y compris religieuses. C'est pourquoi un homme d'Église peut être un « prodomme ». En un sens général, le terme désigne « les gens de bien ».

Prouesse
Action d'éclat, généralement guerrière, du chevalier, et qualité de cette action : courage, vaillance, etc.

Recreantise
Lâcheté, acte d'abandonner le combat.

Robe
Ensemble du costume d'un chevalier : cotte, surcot et mantel.

Roncin
Cheval de charge ou monture pour valets et écuyers.

Seigneur
Noble possédant des terres, il cède à certains « vassaux » des fiefs en échange de services. Appellation qu'on utilise pour le roi (« sire » : le même mot au cas sujet de la déclinaison) et pour Dieu.

Sénéchal
Celui qui présente les plats, fonction très importante. Celui qui

l'exerce a les insignes du pouvoir, bâton et chapeau.

Surcot
Corsage ou gilet, porté par-dessus la cotte.

Tailloir
Plat en bois ou en métal pour découper la viande.

Valet
Jeune homme noble servant à la cour d'un seigneur pour apprendre le métier des armes et les règles de la chevalerie.

Vassal
Homme libre qui se place sous la dépendance et la protection d'un seigneur qui est son « suzerain » au cours de la cérémonie de l'« hommage ». Le vassal doit aide militaire et conseil à son seigneur. Le vavasseur est le vassal d'un vassal.

Vilain
Paysan. Par extension toutes les personnes qui ne cultivent pas les qualités « courtoises » et sont moralement vulgaires et méprisables.

Lexique notionnel de critique des textes

Antithèse
Figure de discours où s'opposent deux mots, deux idées, deux images.

Apologétique
Type de discours dont le but est de justifier des actes ou des propos.

Argumentation
Ensemble des différents moyens rhétoriques par lesquels un discours cherche à persuader l'interlocuteur ou lecteur de sa vérité et de sa justesse.

Auteur
Celui qui produit le texte, appartient à la réalité sociale, par opposition au « narrateur » qui, dans un récit, est construit par le texte. On parle aussi de « voix narrative ».

Champ lexical
Ensemble de termes développant le même thème ou la même notion.

Didactique
Qui a pour but d'instruire.

Énonciation
Phrase qui prend place dans le temps et dans l'espace à travers un locuteur qui s'adresse à un interlocuteur.

Focalisation ou point de vue
Manière dont les événements rapportés sont perçus par le narrateur et/ou les personnages et donc

le lecteur : dans la *focalisation externe*, le personnage agit sans que nous connaissions ses pensées ; dans la *focalisation interne*, les événements sont rapportés à travers ce qu'il perçoit ou comprend ; dans la *focalisation zéro*, le narrateur est omniscient.

Hyperbole
Figure de style par exagération.

Ironie
Forme de discours qui cherche à faire entendre le contraire de ce qui est dit explicitement, peut procéder par « antiphrases ».

Laudatif
Qui contient un éloge. On parle aussi de « discours épidictique » (éloge ou blâme).

Métaphore
Figure où l'on emploie un mot à la place d'un autre avec lequel il a un rapport de sens. La métaphore, différemment de la « comparaison », n'explicite par aucun terme le rapprochement.

Symbole
Tout objet ou signe qui renvoie à autre chose qu'à lui-même, souvent une idée abstraite.

Éditions bilingues

Le Conte du Graal

- J. Dufournet, Paris, Garnier-Flammarion, 1997.
- Ch. Méla, Paris, Le Livre de Poche, coll. « Lettres gothiques », 1990.
- D. Poirion, *in* Chrétien de Troyes, *Œuvres complètes*.

On peut lire tous les romans de Chrétien de Troyes dans cette collection ou dans la Pochothèque, 1994 (sous la direction de M. Zink).

La Première Continuation, Le Livre de Poche, « Lettres gothiques », 1993.

Études critiques

- E. Baumgartner, *Chrétien de Troyes*, *Le Conte du Graal*, PUF, « Études littéraires », 1999.
- A. Combes et A. Bertin, *Écritures du Graal*, PUF, « Études littéraires, recto-verso », 2001 (ce livre traite des *Continuations* et de l'œuvre de Robert de Boron).
- F. Dubost, *Le Conte du graal ou l'Art de faire signe*, Paris, Champion, 1998.
- J. Frappier, *Chrétien de Troyes et le mythe du graal*, Paris, SEDES, 1972.
- M. Séguy, *Les Romans du graal ou le Signe imaginé*, Paris, Champion, 2001 (issue d'une thèse, cette étude envisage la question des *Continuations*).
- M. Szkilnik, *Perceval ou le Roman du Graal*, Paris, Gallimard, « Folio », 1998.

Manuels

Pour la dimension européenne des récits du graal et de leur réception :

• M. Gally et C. Marchello-Nizia, *Littératures de l'Europe médiévale*, Paris, Magnard, 1985.

• M. Stanesco et M. Zink, *Histoire européenne du roman médiéval*, PUF, « Écriture », 1992.

Filmographie

• *Monty Python, Sacré Graal*, Terry Gilliam et Terry Jones (1974).

• *Perceval le Gallois*, Eric Rohmer (1979).

Compogravure : PPC-Paris
Impression Rotolito Lombarda (Italie)
Dépôt légal : janvier 2009 - 302909
N° Projet : 11017340 - janvier 2012

Direction de la collection : Carine GIRAC-MARINIER.
Direction éditoriale : Jacques FLORENT.
Édition : Marie-Hélène CHRISTENSEN.
Lecture-correction : service Lecture-correction Larousse.
Direction artistique : Ulrike MEINDL.
Recherche iconographique : Nathalie LASSERRE.
Dessin de couverture : Alain BOYER.
Responsable de fabrication : Marlène DELBEKEN.

L'Éditeur remercie Nicolas LAURENT et Fabien SÉE
pour le concours apporté à cet ouvrage.